内蒙古自治区社会经济发展研究报告丛书·

总主编：张亚民 侯淑霞 内蒙

NEIMENGGU ZIZHIQU TOUZI
FAZHAN BAOGAO(2013)

内蒙古自治区对外经济贸易发展报告(2013)

主 编：许海清
副主编：杨文兰

 经济管理出版社
ECONOMY & MANAGEMENT PUBLISHING HOUSE

图书在版编目（CIP）数据

内蒙古自治区对外经济贸易发展报告（2013）/许海清，杨文兰等著．—北京：经济管理出版社，2014．7

ISBN 978—7—5096—2906—2

Ⅰ．①内⋯ Ⅱ．①许⋯②杨⋯ Ⅲ．①对外贸易—贸易发展—研究报告—内蒙古—2013 Ⅳ．①F752．826

中国版本图书馆CIP数据核字（2013）第311162号

组稿编辑：王光艳
责任编辑：许　兵
责任印制：黄章平
责任校对：超　凡

出版发行：经济管理出版社

（北京市海淀区北蜂窝8号中雅大厦A座11层　100038）

网　　址：www．E—mp．com．cn
电　　话：（010）51915602
印　　刷：三河市延风印装厂
经　　销：新华书店
开　　本：720mm×1000mm/16
印　　张：17．25
字　　数：362千字
版　　次：2014年7月第1版　2014年7月第1次印刷
书　　号：ISBN 978—7—5096—2906—2
定　　价：98．00元

·版权所有　翻印必究·
凡购本社图书，如有印装错误，由本社读者服务部负责调换。
联系地址：北京阜外月坛北小街2号
电话：（010）68022974　邮编：100836

《内蒙古自治区社会经济发展研究报告丛书》第一辑·编委会

总主编：张亚民　侯淑霞

编　委：(按姓氏笔画排序)

冯利英　许海清　杜金柱　张丰兰
张启智　张智荣　严存宝　金　桩
侯　岩　赵秀丽　柴国君　郭亚帆
韩　猛

总 序

习近平总书记在深入内蒙古自治区兴安盟、锡林郭勒盟、呼和浩特市视察指导工作，沿途做了一系列重要指示，并做了重要讲话。习近平总书记的重要讲话，充分肯定了党的十八大以来自治区提出的"8337"发展思路和取得的成绩，深刻阐述了内蒙古自治区在全国发展大局中的战略地位；明确指出了当前和今后一段时期内蒙古自治区的前进方向和工作重点，是内蒙古自治区改革开放和现代化建设的根本指针。为了充分展示内蒙古自治区社会经济发展的成果，进一步探索制约内蒙古自治区社会经济发展的瓶颈，为"8337"发展思路的进一步贯彻提供科学决策依据，由内蒙古财经大学专家学者编写的《内蒙古自治区社会经济发展研究报告》丛书，先期推出工业、对外贸易、金融、文化产业和区域竞争力等系列发展研究报告。该丛书的出版，对于贯彻落实好自治区党委、自治区人民政府关于加快自治区经济发展的一系列政策措施，推动内蒙古自治区社会经济科学发展、和谐发展、跨越发展，必将起到积极的作用。

内蒙古自治区地处祖国北疆，作为新中国最早成立的省级少数民族自治地方，不仅幅员辽阔、自然资源富集，而且独具古老而丰富的草原文化。在中国共产党的领导下，内蒙古自治区各族人民走过社会主义革命、建设、改革与发展的光辉历程，将一个只有"茶布水盐糖，骆驼牛马羊"的内蒙古，发展成为地区经济快速发展、综合实力显著增强、人民生活不断改善的内蒙古。改革开放特别是实施西部大开发和振兴东北地区等老工业基地战略以来，内蒙古自治区抢抓机遇，开拓进取，经济社会发展取得巨大成就。据《内蒙古自治区2013年国民经济和社会发展统计公报》显示：2013年内蒙古自治区农牧业双丰收，粮食总产量达2773万吨，增长9.7%；牲畜存栏头数达11820万头(只)，增长4.9%。以工业为主导的第二产业保持较快增长，全年实现工业增加值7944.4亿元，增长11.3%。第三产业稳步发展，全年第三产业增加值262204亿元，增长8.3%；城乡人民生活水平进一步改善，全年城镇居民人均可支配收入25497元，增长10.1%。农牧民人均生活消费支出7268元，增长

13.9%;各项社会事业取得较大进步。内蒙古自治区不仅成为巩固国防、繁荣边疆的先进,而且已经成为我国经济社会发展最具活力的地区之一。

今天的内蒙古自治区已经站在了新的历史起点上。但内蒙古自治区在发展中仍存在基础设施建设滞后、生态环境脆弱、产业结构单一、区域发展不平衡、公共服务能力不强等突出困难和问题。第一产业大而不强,绿色高效农牧产业尚未成为产业主要力量;第二产业发展水平仍有待提高,在产品附加值和对自然环境的影响方面都亟待提升;第三产业方面,服务业发展水平和层次较低,在市场竞争中处于弱势地位。以上种种产业发展现状,对内蒙古自治区的社会经济发展都提出了更高的要求。《内蒙古自治区社会经济发展研究报告》丛书,以内蒙古自治区工业、对外贸易、金融、文化产业和区域竞争力的发展现状分析为背景,基于大量实地调研数据,对内蒙古自治区工业及战略性新兴工业发展、内蒙古自治区金融发展中的农村金融及民间金融和产权市场发展、内蒙古自治区区域综合竞争力的评价指标体系、内蒙古自治区盟市对外经贸与对外经济合作机制、内蒙古自治区各盟市文化产业发展现状等进行了实证分析,在内蒙古自治区产业转型升级目标及战略重点、内蒙古自治区金融发展中的新领域与难点、提升内蒙古自治区区域经济综合竞争力、内蒙古自治区对外贸易发展的未来、推动内蒙古自治区文化产业发展的战略举措等方面提出了内容具体、切实可行和科学有效的对策建议。

《内蒙古自治区社会经济发展研究报告》丛书与其他一些相关专著相比,具有简明扼要、系统性和针对性强、形式新颖等特点,是内蒙古财经大学学术研究特色与成果的一次集中展示。本丛书秉承学术精神,观点上各抒己见,内容上兼容并蓄。坚持学术视角、专家立场,讲求实事求是,客观公正,体现科学性、应用性与丰富性。

本丛书的研究成果或结论均属个人或课题组观点,不代表单位或官方结论。由于研究者自身的视野和水平有限,特别是面对纷繁复杂的世界经济和社会形势的诸多不确定因素,对未来预测的难度大大增加,因此研究结论难免不当、不足、不确,恳请读者批评斧正。

编委会

2013.12

前 言

改革开放30多年来，特别是加入世界贸易组织以来，我国对外经济贸易取得了飞速发展。据世界贸易组织秘书处初步统计，2013年我国货物进出口总额为4.16万亿美元，已超过美国。这是我国继成为全球第二大经济体、最大外汇储备国、最大出口国之后首次跃居世界第一货物贸易大国。在经济全球化和区域经济一体化加快发展的趋势下，我国参与了多个区域及次区域经济合作组织，大大促进了与世界各国经贸关系的发展。

内蒙古自治区作为连接中国"三北"的北部边疆地区，有4261公里的边境线，19个对外开放口岸，是国家向北开放的"前沿阵地"和重要"桥头堡"，是我国与蒙古国和俄罗斯区域合作的门户，更是拓展我国与中亚国家经济联系的重要陆路通道。进入21世纪，内蒙古自治区抓住各种机遇，迅速崛起成为西部地区经济发展新高地，但是对外开放仍然是内蒙古自治区的短板。2013年全区地区生产总值、固定资产投资分别达到1.68万亿元和1.55万亿元，而进出口额、实际利用外资额分别只有120亿美元和44亿美元，外贸依存度不到5%。因此，内蒙古自治区需要立足当前对外经贸发展现状，把握未来发展形势，进一步扩大开放，完善同俄罗斯、蒙古国合作机制，建成我国向北开放的重要桥头堡。

基于此，围绕内蒙古自治区对外贸易、吸引外资、对外经济合作、口岸经济、各盟市对外经贸五方面，我们组织相关研究人员对内蒙古自治区对外经贸进行了深入研究，形成了本报告。

本报告共分为八章。第一章为总论，从总体上对内蒙古对外经济贸易发展现状、特点以及存在的问题进行了探讨，并分析了内蒙古自治区对俄罗斯、蒙古国经贸发展环境；第二章为内蒙古对外贸易专题，对内蒙古自治区对外贸易历史沿革、对外贸易商品结构、边境贸易、加工贸易、服务贸易做出分析；第三章为内蒙古利用外资专题，分析了内蒙古利用外资现状和存在的问题并提出了发展战略和策略；第四章为内蒙古对外经济合作专题，主要分析了内蒙古自治区对外直接投资、工程承包、劳务合作发展情况，存在的问题以及政策建议；第五章为内蒙古口岸经济专题，对内蒙古自治区口岸发展现状、存在的问题、发展口岸经济的对策进行了探讨；第六章为内蒙古主要贸易伙伴专题，分析了内蒙古自治区与蒙古国、俄罗斯和中国香港地区的经贸合作情况；第七章为内蒙古各盟（市）对外经贸运行情况专题，对内蒙古各盟（市）的经贸运行情况进行了探讨；第八章为内蒙古对外经济发展前景分析，对内蒙古对外经贸发展形势以及经贸发展前景进行了分析和判断。

本报告在编写过程中力求做到以下几点：①内容的系统性和全面性。该报告的内容涵盖了内蒙古对外经济贸易发展的各个方面，从对外贸易、利用外资到对外经济合作、口岸经济，从加工贸易到服务贸易，从全区对外经贸到各盟（市）对外经贸，全面、系统地展现了内蒙古对外经济贸易发展的实际情况。②数据的权威性和可靠性。本报告主要依据内蒙古统计局、内蒙古商务厅、呼和浩特海关等公布和提供的大量数据和资料，结合田野调查获取的第一手数据资料编写而成，确保了报告数据来源的权威性和可靠性。③分析的客观性和指导性。该报告对内蒙古对外经济贸易发展现状进行了分析总结，对存在的问题进行了仔细梳理，在此基础上提出了相应的对策措施和政策建议，并对内蒙古对外经贸发展前景进行了分析判断。本报告在一定程度上为其他研究人员以及企业提供了信息指导，为相关部门的政策制定提供了参考。

由于本报告在编写过程中部分资料、数据的获取存在困难，造成相关分析不完整、不透彻，在此深表遗憾。也因为研究能力和水平有限，报告存在不足和缺陷，希望得到广大读者的谅解和指正。衷心希望我们初步的研究成果能够为内蒙古自治区对外经济与贸易发展提供一定的指导。

《内蒙古自治区对外经济贸易发展报告》编委会

2013 年 12 月

目 录

第一章 总 论 …………………………………………………………………… 1

第一节 内蒙古对外经济贸易发展现状及特点 …………………………… 2

一、内蒙古对外贸易发展成绩显著 ………………………………………… 2

二、内蒙古利用外资取得长足进展 ………………………………………… 7

三、内蒙古"走出去"战略初见成效 ………………………………………… 9

四、内蒙古口岸经济发展迅速 ………………………………………… 11

第二节 内蒙古对外经济贸易发展中存在的问题 ………………………… 14

一、对外贸易发展中存在的问题 ………………………………………… 14

二、利用外资中存在的问题 ………………………………………………… 17

三、"走出去"存在的问题 ………………………………………………… 18

四、口岸经济发展中存在的问题 ………………………………………… 19

第三节 内蒙古对外经贸发展环境分析 ………………………………… 22

一、国际环境 ………………………………………………………………… 22

二、国内环境 ………………………………………………………………… 25

三、区内环境 ………………………………………………………………… 26

四、内蒙古对俄罗斯、蒙古国经贸发展的不利因素 …………………… 27

第二章 内蒙古对外贸易 …………………………………………………… 29

第一节 内蒙古对外贸易历史沿革 ………………………………………… 30

一、改革开放前内蒙古对外贸易发展概况 …………………………… 30

二、改革开放后内蒙古对外贸易发展情况 …………………………… 31

第二节 内蒙古对外贸易的商品结构分析 ………………………………… 38

一、出口商品结构 ………………………………………………………… 39

二、进口商品结构 …………………………………………………… 45

第三节 内蒙古边境贸易发展状况 ………………………………………… 49

一、边境贸易发展阶段 …………………………………………………… 49

二、对蒙古国边境贸易 …………………………………………………… 51

三、对俄罗斯边境贸易 …………………………………………………… 53

四、内蒙古边境贸易存在的问题及对策 ………………………………… 53

第四节 促进内蒙古加工贸易产业结构升级 ……………………………… 57

一、内蒙古自治区加工贸易进出口的主要特点 ……………………… 57

二、内蒙古自治区加工贸易存在的主要问题 ………………………… 60

三、促进内蒙古加工贸易产业升级的策略 …………………………… 62

第五节 大力发展内蒙古服务贸易 ………………………………………… 64

一、内蒙古服务贸易发展的现状 ……………………………………… 64

二、内蒙古服务贸易发展存在的问题 ………………………………… 65

三、内蒙古国际服务贸易发展对策分析 ……………………………… 66

第三章 内蒙古利用外资 ……………………………………………… 71

第一节 内蒙古利用外资现状 ……………………………………………… 72

一、利用外资规模不断扩大 …………………………………………… 72

二、外商直接投资领域不断扩大，但仍以能源类为主 ……………… 73

三、利用外资国家（地区）不断增多 ………………………………… 74

四、从地域分布上看，内蒙古外商投资企业集中于内蒙古西部地区 ………………………………………………………………………… 74

五、利用外资方式结构发生变化 ……………………………………… 75

第二节 内蒙古利用外资问题分析 ………………………………………… 76

一、总体规模小，发展速度慢 ………………………………………… 76

二、利用外资的地区结构存在较大反差 ……………………………… 77

三、利用外资结构不合理 ……………………………………………… 77

四、外资投入的主导型产业显著不足 ………………………………… 77

五、利用外资的载体不完善，产业配套能力不足 …………………… 78

六、利用外资方式创新不足 …………………………………………… 79

目 录

七、全区投资环境需要进一步完善 ……………………………………… 79

第三节 内蒙古利用外资发展战略 ……………………………………… 80

一、内蒙古利用外资的指导思想 ……………………………………… 80

二、内蒙古利用外资的总体战略目标 ………………………………… 81

三、内蒙古"十二五"期间利用外资的主要任务 …………………… 82

第四节 内蒙古利用外资的策略 ………………………………………… 86

一、制定有利于吸引跨国公司入驻内蒙古的宏观经济政策 ………… 86

二、以转变经济增长方式为目标,合理引导外商的投向和结构 ……… 86

三、拓展外资进入渠道,创新使用外资方式 ………………………… 87

四、深层次地改善投资环境,优化外商投资的地区结构 ……………… 87

五、加快实施区内企业与外商投资企业的战略型联盟,培育新兴产业

…………………………………………………………………………… 88

六、强化内蒙古利用外资的政府作用 ………………………………… 88

第四章 内蒙古对外经济合作 ……………………………………… 91

第一节 内蒙古对外直接投资发展情况 ………………………………… 92

一、投资规模不断扩大 ……………………………………………… 92

二、投资经营主体多元化 …………………………………………… 93

三、以周边国家和地区为主,投资市场多元化 ……………………… 94

四、以矿产资源开发为主,投资领域多元化 ……………………… 94

五、形成以呼包鄂和呼伦贝尔市为依托的主要境外投资来源地 …… 95

第二节 内蒙古对外工程承包和劳务合作发展情况 …………………… 95

一、对外承包工程和设计咨询 ……………………………………… 95

二、对外劳务合作 …………………………………………………… 96

第三节 内蒙古对外经济合作存在的问题 ……………………………… 98

一、缺少跨国经营理念和发展战略,"走出去"具有短期性和盲目性 ……

…………………………………………………………………………… 98

二、信息不对称,政策不到位 ………………………………………… 98

三、投资规模小,企业自身实力不够,抗风险能力差 ………………… 99

四、企业经营机制不灵活,对国外环境的适应性差 …………………… 99

五、缺乏适应国际竞争的经营者人才 …………………………………… 99

六、已有的境外投资行业和内蒙古优势产业关联度较差 …………… 100

七、我国驻外使领馆对民营企业"走出去"的指导和支持力度不够

…………………………………………………………………………… 100

第四节 内蒙古促进对外经济合作发展的政策建议 …………………… 100

一、要制定出鼓励和支持企业"走出去"的宏观政策,加强对企业
境外投资的政策指导 …………………………………………………… 100

二、明确、培育和发展对外直接投资主体 ……………………………… 101

三、应选择好企业对外直接投资的市场路径 …………………………… 101

四、提高规避风险的能力 ……………………………………………… 102

五、建立与对外直接投资相适应的人才市场机制 …………………… 103

六、按照国际惯例完善对外投资服务体系 …………………………… 103

第五章 内蒙古口岸经济 …………………………………………… 104

第一节 口岸及口岸经济概述 …………………………………………… 105

一、口岸相关概念 ……………………………………………………… 105

二、口岸经济 …………………………………………………………… 106

第二节 内蒙古口岸设置情况 …………………………………………… 107

一、总体情况 …………………………………………………………… 107

二、内蒙古与蒙古国边境口岸设置情况 ……………………………… 108

三、内蒙古与俄罗斯边境口岸设置情况 ……………………………… 109

第三节 内蒙古各口岸基本情况及发展现状 …………………………… 110

一、满洲里口岸 ………………………………………………………… 110

二、二连浩特口岸 ……………………………………………………… 114

三、策克口岸 …………………………………………………………… 116

四、甘其毛都公路口岸 ………………………………………………… 118

五、满都拉口岸 ………………………………………………………… 120

六、珠恩嘎达布其口岸 ………………………………………………… 121

七、阿尔山口岸 ………………………………………………………… 123

八、额布都格口岸 ……………………………………………………… 125

目 录

九、阿日哈沙特口岸 …………………………………………………… 126

十、黑山头口岸 ………………………………………………………… 127

十一、室韦口岸 ………………………………………………………… 128

十二、二卡口岸 ………………………………………………………… 129

十三、巴格毛都口岸 …………………………………………………… 129

十四、乌力吉口岸 ……………………………………………………… 131

十五、胡列也吐口岸 …………………………………………………… 132

十六、呼和浩特航空口岸 ……………………………………………… 132

十七、呼伦贝尔航空口岸 ……………………………………………… 133

十八、满洲里航空口岸 ………………………………………………… 134

第四节 内蒙古发展口岸经济具备的条件 ……………………………… 135

一、经济的快速发展 …………………………………………………… 135

二、独特的地理区位 …………………………………………………… 135

三、口岸开放优势 ……………………………………………………… 135

四、资源的开发与利用 ………………………………………………… 136

五、国家战略及政策 …………………………………………………… 136

第五节 内蒙古口岸经济发展中存在的主要问题 ……………………… 137

一、口岸定位不明确,相互竞争激烈 ………………………………… 137

二、口岸基础设施建设资金缺口大 …………………………………… 137

三、口岸功能有待完善,特色产业体系尚未形成 …………………… 138

四、口岸管理体制不顺畅,人员编制不足 …………………………… 138

五、企业经营主体规模小,投资能力弱 ……………………………… 138

六、周边国家政策不稳定 ……………………………………………… 138

第六节 加快发展内蒙古口岸经济的对策措施 ………………………… 139

一、科学定位口岸功能 ………………………………………………… 139

二、提高口岸通关能力 ………………………………………………… 140

三、加快口岸各类园区建设,提高现代服务业发展层次 …………… 141

四、推动沿边经济带建设 ……………………………………………… 142

五、加快交通运输体系建设 …………………………………………… 143

六、大力发展边境贸易 ………………………………………………… 143

七、统筹"引进来"与"走出去" …………………………………… 144

八、开展多领域经贸合作 …………………………………………… 144

九、加强口岸经济人才建设，提供智力支持 ………………………… 146

第六章 内蒙古的主要贸易伙伴

第一节 内蒙古与蒙古国的经贸合作 …………………………………… 148

一、中蒙关系的历史溯源 …………………………………………… 148

二、中蒙贸易关系发展现状 ………………………………………… 150

三、内蒙古与蒙古国的贸易关系 …………………………………… 152

第二节 内蒙古与俄罗斯的经贸合作 …………………………………… 161

一、中俄经贸关系的历史回顾 ……………………………………… 161

二、中俄贸易发展现状 ……………………………………………… 163

三、内蒙古与俄罗斯贸易关系的发展 ……………………………… 165

四、俄罗斯"入世"对内蒙古与俄罗斯经贸关系的影响 …………… 169

五、俄罗斯远东地区开发为内蒙古带来的机遇 …………………… 171

第三节 内蒙古与中国香港地区的经贸合作 …………………………… 172

一、内蒙古与中国香港地区的经贸发展现状 ……………………… 173

二、内蒙古与中国香港地区经贸进一步合作的平台 ……………… 174

三、内蒙古与中国香港地区经贸进一步发展的条件 ……………… 175

第七章 内蒙古各盟市对外经贸运行情况

第一节 包头市对外经贸运行情况 ……………………………………… 177

一、包头市经济发展情况 …………………………………………… 177

二、包头市经济在内蒙古自治区的地位 …………………………… 179

三、包头市对外经贸运行情况 ……………………………………… 180

第二节 呼和浩特市对外经贸运行情况 ………………………………… 186

一、呼和浩特市经济发展情况 ……………………………………… 186

二、呼和浩特市经济在内蒙古自治区的地位 ……………………… 187

三、呼和浩特市对外经贸运行情况 ………………………………… 189

第三节 鄂尔多斯市对外经贸运行情况 ………………………………… 196

目 录

一、鄂尔多斯市经济发展情况 …………………………………… 196

二、鄂尔多斯市在内蒙古自治区的地位 ……………………………… 198

三、鄂尔多斯市对外经贸运行情况 …………………………………… 199

第四节 二连浩特市对外经贸运行情况 …………………………………… 203

一、二连浩特市经济发展情况 ………………………………………… 203

二、二连浩特市对外经贸运行情况 …………………………………… 205

第五节 呼伦贝尔市对外经贸运行情况 …………………………………… 211

一、呼伦贝尔市经济发展情况 ………………………………………… 212

二、呼伦贝尔市对外经贸运行情况 …………………………………… 215

第六节 满洲里市对外经贸运行情况 …………………………………… 219

一、满洲里市经济发展情况 …………………………………………… 219

二、满洲里市对外经贸运行情况 …………………………………… 221

第七节 巴彦淖尔市对外经贸运行情况 …………………………………… 225

一、巴彦淖尔市经济运行情况 ………………………………………… 225

二、巴彦淖尔市对外经贸运行情况 …………………………………… 226

第八节 赤峰市对外经贸运行情况 …………………………………… 226

一、赤峰市经济运行情况 …………………………………………… 227

二、赤峰市对外经贸运行情况 ………………………………………… 227

第九节 通辽市对外经贸运行情况 ………………………………………… 228

一、通辽市经济运行情况 …………………………………………… 228

二、通辽市对外经贸运行情况 ………………………………………… 229

第十节 乌兰察布市对外经贸运行情况 …………………………………… 230

一、乌兰察布市经济运行情况 ………………………………………… 230

二、乌兰察布市对外经贸运行情况 …………………………………… 230

第十一节 乌海市对外经贸运行情况 …………………………………… 231

一、乌海市经济运行情况 …………………………………………… 231

二、乌海市对外经贸运行情况 ………………………………………… 232

第十二节 阿拉善盟对外经贸运行情况 …………………………………… 232

一、阿拉善盟经济运行情况 …………………………………………… 233

二、阿拉善盟对外经贸运行情况 …………………………………… 233

第十三节 兴安盟对外经贸运行情况 ………………………………………… 234

一、兴安盟经济运行情况 ………………………………………………… 234

二、兴安盟对外经贸运行情况 …………………………………………… 235

第十四节 锡林郭勒盟对外经贸运行情况 ………………………………… 235

一、锡林郭勒盟经济运行情况 …………………………………………… 236

二、锡林郭勒盟对外经贸运行情况 ……………………………………… 237

第八章 内蒙古对外经贸前景分析 ……………………………………… 240

第一节 内蒙古对外经贸形势判断 ………………………………………… 241

一、世界经济继续缓慢复苏,稳定外需难度较大 ………………………… 241

二、国际贸易竞争加剧,贸易保护主义呈蔓延趋势 ………………………… 242

三、国内政策调整将对出口起到进一步支撑作用 ………………………… 242

四、向北开放呈现好形势 ………………………………………………… 242

第二节 内蒙古对外经贸发展前景分析 …………………………………… 243

一、对外贸易总体将保持平稳发展态势 ………………………………… 243

二、对外贸易不平衡问题依然突出 ……………………………………… 244

三、利用外资规模将进一步扩大 ………………………………………… 245

四、"走出去"前景不明朗 ………………………………………………… 245

五、口岸货运量将稳步提升 ……………………………………………… 245

参考文献 ………………………………………………………………………… 247

后 记 ………………………………………………………………………… 257

总 论

内蒙古自治区（以下简称内蒙古）对外贸易始于1947年，但快速发展是在1991年国家实施沿边开放政策之后。经过20多年的发展，内蒙古的对外贸易已经形成了货物贸易、服务贸易及转口贸易共同发展，一般贸易、边境贸易、加工贸易共同繁荣，对外贸易、对外投资以及对外经济合作协调统一的格局。

第一节

内蒙古对外经济贸易发展现状及特点

20世纪90年代以来,在国家沿边开放、西部大开发及向北开放政策的实施下,内蒙古自治区(以下简称"内蒙古")依托区位优势、资源优势以及政策优势,贸易发展成效显著,外资引进取得长足进展,"走出去"战略实施初见成效,口岸经济得以初步发展。

一、内蒙古对外贸易发展成绩显著

"十一五"时期以来,内蒙古对外贸易发展速度加快,全区外贸进出口总额累计达到381.08亿美元,比"十五"时期增长了1.4倍。特别是在2011年,对外贸易首次突破了百亿美元大关,达到了119.39亿美元,同比增长39.1%,创下了历史纪录,高于全国进出口平均增幅16.6个百分点。2012年,在世界经济复苏放慢、国内经济下行压力加大的情况下,内蒙古对外贸易呈现出下滑的局面,特别是出口下滑速度偏快。据资料显示,2012年全区实现进出口总值112.57亿美元,同比下降4.9%。其中,进口72.86亿美元,同比增长1.9%;出口39.71亿美元,同比下降15.3%。从内蒙古对外贸易发展的整体情况来看,对外贸易发展呈现出以下特点。

(一)对外贸易规模不断扩大,但贸易逆差成为常态

改革开放30多年来,内蒙古对外贸易发展规模不断扩大,从1978年的0.16亿美元,增加到2012年的112.57亿美元,34年间增长了约703倍。期间因受金融危机的影响,2009年、2010年,2012年贸易额出现反复,其余年份则基本处于不断上升的发展态势(见图1-1)。根据实际发展情况,内蒙古对外贸易以2000年为界,可分为贸易顺差和贸易逆差两个阶段。

(1)贸易顺差阶段(1978~2000年)。这一阶段为贯彻国家实施的出口商品战略,增加出口创汇需要,内蒙古充分发挥比较优势,扩大矿产品、农副土特产品等商品出口，贸易额从 1978 年的 1552 万美元提升到 2000 年的 20.4 亿美元，2000 年贸易顺差为 774 万美元。

图 1-1 1978～2012 年内蒙古对外贸易额

资料来源：内蒙古统计局网站、内蒙古商务厅网站。

（2）贸易逆差阶段（2001～2012 年）。在国家向北开放战略带动下，内蒙古充分发挥口岸优势，从俄罗斯和蒙古国进口了大量国内急需的资源性产品，带动了贸易规模不断扩大，贸易额由 2001 年的 25.5 亿美元提升到 2012 年的 112.57 亿美元，增长了约 3.4 倍，逆差额也由 2001 年的 2.7 亿美元增加到 2012 年的 33.17 亿美元，增长了 11.3 倍（见图 1-2）。

图 1-2 2000～2012 年内蒙古对外贸易差额

资料来源：内蒙古商务厅网站。

（二）商品结构总体不断优化，但内部结构存在低度化的特点

在改革开放前，内蒙古出口商品中粮油、土畜产品占 70%以上，另外还有少量

的矿砂、工业品及中药材。改革开放30多年来，内蒙古出口商品种类不断增多，商品结构不断优化。

1. 初级产品出口比重不断下降，工业制成品比重不断上升

出口产品已由改革开放之初的粮油、土畜、皮革等初级产品发展到目前经过深加工的粮油产品、纺织品服装、五金、机械设备、运输工具等制成品。目前，内蒙古出口产品主要集中在纺织服装、钢材和机电产品，三项产品占内蒙古出口总额的50%以上。

2. 进口以资源类产品为主

在内蒙古进口商品中，资源类产品占有较大比重。2012年，全年进口煤炭2156.6万吨(价值17.54亿美元)，增长了17.2%；进口铁矿砂732.1万吨，下降了8.3%；进口铜矿砂29.4万吨，增长了162.5%；进口锯材400.2万立方米，增长了1.2%；进口钾肥43.3万吨，增长了9.3%，各项产品进口额约占全区进口总额的70%。

3. 机电产品和高新技术产品的贸易额有所增长，但占比较低

机电产品和高新技术产品是对商品结构优化的集中体现。从内蒙古对外贸易发展的总体情况来看，2005年以来，机电产品和高新技术产品贸易额不断扩大，特别是机电产品贸易总额在2007年首次突破10亿美元，达到10.8亿美元。

2012年，全区机电产品进出口额13.8亿美元，同比下降10.7%，占全区外贸进出口总额的12.3%，其中出口5.3亿美元，下降37.7%，占全区外贸出口总额的13.4%；进口8.5亿美元，增长22.4%，占全区外贸进口总额的11.7%。全区高新技术产品进出口额为2.4亿美元，同比下降43.7%，占全区外贸进出口总额2.1%，其中高新技术产品出口约0.8亿美元，同比下降71.7%，占全区外贸出口总额的2%；高新技术产品进口约1.5亿美元，同比增长22.9%，占全区外贸进口总额的2%。如表1-1所示。

表1-1 2005年、2012年机电产品、高新技术产品贸易情况对比 单位：亿美元，%

年份	机电产品 贸易额	在贸易总额中占比	高新技术产品 贸易额	在贸易总额中占比
2005	9.6	19.6	3.4	7.0
2012	13.8	12.3	2.4	2.1

资料来源：内蒙古商务厅。

第一章 总 论

（三）市场呈现多元化，但俄罗斯、蒙古国仍为主要贸易伙伴

随着对外贸易市场多元化战略的实施，内蒙古在加强与周边国家贸易发展的同时，不断拓展新的市场，市场已由俄罗斯、蒙古国、美国、日本等国家拓展到亚洲、欧洲、非洲、大洋洲、南美洲的其他国家，贸易伙伴已经达到160多个。2012年，内蒙古十大出口市场分别为蒙古国、日本、俄罗斯、美国、韩国、越南、中国香港、印度、意大利、英国，其中对蒙古国的出口额为10.5亿美元，占全区出口总额的26.6%。

因地缘因素，俄罗斯和蒙古国一直是内蒙古的主要贸易伙伴，内蒙古与俄罗斯、蒙古国的贸易额占到全部贸易额的一半以上。以2005年为例，在内蒙古自治区51.62亿美元的贸易总额中，与俄罗斯贸易额为17.58亿美元，与蒙古国贸易额为3.67亿美元，与俄罗斯、蒙古国贸易额占贸易总额的比重为41.2%。2012年，内蒙古自治区对外贸易额为112.57亿美元，其中对蒙古国贸易值为32.6亿美元，对俄罗斯贸易值为27.4亿美元，对俄罗斯、蒙古国贸易总计59.84亿美元，占比为53.2%。

（四）以口岸为依托的边境贸易发展迅速

内蒙古边境线长、口岸众多，有发展边境贸易的独特优势。内蒙古与俄罗斯、蒙古国的边境贸易始于1948年，但因历史原因，曾一度中断。改革开放后，特别是国家实施沿边开放政策以来，内蒙古与俄罗斯、蒙古国的边境贸易进入了快速发展阶段，呈直线上升的发展态势。

2011年，内蒙古边境贸易进出口总额46.58亿美元，同比增长39.2%，占全区对外贸易总额的39%，其中边贸进口44.16亿美元，同比增长41.13%，边贸出口2.42亿美元，同比增长11.6%。出口主要以日用消费品、建材、果蔬类、家电等为主，进口主要是煤炭、铁矿砂、锌矿砂、木材等资源类产品。

2012年，在内蒙古112.57亿美元的贸易总额中，边境贸易额为47.24亿美元，占全区贸易总额的比重为41.97%，略高于2011年，其中边贸进口43.64亿美元，同比下降1.1%，边贸出口3.59亿美元，同比增长48.3%。边境贸易发展对内蒙古对外贸易发展起着举足轻重的作用。

（五）运输、旅游、建筑等服务贸易项目发展初具规模

内蒙古服务贸易发展总体来说额度比较小，但内蒙古充分发挥区位优势和边境旅游优势，大力发展口岸货运、客运和边境旅游，口岸货运量及客运量逐年提升，

边境旅游业快速发展。同时，边民互市贸易发展也带动了口岸城市旅游业的兴起，使旅游、运输等项目初具规模，成为内蒙古服务贸易发展的主体项目之一。

2012年，服务贸易进出口总额达到16.5亿美元，同比增长20.4%，特别是一些口岸城市，依托与俄罗斯、蒙古国对接的地缘优势，大力发展边境旅游，成为口岸城市最有活力的产业。以满洲里为例，2012年，边境旅游人数达到62.7万，其中中方出境人数10.1万，俄方入境人数52.6万，旅游总收入为48.1亿元。

（六）民营企业成为对外贸易发展的主力军

改革开放以来，我国各种类型企业不断发展，特别是民营企业不断发展壮大，在对外贸易中发挥着举足轻重的作用。在内蒙古对外贸易中，民营企业也发挥着越来越重要的作用。从表1-2中可以看出，在内蒙古对外贸易发展中，其他企业（私营企业和集体企业），特别是私营企业成为全区对外贸易发展的主力，完成了对外贸易额的60%以上，国有企业及外资企业占比约20%。特别是2012年，国有企业及外资企业不仅占比低，而且呈负增长的发展态势，凸显了在国际市场经济低迷的情况下，外资企业投资乏力、国营企业竞争能力弱，而私企充满活力的典型特征。

表1-2 2010～2012年内蒙古对外贸易进出口完成情况 单位：万美元，%

年份	国有企业			外资企业			其他企业		
	占比	金额	同比	占比	金额	同比	占比	金额	同比
2010	178636	14.6	20.5	161034	48.2	18.5	532224	29.2	61.0
2011	213595	20.0	17.9	246198	53.0	20.6	734117	37.9	61.5
2012	195605	-7.5	17.4	175168	-28.9	15.6	754894	2.8	67.1

资料来源：内蒙古商务厅网站。

（七）一般贸易、边境小额贸易成为对外贸易的主要方式

内蒙古对外贸易发展中一般贸易和边境贸易占主导地位，加工贸易发展不利，从表1-3可以看出，一般贸易占比在40%以上，在内蒙古对外贸易中发挥着主导作用；加工贸易占比较低，大多数年份不足10%，2012年占比仅为4.1%。

第一章 总 论

表 1-3 2010~2012 年内蒙古对外贸易方式 单位：万美元，%

年份	一般贸易			加工贸易			其他贸易	
	占比	金额	同比	占比	金额	同比	占比	金额	同比
2010	406411	29.1	45.6	89921	243.1	10.3	375562	11.7	43.1
2011	578542	42.1	48.5	95086	5.7	8.0	520282	38.5	43.6
2012	522643	-9.5	46.4	46610	-51.0	4.1	556414	6.9	49.4

资料来源：内蒙古商务厅。

特别值得关注的是边境小额贸易，在内蒙古对外贸易中发挥着非常重要的作用，2012年边境小额贸易总额为47.25亿美元，占比41.97%，一般贸易与边境小额贸易共同促进了内蒙古对外贸易的发展。

二、内蒙古利用外资取得长足进展

"十一五"时期，内蒙古累计外商直接投资129.1亿美元，比"十五"时期增长了4.1倍。特别是近年来，随着国家优惠政策的不断出台，内蒙古经济环境的不断改善，全区在吸引外资规模、投资领域、外资来源上都有一些新变化。

（一）外资规模不断扩大

内蒙古利用外资始于1979年，1985年后得到较快发展，特别是"十一五"时期以来，内蒙古累计吸引外资206.91亿美元，吸引外资的规模不断扩大。金融危机后的2008~2012年，内蒙古吸引外资的规模不但没有降低，反而保持了10%以上的增长速度（2012年除外），凸显了全区吸引外资的潜力巨大。从外资企业的数量看，截至2012年底，全区在工商部门注册的外商投资企业共3114家。2012年，新批准外资企业的数量39家，比2011年减少了34家，年内全区在工商部门注册的外资企业比2011年减少487家，但外资金额依然保持了2.7%的增长速度。

（二）外资来源不断增多

近年来，到内蒙古进行投资的国家和地区已由过去的日本、俄罗斯等国家和地区逐步发展到包括中国香港、日本、英国、东南亚国家在内的40多个国家和地区，

内蒙古自治区对外经济贸易发展报告(2013)

特别是中国香港地区,已经成为全区利用境外投资的主要地区。截至2010年,中国香港在内蒙古累计投资设立外商投资企业1279家,合同外资金额91.87多亿美元,投资额在1000万美元以上的企业达到275家。2010年,中国香港地区在内蒙古投资设立企业37家,实际到位资金19.67亿美元,占2010年内蒙古吸引外资的58%。2011年,内蒙古实际利用港资增长了55%,内蒙古的港资企业达到1328家,占全区外资企业的44%,投资所涉及的行业主要以煤炭为基础的能源产业、风力发电、农业、制造业、房地产开发及餐饮业等传统产业。2012年内蒙古实际利用港资30亿美元,占全区利用外资的77%,有1357家港资企业在内蒙古投资创业。

(三)投资领域不断扩大

近年来,随着内蒙古产业结构不断调整以及政府对新兴产业政策支持力度的不断加大,外商投资企业关注的领域已由过去的制造业和能源行业,扩展到了能源、交通、化工、建材、冶金、医药等各行各业,特别是一些新兴行业,如房地产、租赁、商业服务、信息技术、科学研究等行业,成为目前外商投资企关注的焦点。

(四)直接投资成为主要方式

2003年以前,内蒙古利用外资方式主要是以国外贷款为主,外商直接投资和外商其他投资为辅。2000年,内蒙古实际利用外资5.48亿美元,其中对外借款占外资总额的80%,直接投资约占20%。2003年以后,随着内蒙古投资环境的不断改善,内蒙古吸引外资的方式主要以直接投资为主,特别是近年来,外商直接投资的规模不断扩大,已成为内蒙古吸引外资的主要方式,如表1-4所示。

表1-4 2009~2012年内蒙古吸引外商直接投资情况

年份	全区批准外资企业 数量（家）	同比增长（%）	实际使用外商直接投资 金额（亿美元）	同比增长（%）	投资来源地	投资领域
2009	53	-58	29.84	13	中国香港、美国、英属维尔京群岛	制造业、电力、燃气及水的生产供应
2010	71	34	33.85	13	中国香港、毛里求斯、日本	制造业、电力、燃气及水的生产供应

第一章 总 论

续表

年份	全区批准外资企业		实际使用外商直接投资		投资来源地	投资领域
	数量（家）	同比增长（%）	金额（亿美元）	同比增长（%）		
2011	73	3	38.38	13	中国香港、毛里求斯、英国、丹麦等(19个)	制造业、电力、燃气及水的生产供应，房地产、采矿业、租赁商务、服务业
2012	39	-46.6	39.43	3	中国香港、毛里求斯、英属维尔京群岛、德国、中国台湾、新加坡、日本、美国等(20个)	采矿业和制造业

资料来源：内蒙古商务厅网站。

三、内蒙古"走出去"战略初见成效

"走出去"战略是党中央于2001年根据新的国际形势做出的重大战略部署，也是在更大范围和更深程度上参与国际经济合作与竞争的具体体现。为了更好地利用国内外两个市场、两种资源，促进经济结构调整，推动产业结构升级，积极实施"走出去"战略，内蒙古对外投资额已由2002年的0.74亿美元提升到2012年的13.22亿美元，成为拓展国外市场的有效手段。

（一）对外投资规模不断扩大

内蒙古对外投资始于1988年，但受国际、国内市场环境的影响，进展缓慢。进入2000年后，特别是"走出去"战略的逐步实施后，全区加快了对外投资的步伐，但金融危机爆发及欧债危机的蔓延，使内蒙古2009年、2010年对外投资额出现了波动。2011年，随着国际形势好转及国家向北开放政策的实施，内蒙古抓住机遇，加快了向北开放的步伐，全区新批境外企业30家，同比增长62%，项目投资总额

25.03亿美元，中方协议投资总额 23.26 亿美元。

2012年，全区新批境外企业且有 50 家，同比增长 72.4%，但项目金额回落到 13.22 亿美元，中方协议投资总额回落到 12.21 亿美元，同比下降 45.9%。

（二）"走出去"形式多样化

在实施"走出去"战略中，除境外投资，全区充分发挥自身劳动力资源丰富及与俄罗斯、蒙古国毗邻的地缘优势，与俄罗斯、蒙古国开展对外工程承包、劳务派遣等合作，取得了显著成效，如表 1-5 所示。

表 1-5 2009～2012 年全区对外承包工程、设计咨询和劳务合作情况

年份	内 容
2009	全区共签订国外工程承包、设计咨询和劳务合作合同 41 个，合同额 3889 万美元，完成营业额 4776 万美元，外派劳务 2136 人次，同比分别下降 78.7%、32.8%和 78.4%
2010	全区共签订国外工程承包、设计咨询和劳务合作合同 19 个，合同额 2356 万美元，完成营业额 4511 万美元，外派劳务 1085 人次，同比分别下降 39.4%、5.5%和 49.2%
2011	全区新签对外工程承包、设计咨询合同 3 个，合同额 3.11 亿美元，完成营业额 353 万美元，同比下降 63%；外派劳务 558 人次，同比下降 17.6%。新签劳务人员合同 18 个，合同工资总额 1412 万美元，劳务人员实际收入总额 806.6 万美元，外派劳务 863 人次，同比增长 1.1 倍
2012	新签对外工程承包、设计咨询合同 3 个，合同额 76776.84 万美元，同比增长 1.4 倍；完成营业额 5877.57 万美元，同比增长 15.7 倍。新签劳务人员合同 12 个，合同工资总额 5677 万美元，同比增长 3 倍；劳务人员实际收入 2094 万美元，同比增长 1.6 倍；外派劳务 4433 人，同比增长 4 倍

资料来源：内蒙古商务厅网站。

（三）投资领域不断拓展

根据国外市场需要，结合全区优势，全区境外投资领域由矿产勘探、森林资源开发等传统行业不断向其他行业扩展。以 2012 年为例，投资领域涉及矿产勘探、森林资源开发、国际贸易、太阳能光伏产品、房地产开发、运输业、汽车销售以及信息传播等，其中包含了更多的资本、技术知识等新行业。投资领域的扩张，不仅提

高了全区自身的竞争能力，而且也受到了引资国的重视和欢迎，促进了双边良好合作关系的发展。

（四）投资国别多元化

全区对外投资的国家（或地区）已由最初的蒙古国、俄罗斯、中国香港不断向其他国家（或地区）扩展。2012年，全区对外投资的国别（地区）包括蒙古、俄罗斯、柬埔寨、美国、中国香港、澳大利亚、孟加拉国、日本、阿联酋、保加利亚等20个国家（或地区）。

四、内蒙古口岸经济发展迅速

1991年，中央决定开放满洲里、丹东、绥芬河、珲春四个北部开放口岸，1992年3月，国务院批准开放包括内蒙古满洲里、二连浩特在内的13个陆地边境市、镇，并赋予边境地区优惠政策，自此内蒙古走上了对外开放的道路。20多年来，依托与俄罗斯、蒙古国口岸对接的区位优势，内蒙古不断加强与俄罗斯、蒙古国的合作，口岸经济得到快速发展。

（一）口岸开放数量不断增加

从1991年满洲里成为首批北部开放口岸至今，20多年来，内蒙古已开放19个口岸，其中对俄罗斯开放的公路铁路口岸6个，对蒙古国开放的公路铁路口岸10个，还有海拉尔、满洲里及呼和浩特三个航空口岸。2012年，额布都格口岸、阿尔山口岸及满都拉口岸通过了国家正式验收，成为了正式开放口岸，还有一些口岸正在建设中。口岸开放成为内蒙古乃至中国与俄罗斯、蒙古国经济与文化交流的重要窗口，也成为中国与俄罗斯、蒙古国货运通关、客运往来的重要通道，促进了内蒙古与俄罗斯、蒙古国的经贸关系的发展，也进一步提升了中俄、中、蒙之间经贸关系的发展。

（二）口岸客运量和货运量不断提升

20世纪90年代以来，随着中蒙、中俄经贸关系正常化以及内蒙古各口岸相继开放，为中俄、中蒙货运及客运量提供了便利。而中俄、中蒙经贸关系大发展也带动了口岸货运量的不断提升（见表1-6）。以货运量及客运量为例，2012年进出境货运量达到6729.22万吨，2012年与1996年相比，货运量增加了约15倍；与2000年相比，增加了约7倍。2012年进出境的客运量达到479.47万人次，与1996年相比，客运量增加了约4倍，与2000年相比，增加了约2倍。2012年与2011年相比，货运增长9%，客运增长7.2%，交通运输工具同比下降3%，转口同比下降2.8%。运输能力的提高，不仅带动了内蒙古经济的发展，也促进了中俄、中蒙之间的经贸关系的发展。

表 1-6 1996年、2000～2012年内蒙古口岸运输能力对比分析

年份	货运量（万吨）		客运量（万人次）	交通工具（万列、辆）	转口（万吨）
1996	总量：414.40		90.09	18.72	—
	进境	出境			
	325.17	89.23			
2000	总量：814.29		155.01	28.36	—
	进境	出境			
	707.37	106.92			
2011	总量：5400.3		447.20	134.30	772.50
	进境	出境			
	4488.50	911.80			
2012	总量：5978.32		479.47	130.30	750.90
	进境	出境			
	4807.98	1170.34			

资料来源：内蒙古商务厅网站。

（三）边贸企业队伍不断壮大

口岸开放及国家赋予边境贸易的优惠政策，使全区从事边境贸易的队伍不断壮大，主要集中在口岸城市。截至2012年底，全区共注册边境贸易企业1400余家，其中包头9家，呼伦贝尔市（不包括满洲里）28家，锡林郭勒盟（不包括二连浩特）33家，巴彦淖尔市105家，阿拉善盟47家，满洲里市712家，二连浩特市503家。

（四）口岸经济发展初具规模

口岸经济是以口岸为核心，直接或间接依托口岸而存在和发展的跨行业、跨地

第一章 总 论

域、多层次的复合经济。内蒙古是个多口岸地区，具备发展口岸经济条件。

1. 国际物流业日趋成熟，成为口岸经济的支柱产业

随着中俄、中蒙贸易的快速发展，国际物流业在口岸经济中特别突出。内蒙古各口岸都建立起了与口岸相适应的物流园区。以策克为例，根据2010年《策克口岸总体规划》，总规划面积48平方公里，其中铁路监管区6.34平方公里，铁路物流用地5.22平方公里，公路监管区12.1平方公里，公路物流用地5.06平方公里，四项合计28.72平方公里，占总规划面积的59.8%，即2/3的用地与物流有关。目前，物流园区和煤炭加工项目已累计完成13亿元投资，庆华一马克商贸公司、酒钢集团、浩通能源公司、太豪国际物流公司及策克煤炭运销公司等6个海关监管储煤场及物流区建成并投入运营，为策克口岸货运提供了便利。

2. 口岸资源落地加工业蓬勃发展，成为口岸经济新的增长点

内蒙古各口岸依据俄罗斯、蒙古国对开口岸资源进口的情况，建立起了煤炭、木材加工等项目，延长了产业链，提高了附加值。例如，满洲里口岸目前已经形成了以木材加工业为基础，包括化肥、化工、卫生洁具、服装和家具等在内的口岸加工业。策克口岸主要是围绕煤深加工项目来发展加工业。目前，在额济纳旗工商部门注册登记从事口岸煤炭经营的企业达69家，已实现进口原煤的企业达25家，庆华一马克公司300万吨/年重介洗煤项目、锦达煤业公司200万吨/年跳汰洗煤项目、星晨煤业200万吨/年洗煤项目等煤炭深加工相继上马实施，2011年洗精煤近700万吨，公路外运原煤800余万吨，有力地带动了地方经济的发展。

3. 旅游商贸业发展迅速，成为口岸经济发展的亮点

内蒙古各口岸与俄罗斯、蒙古国对接，开展边民互市贸易和旅游贸易具有独特的条件。以满洲里为例，每年旅游出口在3亿美元以上（边民互市贸易区出口额在1亿美元左右，市区出口在2亿美元以上）。2011年，旅游区入区人数总计1807373人，日均4952人。其中，俄商进出区人数为69360人，日均190人；中方进出区人数为1772693人，日均4857人。旅游区出口过货量为1746吨，日均4.78吨。旅游区交易额为34680万元，日均95.01万元。旅游贸易出口商品主要有服装、箱包、建材、日用品及部分水果、食品。大批俄罗斯游客通过满洲里口岸进入市区进行商品采购，繁荣了市区的商业，带动了满洲里的餐饮、住宿、旅游、交通等行业，促进了国内商贸流通的快速发展。2012年进入互贸区的人数为17284人次，同比下

第二节

内蒙古对外经济贸易发展中存在的问题

改革开放以来，内蒙古对外经济贸易获得了较快发展，在经贸发展的各个领域都取得了不俗的成效，但因内蒙古处于北部边疆落后地区，开放时间晚，开放度小，相邻国家经济发展落后、政策波动性大，使得内蒙古在对外经贸发展方面仍存在很多问题。

一、对外贸易发展中存在的问题

对外贸易是内蒙古对外开放的主要方面，但内蒙古对外贸易发展与国内其他地区相比，不仅总量小、占比低，而且在贸易结构、市场多元化以及贸易方式方面存在一定的问题。

（一）进出口总量小，在全国占比低

相对于沿海各省及其他沿边开放省区，内蒙古对外贸易额较小，在全国占比低，排名靠后，与发达省区相比还有较大差距。2011年内蒙古对外贸易总额为119.39亿美元，突破百亿美元，但在全国贸易中占比0.33%，其中出口46.87亿美元，占比0.023%，进口72.52亿美元，占比0.42%。2011年内蒙古的对外贸易按贸易总额在全国31个省区中排名第23位，仅超过海南省、贵州省、云南省、西藏自治区、陕西省、甘肃省、青海省、宁夏回族自治区，整体外贸发展水平偏低。2012年，内蒙古的贸易总额112.57亿美元，同比下降4.9%，在全国所占比重0.29%，其中出口39.7亿美元，占比0.19%；进口72.86亿美元，占比0.4%。2012年，内蒙古在全国31个省区中排名第26位，仅超过贵州省、云南省、西藏自治区、甘肃省、青海省、宁夏回族自治区，与2011年同期相比，海南省和陕西省超过了内蒙古自治区。

(二)市场开发力度不够、多元化市场体系尚未真正建立

虽然目前全区贸易伙伴已达160多个，但主要贸易伙伴仍集中在传统市场。2011年全区对俄罗斯、蒙古国贸易额共计57.38亿美元，占比48.1%。2012年全区贸易总额112.57亿美元，其中对俄罗斯27.23亿美元，对蒙古国贸易32.6亿美元，两项合计59.83亿美元，占比53.2%。这表明全区在贯彻国家向北开放战略实施中已初见成效，但对其他市场的开拓力度不够，成效不明显。

(三)贸易结构有待进一步优化

贸易结构优化既包括贸易总体结构的优化，也包括商品的内部结构优化。就内蒙古而言，其总体结构及内部结构均存在优化的必要。

1. 劳动、资源密集型及低附加值产品仍是全区出口的主要商品

纺织服装、矿产品、化工、农畜产品等劳动、资源密集型产品和低附加值产品仍是全区出口的主要商品，出口额占全区出口总额的80%以上。2012年，出口最大类的是普通钢材，出口额2.24亿美元，占全区出口的5.6%。目前全区出口产品中初级产品占比15.6%，工业制成品占比84.4%，而同期，全国相应比例分别占5.3%及94.7%，全区工业制成品占比低于全国水平，在一定程度上反映了全区出口产品结构存在低度化问题。

2. 资源类产品成为全区进口的主要商品

煤炭、原木、锯材、铜精矿、原油、化肥、有机化学品、铁矿砂、木浆、乳品原料等资源、能源类商品成为进口的主导产品，进口总额超过40亿美元，占全区进口总额的70%以上。机电、高新技术产品和生活消费品进口占比相对偏小。2012年全区进口量最大的是煤，进口额17.5亿美元，占全区进口的24%。

3. 高新技术产品及机电产品出口增速虽高，但在全国贸易总额中占比较低

2012年，全区高新技术产品出口额为0.8亿美元，占全区外贸出口总额的2%，占全国贸易总额仅为0.03%，而同期全国高新技术产品出口额6012亿美元，占贸易出口总额的29.3%；全区机电产品出口额为5.3亿美元，占全区外贸出口总额的13.35%，占全国贸易总额仅为0.03%，而同期全国机电产品出口贸易总额为11794.2亿美元，占贸易出口总额的57.6%。内蒙古高新技术及机电产品出口占

比低于全国平均水平，贸易结构亟待进一步优化。

（四）贸易不平衡问题突出

内蒙古贸易发展不平衡是多方面的，既包括区域发展的不平衡，还包括进出口的不平衡。

1. 进出口不平衡

（1）纵向比较。从内蒙古历年的贸易数据来看，贸易总额除了2009年、2010年、2012年因受金融危机的影响贸易额下降外，其余年份都处于不断上升中，但总体贸易规模偏小。逆差额除了2003年、2008年及2010年有反复外，其余年份都趋于上升，而且有不断扩大的趋势。究其原因，主要是近年来全区边境贸易进口的迅猛发展带动了全区进口规模的快速增长。

（2）横向比较。内蒙古现阶段贸易发展与我国20世纪80年代的发展情况基本相似。我国在80年代除了1982年、1983年有少量的贸易顺差外，其余年份均为逆差；90年代以来，除了1993年有逆差外，年年顺差。全区自2001年至今，年年逆差。

2. 区域发展不平衡

（1）满洲里与二连浩特分别依托口岸优势，在对贸易发展中取得了良好的业绩。2012年满洲里市虽然与2011年相比下降了11.9%，完成贸易额21.3亿美元，但却以微弱的优势首次超过包头市，成为内蒙古对外贸易中业绩最好的盟市。二连浩特以21%的增长速度，以19.1亿美元的贸易额成为内蒙古第三大贸易盟市。

（2）呼浩特和包头以优越的综合人文环境、较强的经济基础、较合理的产业结构等成为内蒙古对外贸易发展中业绩较好的地区。包头市2012年完成贸易额21亿美元，同比下降23.9%，在全区对外贸易中居第二位。呼和浩特市2012年完成贸易额为17.0亿美元，同比下降15.9%，在全区对外贸易中居第四位。

（五）智力型服务贸易发展滞后

内蒙古传统的服务贸易项目中旅游、运输、建筑等发展迅速，但包含智力因素的服务项目，特别是保险、金融、电影及音像制品等发展缓慢。智力型服务贸易项目发展滞后，不仅影响了服务贸易自身的发展水平，也影响了货物贸易的发展。

第一章 总 论

（六）外贸企业规模小、缺乏具有国际竞争力的大型企业

截至2012年底，全区登记备案的进出口企业6821家，但存在规模小、经营业绩不强的特点。目前，全区出口规模超过千万元的企业仅有51家，进口规模超过千万元的企业仅有118家，经济实力弱，不仅缺乏开拓市场的能力，而且抵御外来风险的能力也较弱。

（七）加工贸易规模小、产业链低，与区内相关产业关联度差

内蒙古加工贸易在各类贸易方式中占比最低。以2012年为例，全年加工贸易额仅为4.66亿美元，同比下降51%，占比为4.1%，贸易额及占比都低于2011年同期水平。内蒙古加工贸易属于典型的简单加工或组装型加工，加工贸易链条短，生产主要集中在下游。零部件及原材料过度依赖进口、缺乏加工贸易中技术先进的中间材料和基础部件的国内制造和供货能力，与全区相关产业关联度差，对相关产业发展的带动性不强。

（八）进出口基地建设滞后，公共服务平台功能弱

根据全区贸易发展的实际情况，经过多年的发展，纺织服装、农畜产品、工业制成品等，尤其是羊绒制品、有色金属、稀土等已形成了内蒙古比较有优势的出口产品，但在国际市场上有竞争力的出口商品和骨干企业不多，没有形成规模优势。出口商品基地建设滞后，发展后劲不足。在进口俄罗斯、蒙古国资源方面，大多数资源通过全区口岸进口到国内，而全区对进口资源深加工方面做得不够，口岸建立起来的一些加工项目，多是简单粗加工，不仅规模小，而且加工程度低，缺乏加工基地所应有的集群效应。基地内公共服务平台处于起步阶段，服务功能单一，辐射面小，服务水平和服务质量有待进一步提升。

二、利用外资中存在的问题

内蒙古在利用外资方面起步较晚，且存在规模小、行业集中、地区发展不平衡等问题，影响了外资的实施效果。

（一）利用外资的规模有限，在全国占比低

2011年，内蒙古自治区新批外资企业73家，在全国占比0.26%，实际利用外

资38.38亿美元，占比3.3%。2012年，内蒙古自治区新批外资企业39家，在全国占比0.16%，实际利用外资39.43亿美元，在全国占比3.5%。

（二）外商投资行业过度集中

从近年来外商投资的行业来看，主要集中在制造、能源、矿产等行业，缺乏对高新技术行业的投资、缺乏对信息服务行业如计算机、信息传输、软件开发、金融、保险、租赁等的投资。技术外溢效果不显著，对全区产业结构的升级及转换的促进作用不明显。

（三）外资来源较单一

从外资来源来看，主要以亚洲国家为主，缺乏欧美发达国家的投资，说明吸引外资依靠的是地缘优势、资源优势，而非产业发展及市场优势，缺乏持久吸引外资的能力。

（四）引资地区存在不平衡

内蒙古区域广阔、东西跨度大，既有人文环境、经济基础及综合素质好的呼包鄂，还有远离首府、远离内地的广大边境口岸城市，还有许多开发程度低、经济发展落后的内部城市，外商投资主要集中在呼和浩特、包头和鄂尔多斯，占到60%以上，而其余地区投资乏力，外商投资水平低。

（五）外资企业对贸易贡献度小

2011年，全区对外贸易中外商投资企业完成贸易额24.6亿美元，占贸易总额的20.6%，而全国对外贸易额中外商投资企业出口额占全国出口总额比例为52.4%。2012年，全区对外贸易中外商投资企业完成贸易额17.5亿美元，占贸易总额的15.6%，全国对外贸易额中外商投资企业出口额占全国出口总额比例为48.98%，与全国相比，内蒙古的外资企业不仅贸易规模小，而且对区外贸的贡献也相对较小。

三、"走出去"存在的问题

"走出去"是我国拓展对外关系的主要战略政策之一，但内蒙古因所处的地理位置、经济发展水平等方面的原因，使全区在"走出去"战略实施中存在如下问题。

第一章 总 论

（一）对外经济合作水平有限

2011年，按对外承包工程营业额官方统计，全区排名全国第31位，非金融类对外直接投资全区排名第27位，排名均靠后。外经整体规模小，对自治区外贸出口的带动作用小。2012年，全区非金融类对外直接投资46035万美元，全国排名第19位，占比1.6%，位次较2011年有所提高，但占比较低，对经济的拉动作用较小。

（二）"走出去"方向过度集中

近年来，内蒙古虽在"走出去"的道路上不断努力，但因受自身经济水平的制约及地理位置的限制，企业"走出去"参与国际经济合作的目标国依然集中在俄罗斯、蒙古国等传统市场。俄罗斯、蒙古国政策变动大、消费需求低、市场拓展的空间小，严重影响了全区对外经济合作的水平和质量。

（三）投资方式落后

全区受自身经济水平及科技实力的影响，"走出去"方式主要采取对外承包工程、劳务合作，即参与对外经济合作靠的是汗水而不是灵感，不仅合作的水平低，而且也受不到目标国应有的尊重和欢迎，有时还会受到目标国的抵触和限制，严重影响了全区对外经济合作的水平。

（四）投资领域窄

从近年来全区对外经济合作的领域来看，主要集中在矿产勘探、森林资源开发、太阳能光伏产品、房地产开发和运输业。缺乏科技含量高、对经济增长拉动大的项目投资，限制了全区"走出去"的规模和水平。

四、口岸经济发展中存在的问题

内蒙古是一个口岸资源丰富的地区，近年来，随着我国向北开放战略的积极推进，内蒙古口岸经济发展初具规模，但内蒙古口岸经济发展过程中出现了口岸开放的无序竞争、口岸产业空洞化问题，影响了口岸经济发展的实际。

（一）口岸过度开放与无序竞争

自1991年第一批沿边开放口岸——满洲里及二连浩特开放至今，内蒙古陆续开放不同级别的口岸已达19个，有的还正在开放之中。毫无疑问，口岸开放，提高了内蒙古对外开放力度，促进了内蒙古与俄罗斯、蒙古国经贸交流，特别是促进了口岸所在地经济的腾飞。但口岸的开放也带来了一系列的问题。

1. 口岸重开放、弱开发问题突出

在国家沿边开放、向北开放及西部大开发等诸多优惠政策的鼓舞下，内蒙古自治区及各沿边地方政府积极争取口岸开放，但口岸的开放不仅是开放问题，更重要的是开发问题。在目前，国家鼓励口岸的开放，但对口岸开放提供的支持资金较少，更多需要地方政府加大对口岸的投资，但地方政府财力有限，难以满足口岸开发需要的建设资金。而口岸都远离政府中心，经济发展都比较落后，对基础设施投入较少，因此口岸开放了，但周围的配套设施较差，不能满足现代口岸通关的需要。

2. 口岸功能类同、无序竞争问题严重

俄罗斯、蒙古国资源丰富，俄罗斯的石油、木材，蒙古国的煤炭及各种有色金属等成为内蒙古各口岸进口的主要产品。在俄罗斯、蒙古国不断限制资源产品对中国出口的同时，各口岸为了争取有限的资源进口，不惜使用各种手段，不规范的竞争手段频频出现，使企业受损。

3. 口岸过度开放，引起蒙古国不安

因历史原因，蒙古国对中国心存戒心，而内蒙古从东到西系列口岸的开放，会引起蒙古国的不安，从心理上更加排斥和反感中国，反而会限制内蒙古与蒙古国的深入合作，对于俄罗斯、蒙古国这样与中国有历史的邻邦而言，口岸开放不是越多越好，而是要适度。

（二）口岸产业"空洞化"

综观内蒙古口岸经济发展模式，各口岸大同小异。过货、资源落地加工以及商贸旅游几乎是口岸业务的主要方面，而真正属于口岸本土化的基础产业少之又少。正是因为口岸没有真正属于自己的产业，导致了口岸经济随俄罗斯、蒙古国经济及政策的变化而起伏不定，稳定性较差，目前的口岸经济模式难以维持和发展。

第一章 总 论

1. 洗煤项目难以维持

从内蒙古口岸经济发展情况来看，资源落地加工是许多口岸发展的主要项目，但资源来自俄罗斯、蒙古国，根据蒙古国产业政策，其自身已开始在坑口建设各种洗煤厂，原煤约在2017年不再出口。这表明全区已建立起来的大型洗煤厂将面临无原煤可进的境遇，洗煤业务也就无从谈起。

2. 原煤进口属于"微利"

"矿业立国"是蒙古国振兴经济的发展战略，但矿产卖给谁、以什么价格卖以及以什么形式卖是蒙古国深入思考的问题。经过多年与世界各国的博弈，蒙古国已形成了一套自己的独特做法。煤炭是我国进口蒙古国的主要产品，为使其自身利益最大化，蒙古国专门有考察团，不间断到中国考察煤炭市场，只要中国的煤炭价格一上涨，蒙古国出口的煤炭价格马上上涨，使全区煤炭进口企业始终处于"微利"甚至"无利"的境况。

（三）口岸建设"过度市场化"

口岸是一种资源，内蒙古口岸建设中因政府资金短缺，借助社会资金对口岸设施进行修建，其结果导致了口岸管理权的分散。口岸属于国家资源，最大的受益者应该是国家，其次是当地百姓。任何个人和企业都无权拥有它，任何企业都不可以拥有特权，但在口岸过度市场化及企业化的今天，出现了一些有特权的企业，干扰了政府决策的制定与执行。

（四）口岸通关中"一关两检"各自为政

根据我国的相关规定，口岸通关涉及海关、国检及边检等相关部门。海关负责征税、国检负责检验检疫、边检负责护照、人员行李、运输工具等检查。三个部门各自为政，有独立的一套管理办法，造成了在口岸通关中环节多、费用高，不利于口岸通关的顺利进行，这在我国沿边开放口岸中是一个普遍存在的问题。而内蒙古各口岸，对接俄罗斯、蒙古国的口岸本身基础设施、人员工作效率以及检验检疫标准不同，导致口岸通关的延缓。

（五）国外用工制度限制

口岸开放与港口开放不同，其方向明确，内蒙古各口岸对应的是俄罗斯、蒙古国。俄罗斯、蒙古国尤其是蒙古国许多做法不符合国际惯例却符合其国家内法，严重影响并制约了我国与俄罗斯、蒙古国的合作。

1. 中蒙两国政府尚未签署"劳务准入"协议

为保障国内就业，各国都有一些对外籍劳务人员用工限制的规定，俄罗斯、蒙古国尤为严格。蒙古国用工比例为9∶1，即10个用工中，9个蒙古人，1个外籍人。俄罗斯为增加就业，限制中方劳务人才，实施打工卡制度。以2011年为例，在布里亚特共和国只有20个打工卡，这远远不能满足我国企业在境外的建设需要，也阻碍了内蒙古企业走出去的步伐。

2. 护照代替边民通行证带来的不便

2007年以前，边民持边民通行证即可办理出国手续，但2007年之后，开始使用护照，2011年劳务护照开始实施，给一些口岸企业带来了沉重的经济负担。以庆华公司为例，用中方司机拉煤，办理一本签证需要2.8万元，一本护照最多进出68趟，庆华公司共有400辆车，单这一项签证就给公司增加了上千万元的成本，加重了企业的负担。

第三节 内蒙古对外经贸发展环境分析

一、国际环境

1. 东北亚区域经济合作趋势加强

随着经济全球化和区域经济一体化的日益深化，开放、合作与发展成为当今世界的主流。地理位置相邻的国家由于地理上接近、文化上相似、市场结构上互补，可有效降低交易成本和违约风险，扩大市场份额，形成规模经济，促进生产要素流动，进而提高区域经济在整个世界经济的地位。世界贸易组织多哈回合谈判受挫，全球贸易自由化受阻，助推越来越多的国家和地区走上区域经济合作之路。东北亚各国在经济上存在巨大的互补性，日本和韩国的资金与技术，中国的劳动力和市场，俄罗斯、蒙古国的资源和能源等，为东北亚区域经济合作提供了优势互补的基础。近年来，东北亚区域经济合作面临着新的环境变化与需求。中国和蒙古国对东北亚区域经济合作的需求上升，俄罗斯开发远东战略需要吸引该地区国家的投资。这些使得近年来中俄、中蒙经贸关系取得了长足发展，中国已经连续3年成为俄罗斯第一大贸易合作伙伴，连续12年保持蒙古国第一大贸易伙伴地位，三国经济互补优势日益明显，区域经济发展前景广阔。

2. 中国与俄罗斯、蒙古国政治经贸关系进一步深化

政治互信是经贸关系发展的良好基础。俄罗斯是我国最大的邻国，近年来中俄两国领导人高瞻远瞩，建立了战略协作伙伴关系，两国关系进入了历史上最稳定、最好的时期，合作的程度不断加深。中国与苏联早在1949年就建立了外交关系，1991年苏联解体，中俄两国之间的关系从1992年"相互视为友好国家"、1994年宣布建立"建设性伙伴关系"，到1996年确定为"战略协作伙伴关系"。随着中俄政治关系的不断推进，俄罗斯加入世界贸易组织，中俄之间的经贸关系也获得了恢复与发展。2012年，双边贸易额达到了创纪录的881.6亿美元，同比增长了11.2%，中国已经连续3年成为俄罗斯第一大贸易合作伙伴。中国东北地区与俄罗斯远东地区毗邻而居，相互交往密切，中俄毗邻地区分别实施了东北老工业基地振兴战略和东部地区开发战略。2009年9月，胡锦涛主席和梅德韦杰夫总统共同批准《中国东北地区与俄罗斯远东及东西伯利亚地区合作规划纲要（2009～2018）》，这是两国为毗邻地区协调战略、衔接规划和促进经济发展而制定的重要文件，标志着两国地区合作取得了实质性进展。2013年2月，普京批准的新版《俄罗斯对外政策构想》中，再次把中国界定为俄罗斯对外政策最重要的方向之一。2013年3月，习近平主席访俄第一站选择在俄远东地区，就是要深入贯彻两国元首达成的共识，进一步落实《中国东北地区同俄远东及东西伯利亚地区合作规划纲要（2009～2018）》，推动中俄地方合作向广度和深度的发展。

蒙古国是最早承认中华人民共和国的国家之一。1960年双方签订《中蒙友好互助条约》。1962年签订《边界条约》。20世纪60年代中后期，两国关系经历了曲折。70年代，两国恢复互派大使。80年代，两国关系逐步改善。1989年两国关系和两国执政党相互关系实现正常化。此后，两国友好交流与合作在政治、经济、文化、教育、军事等各个领域不断得到巩固和发展。1990年中蒙双方发表联合公报，1994年修订《中蒙友好互助条约》，并在此基础上签订《中蒙友好合作关系条约》。

在经贸往来方面，中蒙两国于1951年签订贸易协定，1989年两国政府成立经济、贸易和科技合作委员会，迄今已举行了10多次会议。1991年，中蒙两国政府签订了鼓励和相互保护投资协定和新的贸易协定，以现汇贸易取代政府间记账贸易，为双方加强经贸合作关系创造了有利条件。近几年来，中蒙的高层互访进一步强化了中蒙关系，加强了双方的政治经济互动，增强了相互间的信任感。总之，自1949年中蒙建交以来，两国关系虽经历了困境，但在双方共同努力下，两国关系不断向前发展，特别是2011年中蒙两国由睦邻互信伙伴关系提升为战略伙伴关系，为两国关系树立了新的里程碑。在蒙古国新的外交政策下，中国被界定为重要的经贸合作伙伴国，自1999年至今，中国取代俄罗斯成为了蒙古国最大的贸易伙伴国。2011年，中国首次超过俄罗斯成为蒙古国的第一大进口来源国。

3. 中国与俄罗斯、蒙古国文化交流合作稳步推进

中国与俄罗斯是战略协作伙伴，也是文化睦邻。中俄文化领域的交流合作一直依靠政府间文化合作计划开展，官方文化交流在两国文化合作中迄今占有主导地位。近年来，在中俄战略协作伙伴关系的指引下，两国政府文化代表团互访频繁，文化领域的合作十分广泛。自2006年起，中俄连续互办国家级的大型活动，包括2006年和2007年互办国家年，2009年和2010年互办语言年，2012年和2013年互办旅游年。这些大型文化活动使中俄官方文化交流持续保持高水准，同时也为两国语言、文化、旅游领域创造了更多的交流合作机会，全方位地拓展了两国间的人文对话。尤其是2012年8～12月在俄罗斯举办的"中国文化节"，演出、展览、文化周和论坛等活动在莫斯科、圣彼得堡和叶卡捷林堡、西伯利亚和远东地区多地开展，多渠道、宽领域、全方位地向俄罗斯民众展示了中华文化。俄罗斯目前有近百所大学开设了汉语课程，除中小学生外，学汉语的大学生、研究生人数过万。自2005年圣彼得堡大学开办第一所孔子学院以来，俄罗斯目前已有12所孔子学院、2所孔子课堂和1所广播孔子课堂。

中蒙两国于1951年起建立文化联系。近年来，中蒙两国文化交流越来越深广。根据两国政府签订的文化合作协定、科技合作计划、教育交流与合作计划等，中蒙双方开展了多渠道、多层次、多形式的文化交流与合作。除在乌兰巴托开设孔子学院和举办汉语桥比赛以及每年派文艺团体、体育代表团互访外，两国还就互派留学生、相互承认学位、学历，中国向蒙古国派遣汉语教师志愿者等签署了协议。在2009年中蒙建交60周年时，中国在蒙古国先后举办了中国油画展、摄影展和中国电影周等活动。中国邀请蒙古国60名青年组团访华，蒙古国邀请我国四川地震

灾区60名学生到蒙古国度假，给两国青少年留下了美好的印象。

二、国内环境

1. 我国深入推进向北开放战略

我国已把沿边开放作为新一轮的开放重点。在国家"十二五"经济社会发展规划中，明确指出"发挥沿边地缘优势，制定和实行特殊开放政策，加快重点口岸、边境城市、边境（跨境）经济合作区和重点开发开放试验区建设，加强基础设施与周边国家互联互通，发展面向周边的特色外向型产业群和产业基地，把黑龙江、吉林、辽宁、内蒙古建成向东北亚开放的重要枢纽，不断提升沿边地区对外开放的水平"。在十八大报告中也提出"统筹双边、多边、区域次区域开放合作，加快实施自由贸易区战略，推动同周边国家互联互通"。这就为内蒙古与俄罗斯、蒙古国进一步开展口岸建设、加强经贸合作提供了政策支持。内蒙古东部盟市享受西部大开发、振兴东北等老工业基地、扶持民族地区发展、兴边富民等多重政策支持，特别是在国务院《关于进一步促进内蒙古经济社会又好又快发展的若干意见》中把内蒙古定位为"向北开放的重要桥头堡"，为进一步加快内蒙古东部与俄罗斯、蒙古国经贸合作发展营造了良好的政策环境，提供了强有力的支撑。

2. 我国进一步实施东北地区振兴战略

2007年8月，国家发布了《东北地区振兴规划》，指出要"发挥地缘和区位优势，积极参与东北亚区域合作，把东北地区建成向东北亚开放的重要枢纽"，并首次把内蒙古东部地区5个盟市明确列入国务院振兴东北地区等老工业基地范围，享受一系列加快发展的优惠政策和重大措施，这5盟市是唯一享受西部大开发和振兴东北老工业基地双重优惠政策的地区。2009年8月，《中国图们江区域合作开发规划纲要——以长吉图为开发开放先导区》得到国务院批复，标志着这一区域的建设上升为国家战略。在这一战略中，"中蒙大通道"暨"两山"铁路是兴安盟乃至整个内蒙古东部地区融入图们江地区开发、开放的重点。未来东部5盟市将成为向俄罗斯、蒙古国和欧洲开放的桥头堡和重要的生态屏障。

3. 国家出台政策支持少数民族和民族地区经济社会发展

我国是统一的多民族国家，少数民族人口1亿多，民族自治地方占国土总面积的64%，西部和边疆绝大多数地区都是少数民族聚居区。国家将5个自治区、30个自治州的全部，120个自治县中的绝大多数，都纳入西部大开发范围。对其他未列入西部大开发范围的自治县，也比照西部大开发政策予以扶持。此外，国家还先后出台了一系列支持少数民族和民族地区经济社会发展的政策性文件。在国务院发布的《兴边富民行动规划（2011～2015）》中指出兴边富民行动的主要发展目标包括：基础设施进一步完善，边民生活质量明显提高，社会事业长足进步，民族团结、边防巩固、睦邻友好，沿边开发开放水平显著提升，特色优势产业较快发展。内蒙古少数民族人口占内蒙古人口总数的21%左右，贯彻落实中央民族政策，加快少数民族和民族地区经济社会发展，将为内蒙古加快发展带来新的契机。

三、区内环境

为把内蒙古建设成我国向北开放重要桥头堡，进一步提升内蒙古自治区对外开放水平，相关规划文件在进一步推进落实中。

1.《内蒙古建设国家向北开发桥头堡和沿边经济带规划（2013～2020）》正在进一步修改完善

在2013年自治区党委提出的"8337"发展思路中，把内蒙古建成我国向北开放的重要桥头堡和充满活力的沿边经济带是其中一个重要定位。为贯彻落实自治区党委"8337"发展思路，加快全区沿边地区开发开放，内蒙古发展改革委员会规划处牵头组织编制了《内蒙古建设国家向北开发桥头堡和沿边经济带规划（2013～2020）》，正在修改完善中。

2.推进《东部盟市重点产业发展规划》的落实

为贯彻落实国家东北振兴"十二五"规划和自治区东部区域经济社会"十二五"发展规划，依据国家和自治区主体功能区规划，2012年内蒙古自治区编制了《东部盟市重点产业发展规划》。东部盟市战略定位为国家向北开放的重要桥头堡。规划中提出东部盟市要大力实施沿边开放战略，深化与俄罗斯、蒙古国资源开发及商贸、文化、旅游、劳务等领域的合作，加快进出口产品加工园区、物流园区、经贸合作区建设，努力构建全方位向北开放现代产业体系。满洲里、二连浩特市要充分发挥口岸优势，建设跨境经济合作区、境内进出口资源精深加工基地，大力发展国际物流、跨境旅游、自由贸易等产业，建设向北开放的文化产业合作平台。

3. 推进《黑龙江和内蒙古东部部分地区沿边开发开放带发展规划》(内蒙古部分)的落实

为从地缘政治、区域经济合作的战略高度统筹推进东北地区对外开放，国家发展和改革委员会正在制定出台《中国东北地区面向东北亚区域开放规划纲要》，其中面向东北亚尤其是俄罗斯全面开放的《黑龙江和内蒙古东部部分地区沿边开发开放带规划》(内蒙古部分)编制工作已经完成。待正式出台后，将进一步推进我国东北扩大沿边开放。

4. 推进《内蒙古自治区兴边富民行动"十二五"规划》的落实

在《内蒙古自治区兴边富民行动"十二五"规划》中指出，要重点发展满洲里边境技术合作区、二连浩特边境经济合作区。加快满洲里和二连浩特综合保税区。重点发展满洲里工业园区、二连浩特进口资源加工区，加快二连浩特跨境经济合作区发展，发展中蒙俄互利合作的资源开发项目和进出口加工项目。同时，积极争取建立二连浩特国家重点开发开放试验区。

5.《满洲里国家重点开发开放试验区建设实施方案》正式获批

国家将在政策制定、资金投入、项目安排等方面给予重点倾斜。根据实施方案中提出的"抓紧组织编制满洲里试验区建设总体规划、总体规划报国家发展和改革委员会批准后实施"要求，《内蒙古满洲里国家重点开发开放试验区建设总体规划》已进入征求修改意见阶段，国家将在政策制定、资金投入、项目安排等方面给予重点倾斜。

四、内蒙古对俄罗斯、蒙古国经贸发展的不利因素

1. 俄罗斯、蒙古国两国政策法律环境较差

蒙古国政策不稳定，货币不断贬值，政府部门管理经济随意性强，随意出台各种限制政策，如道路限载、车辆集中验放和以道路安全为由禁止运煤车辆通行等，这给我国企业造成了重大损失，也对全区东部盟市与俄罗斯、蒙古国经贸合作发展带来一定的负面影响。俄罗斯经济虽然有了一定的复苏，但经济运行中的深层次

问题仍然没有得到解决，与全区口岸毗邻的俄罗斯远东地区经济发展比较缓慢。俄罗斯虽然已经加入世界贸易组织，但一系列详细、具体的双边谈判、关税削减措施出台尚待时日。俄罗斯经济依然残留有苏联时期的国家垄断主义模式，国内市场经济尚不成熟，俄罗斯为保护资源商品，扶持民族工业，不断出台政策，提高资源性商品出口壁垒，并限制外国商品进入其市场，灰色清关现象还将继续存在一段时间，直至俄罗斯新的《海关法》为通关创造了新的限制条件。此外，中俄石油管道建成并投入使用对满洲里口岸进境货运量已经造成影响，并将进一步影响内蒙古口岸货运量的稳定增长。

2. 他国利益的影响

蒙古国是一个矿产资源十分丰富的国家，现已发现或探明80多种矿产资源。俄罗斯西伯利亚和远东地区的木材、石油、天然气、煤炭和多种有色金属的储量也都居世界前列，是现今世界能源和矿产资源富集而且开发程度较低的地区。俄罗斯、蒙古国丰富的自然资源和矿产资源，已成为了美国、日本、韩国等发达国家争夺的热点地区，各国加快了与俄罗斯、蒙古国合作的步伐。据蒙古国海关公布的统计数据显示，2010年上半年蒙古国前十大主要贸易伙伴排名依次为中国、俄罗斯、加拿大、韩国、美国、日本、德国、法国、新加坡、意大利。同时，蒙古国政府也顺应当前的外交环境和安全形势，确立了"等距离、多支点、全方位"的外交新战略，在几个大国之间寻找外交平衡点，希望在大国博弈中谋求本国利益的最大化。俄罗斯在加入世界贸易组织后，更多的第三国进入了该国市场，特别是发达国家的企业和商品进入，中国企业将面临更加激烈的市场竞争。而且俄罗斯加入世贸组织并不意味着俄罗斯市场自动、完全向外国产品开放，在敏感领域俄罗斯仍将采取高关税政策予以保护。俄罗斯将保留使用所有"被世贸组织成员广泛采用的特殊保护性、反倾销、补贴性措施"工具支持本国生产者，中俄在贸易和投资合作方面将面临挑战。这些复杂的国际关系以及他国在俄罗斯、蒙古国的利益诉求会影响到中国、俄罗斯、蒙古国之间的经贸合作关系。

第二章

内蒙古对外贸易

目前，内蒙古已经与100多个国家和地区建立了贸易往来和经济技术合作关系，共有19个对外开放口岸，对外贸易取得显著成效，初步形成了全方位、多层次的开放格局。

第一节 内蒙古对外贸易历史沿革

内蒙古自治区成立60多年来，特别是改革开放以后，全区紧紧抓住我国加入世界贸易组织和实施西部大开发战略的大好机遇，积极利用国家向北开放的有利契机，充分发挥自治区的地缘和资源优势，坚持"对内搞活，对外开放"的方针，不断扩大开放领域，优化开放结构，提高开放质量，完善内外联动、互利共赢经济发展新战略，对外贸易取得显著成效。

一、改革开放前内蒙古对外贸易发展概况

内蒙古地区清末已经开设商埠，市场贸易比较活跃。19世纪末20世纪初，随着满洲里铁路口岸的开通及内蒙古工矿业的发展，对苏俄、日本的贸易有所扩大和增长。据有关资料记载，当时向苏俄、日本出口的主要商品为大豆和油料，占当时东北地区大豆生产的75%。

自1947年内蒙古自治区成立后，全区主要贸易伙伴是苏联和蒙古人民共和国，随后又发展到了东欧各国，贸易方式以易货贸易为主。当时，内蒙古自治区出口的主要商品为冻牛肉、冻羊肉，进口的主要商品为医疗器材、药品、布匹、运输工具等。1949年，全区出口额达到269万美元，1959年发展到2100万美元，增加了7.8倍。

1954年，内蒙古自治区与绥远省合并后成立了对外贸易局，下属有区级专业贸易公司，盟市办事处，旗县外贸机构，外贸加工厂及满洲里、二连浩特两个口岸。对外贸易局的成立，促进了内蒙古对外贸易的规模和层次的提升。

1958～1963年，由于"大跃进"的浮夸风，内蒙古对外贸易经历了大起大落时期；1964～1965年，经历了调整时期，全区对外贸易有所恢复，1966～1976年，"文革"时期，内蒙古对外贸易受到了严重的影响。

总体来说，相对目前的内蒙古对外贸易商品种类繁多、按海关进出口商品量值

表分类多达几千种的现状来说，20世纪五六十年代，内蒙古对外贸易的商品结构单一，只有粮油食品、土畜产品两大类，发展极为缓慢与落后。

二、改革开放后内蒙古对外贸易发展情况

内蒙古同全国其他省区一样，真正的对外贸易大发展开始于改革开放之后，即1978年。改革开放30多年来，内蒙古的对外贸易获得了高速发展。目前，全区出口商品种类丰富、商品结构逐步合理，如按内蒙古统计大类全区出口商品可分为10~11种，分别为粮油食品类、土畜产类、纺织类、轻工类、工艺类、五金矿产类、化工类、医药类、机械设备类、煤炭类、成套设备及技术引进、仪器类及其他类。改革开放后，全区对外贸易发展可以划分为四个阶段。

（一）单向开放阶段（1978~1983年）

改革之初，由于受地缘因素制约以及国际政治环境的影响，内蒙古的对外开放步伐明显落后于东部沿海地区。当时，全区的开放格局基本上是单一的，对外贸易主要依靠沿海口岸走向国际市场，贸易伙伴以欧美、日本、中国香港等国家和地区为主。由于受经济落后的制约，此时的内蒙古自治区出口产品结构主要以粮油、土畜、矿产品等初级农产品为主。

（二）双向开放阶段（1983~1991年）

随着中苏关系正常化，内蒙古自治区逐步开展了与苏联、蒙古国和东欧各国的经济贸易，对外开放格局开始由单向开放逐步演变为双向开放。1983年，内蒙古自治区恢复了中断二十年之久的中俄边境易货贸易关系；1985年，开展了同蒙古国的边境易货贸易；1988年开展了同东欧各国的易货贸易。恢复和发展同俄罗斯、蒙古国边境易货贸易关系，对活跃内蒙古边境地区市场、发展地区经济起到了明显的效果。到目前为止，全区对俄罗斯、蒙古国的边境贸易进出口额占全区贸易总额的比重仍然比较大。

（三）沿边开放阶段（1992~1999年）

自1991年国务院批准满洲里、二连浩特为国家一类内陆口岸以来，内蒙古自治区的对外开放开始步入一个崭新的历史阶段。1993年内蒙古外贸进出口总额12.03亿美元，创历史最高水平，比1978年增长76倍，平均每年递增33.6%，远远

高于改革前平均每年增长14%的增长速度。沿边开放的优惠政策大大拓展了内蒙古与国外商界的合作空间，利用外资和经济技术合作全面发展。与外商合作的领域由最初的羊绒制品行业，逐步扩展到轻纺、化工、机械、电子、能源、建材、农牧业等15个行业。

（四）全面开放阶段（2000年至今）

自2000年中央实施西部大开发战略以来，内蒙古自治区立足资源优势，充分发挥区位优势，与周边国家与地区的经贸合作也逐步打开新局面。现阶段，全区的对外贸易发展呈现出以下特点。

1. 全区对外贸易规模不断扩大

自1978年起，内蒙古对外贸易总额、进口总额、出口总额都呈上升趋势。全区外贸进出口总额由1978年的0.16亿美元增加到2012年的112.57亿美元，增长了704倍，其中外贸出口由0.10亿美元增加到2012年的39.7亿美元，增长了397倍（见表2-1和图2-1）。2000～2012年全区外贸进出口总额累计达812.28亿美元，年均增速17.5%，其中外贸出口总额累计达316.99亿美元，年均递增14.3%；外贸进口总额累计达495.28亿美元，年均增长21.1%。2011年全区进出口总额为119.39亿美元，增速为39.1%，出口总额46.87亿美元，增速40.6%，进口总额72.52亿美元，增速38.2%，一般贸易、加工贸易、边境小额贸易的进出口额都有上升。2012年受全球经济低迷影响，全区进出口总额小幅下降为112.57亿美元，下降4.9%。2013年上半年，内蒙古进出口贸易值为55.6亿美元，同比下降1.9%；占同期全国进出口总值的0.28%。其中出口17.5亿美元，同比下降11.2%；进口38.1亿美元，同比增长3.3%。目前，内蒙古正在加快沿边经济带开发步伐和实施扩大向北开放战略，充分利用境内境外两种资源、两个市场，不断提升对俄罗斯、蒙古国经贸发展水平，对外贸易取得了长足进步。

表2-1 1978～2012年内蒙古进出口贸易总额

年份	按人民币计算（万元）			按美元计算（万美元）		
	进出口总额	出口总额	进口总额	进出口总额	出口总额	进口总额
1978	2674	1768	906	1552	1026	526
1980	6555	3970	2585	4397	2663	1734

第二章 内蒙古对外贸易

续表

年份	按人民币计算(万元)			按美元计算(万美元)		
	进出口总额	出口总额	进口总额	进出口总额	出口总额	进口总额
1981	10676	8100	2576	6008	4558	1450
1982	15733	13881	1852	8173	7211	962
1983	17615	11176	6439	9001	5711	3290
1984	28557	20661	7896	10912	7895	3017
1985	59053	43880	15173	18448	13708	4740
1986	89086	63656	25430	23937	17104	6833
1987	113130	84310	28820	30398	22654	7744
1988	141303	109390	31913	37968	29393	8575
1989	161191	125158	36033	43312	33630	9682
1990	252898	169483	83415	48430	32456	15974
1991	321692	224597	97095	59964	41865	18099
1992	507068	319168	187901	93555	58887	34668
1993	1041650	561843	479807	120283	64878	55405
1994	914685	513373	401312	106128	59565	46563
1995	937671	506785	430886	112310	60840	51470
1996	1038914	569132	469782	124981	68590	56391
1997	1086188	609458	476730	131027	73519	57508
1998	1147173	681635	465538	138581	82343	56238
1999	1330986	750028	580958	160786	90605	70181
2000	1687811	847114	840697	203596	102185	101411
2001	2109035	943996	1165039	254819	114056	140763
2002	2487279	1134776	1352503	300494	137095	163399
2003	2576975	1192581	1384394	311353	144089	167264
2004	3350865	1391710	1959155	404865	168152	236713
2005	4165757	1666408	2499349	516190	206489	309701
2006	4643967	1672155	2971812	594717	214140	380577

续表

年份	按人民币计算（万元）			按美元计算（万美元）		
	进出口总额	出口总额	进口总额	进出口总额	出口总额	进口总额
2007	5657121	2152965	3504156	774460	294741	479719
2008	6105451	2446445	3659006	893315	357950	535365
2009	4618493	1581088	3037405	676395	231556	444839
2010	5774292	2208571	3565721	871894	333485	538409
2011	7522708	2953377	4569331	1193910	468723	725187
2012	7074817	2495428	4579389	1125667	397045	728622

资料来源：《内蒙古统计年鉴》(2013)，内蒙古统计局。

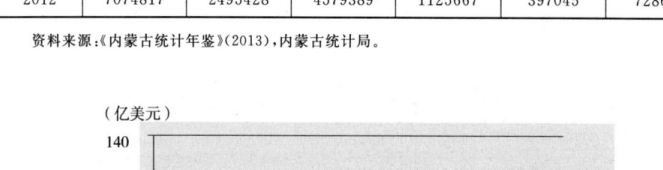

图 2-1 1990～2012 年内蒙古进出口总额走势图

资料来源：《内蒙古统计年鉴》(2013)。

2. 边境贸易仍是内蒙古对外贸易的主要支撑点

边境贸易基本占到全区对外贸易总额的 1/3～1/2（如图 2-2 所示），规模不断扩大，边境经贸合作逐步扩展到林业、矿产、贸易、农业、建筑、生产、加工等多个领域，并且逐渐向中国内地、沿海省区和俄中西部地区辐射。

第二章 内蒙古对外贸易

图 2-2 2006~2012 内蒙古进出口总额按贸易方式对比

3. 依托于口岸优势，口岸基础设施建设和通关能力不断提升

内蒙古基本形成铁路、公路、航空、水运全方位立体口岸开放格局。各口岸采取各种措施努力推动"大通关"和电子口岸建设，口岸联检机构、基础设施得到进一步完善，口岸资源得到开发利用，过货量成倍增长。"十五"期间全区口岸进出境货运量为 8808 万吨；进出境客运量为 1260 万人次；进出境交通工具为 1320 万列（辆）次，年均增长率分别为 27.1%、16.7%、16.5%。"十一五"时期，全区外贸进出口总额累计达到 381.08 亿美元，比"十五"时期增长 1.4 倍，其中出口 143.19 亿美元，比"十五"时期增长 86%，口岸综合过货量 8000 万吨。"十二五"也形成了良好的开局，2011 年，全区口岸运输总量为 6172.8 万吨，客运量为 447.2 万人次；2012 年，全区口岸运输总量达 6729.22 万吨，客运量 479.47 万人次。

4. 出口产品正逐步转向高科技产品

随着内蒙古经济的发展，技术装备优势和成本优势以及资源优势逐渐显现出来，内蒙古的对外贸易不再以出口初级产品为主，而是转向科技含量高、深加工产品为主。

5. 地理方向相对单一

内蒙古对外贸易伙伴不断增加，但蒙古国、俄罗斯仍是内蒙古最主要的贸易伙伴，地理方向仍存在相对单一和集中的特点。

20世纪50年代初到70年代末，内蒙古对外贸易的国家主要为苏联及"经互会"成员国，主要贸易伙伴还不足10个国家，之后发展到80年代初的30多个国家和地区（指中国香港、中国澳门、中国台湾），目前猛增到100多个国家和地区，从亚洲到欧洲、北美，从非洲到拉丁美洲、大洋洲遍布世界各大洲。然而，这100多个地区中，出口集中于蒙古国、俄罗斯、日本、中国香港、韩国、泰国；进口则集中于俄罗斯、蒙古国、德国，显然全区的贸易伙伴过于集中、单一。

2011年，内蒙古出口前10位的贸易国及地区有：蒙古国、日本、中国香港、韩国、美国、俄罗斯、法国、印度、泰国、意大利（见图2-3）。全区出口至这些国家和地区的贸易额最多为9亿多美元，最少达8000多万美元。至2011年，内蒙古自治区出口值超过1亿美元的国家或地区，由"九五"期末的2个增加到9个。蒙古国和俄罗斯是全区最为重要的贸易伙伴，2011年，对蒙古国双边贸易总值28.45亿美元，比2010年同期增加11.6亿美元，增长68.3%，较同期全区进出口总体增速高29.2个百分点。其中对蒙古国出口增长73%，进口增长66.1%。同期对俄罗斯双边贸易总值28.93亿美元，增长20.5%；对中国香港、日本和澳大利亚进出口贸易分别增长26.4%、51.9%和13.9%。上述前五位贸易伙伴的进出口额占全区出口额的67.8%。

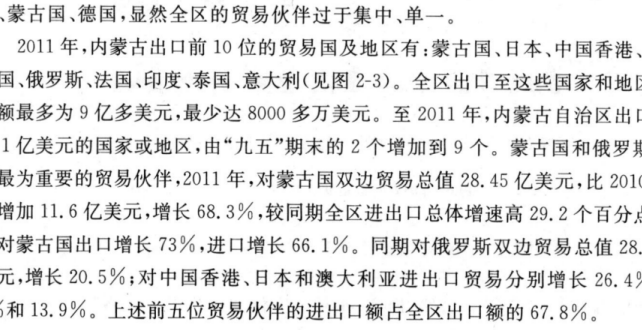

图2-3 2011年内蒙古自治区主要出口国家或地区（按贸易值排序，万美元）

资料来源：《内蒙古统计年鉴》（2012）。

第二章 内蒙古对外贸易

2012年,受全球经济低迷及人民币升值等多种因素影响,内蒙古出口总量小幅下降,只有对蒙古国、俄罗斯、泰国、印度尼西亚等几个国家小幅上升。蒙古国仍然是内蒙古第一大出口国,呈现小幅上升,出口总额为10.54亿美元;俄罗斯位居第二位,小幅上升,出口总额为2.79亿美元;其余国家大多出现贸易额下降的现象(见图2-3和表2-2)。内蒙古主要的15个贸易伙伴国或地区占内蒙古自治区出口总额的79.57%。

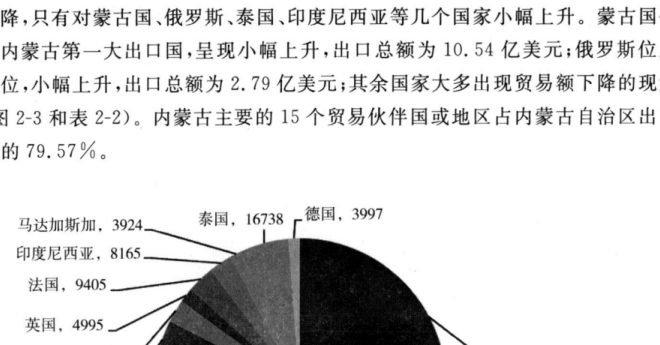

图 2-4 2012年内蒙古主要出口国家或地区(按贸易值排序,万美元)

资料来源:《内蒙古统计年鉴》(2013)。

表 2-2 2011年和2012年内蒙古主要出口国别或地区 单位:万美元

国家或地区	2011年	2012年
蒙古国	91310	105445
日本	65142	30193
俄罗斯	21754	27863
美国	28348	22167
韩国	41922	31347
越南	5924	6841
中国香港	61951	21652

续表

国家或地区	2011 年	2012 年
印度	16313	13220
意大利	8791	7959
英国	4717	4995
法国	17733	9405
印度尼西亚	7946	8165
马达加斯加	3773	3924
泰国	14010	16738
德国	4177	3997

资料来源:《内蒙古统计年鉴》(2013)。

内蒙古的主要进口贸易主要集中在与俄罗斯和蒙古国交易。2013 年上半年的数据显示，俄罗斯、蒙古国及德国占内蒙古进口值比重分别为 20.96%、15.21% 和 4.47%。

第二节 内蒙古对外贸易的商品结构分析

改革开放以前，内蒙古对外贸易的商品结构非常单一，只有粮油食品、土畜产品两大类别，占对外贸易总额的 70% 以上，另外还有少量的矿砂、工业品及中药材。近几年，随着自治区工业化发展进程的加快，产业结构得到了战略性调整和优化，从而促进了对外贸易进出口商品结构的调整与优化。现在进出口商品已增到十多个大类，按海关进出口商品量值表分类，多达几千种。在出口商品中，已由粮油、土畜、皮毛等初级产品发展到精深加工的粮油食品、毛纺服装、五金交电、机械设备、运输工具以及高新技术产品的出口。进口商品中，原木、金属矿砂、钢材、化肥等资源性商品和工业原材料都在持续快速增长。目前，资源类产品是全区进口的主要商品，而机电、高新技术产品和生活消费品进口占比相对偏小。

第二章 内蒙古对外贸易

一、出口商品结构

2000年以来，内蒙古出口贸易取得了快速发展，出口额从2000年的10.22亿美元上升到2012年的39.7亿美元，累计增长了29.48亿美元，年均增长率达到11.97%。但是，全区出口贸易从2000年以后一直处于贸易逆差的状况，出口贸易占对外贸易的比重持续下降，2000年出口所占比重为50.19%，到2012年仅为35.27%，出口增速也远远低于对外贸易的增长。尽管如此，全区的出口商品结构还是在不断优化中。

内蒙古出口商品大体上分成三类，即传统商品、新兴商品和断续商品。传统商品是1955年以前所出口的商品，尽管每年出口数量有增有减，但这些是内蒙古的优势产品，主要包括冻牛羊肉、苦杏仁、黑瓜子、甘草、肠衣、羊绒、驼绒、硼石等。从现在的发展看，通过提高质量，增加加工深度，降低成本，传统商品仍会在国际市场上保有竞争力。新兴商品是1955年以后出口的商品，工业产品有煤炭、钢材、稀土、卡盘、地毯、化纤、棉纺布、羊绒制品、食糖等；农牧业产品有鹿茸、水貂皮、羊绒、山羊毛、活羊等；手工业用品有草、柳编织品等。新兴产品的特点是加工深度有所提高，运输条件得到改善，附加值增加，商品竞争力提高。断续商品以地方土特产品为主，如大豆、荞麦、防风、黄花、枸杞等。这类产品的国际市场需求有限，价格波动大，往往出现断档现象；也有初创产品，暂时在国际市场上缺乏竞争力，如氯化稀土。当然断续商品也可能转化成为连续商品，这就要看相应的出口策略、营销手段及存储和技术性手段的改善和提高。

目前，内蒙古出口商品结构呈现出以下特征：

1. 出口商品中工业制成品比重逐年上升，呈不断优化的趋势

改革开放30多年来，内蒙古出口商品结构不断优化，出口产品已由粮油、土畜、皮革等初级产品发展到深加工的粮油产品、纺织服装、五金、机械设备、运输工具等工业制成品。自2000年之后，工业制成品在全区出口中比重不断上升，尤其是从2005年之后，工业制成品不论在出口规模还是出口构成方面，都大幅增长。2011年，工业制成品出口额为43.13亿美元，占出口总额的92%。

2. 出口商品结构仍不平衡

虽然内蒙古工业制成品出口所占比重总体呈上升趋势，但不容忽视的问题是

内蒙古自治区对外经济贸易发展报告(2013)

出口商品结构仍不平衡,落后于全国水平。2000年,中国出口初级产品与工业制成品比例约10∶90,2011年这个比值大约为5.3∶94.7,而内蒙古在这两个年份的比值分别为34∶66和8∶92,从对比来看,内蒙古出口商品结构与全国平均水平相比还有一定差距,具有提升空间。主要表现在:①纺织服装、矿产品、化工、农畜产品等劳动、资源密集型产品和低附加值产品仍是全区主要出口商品,出口额占到全区出口总额的80%以上(见表2-3)。②高新技术产品及机电产品出口增速虽高,但是占比仍比较低。2011年,全区高新技术产品出口额为2.94亿美元,占全区出口总额的7%,占全国贸易总额仅为0.05%。2012年,五金矿产、纺织品仍是出口最多的产品。出口商品结构不平衡的现象还将长期存在,需要产业升级和调整。

表2-3 2011年、2012年内蒙古自治区按商品类别统计出口值 单位:万美元

项目	2011	2012
针织或钩编的套头衫、开襟衫、马甲及类似品	16396	19053
铁合金	39121	19458
披巾、头巾、围巾、披纱、面纱及类似品	9814	10067
针织或钩织女西便服套装、上衣、裙、裙裤、长短裤	12376	12184
抗菌素	21690	17074
贵金属或包贵金属的其他制品	29492	8144
宽≥600mm经包、镀或涂层的普通钢铁板材	22101	22417
其他合金钢板材,宽≥600mm	15242	11699
货运机动车辆	13919	11788
不规则盘卷的其他合金钢热轧条、杆	15474	20204
稀土金属、钇、钪及其混合物的化合物	24521	7872
铝箔,厚度不超过0.2毫米	7439	
8801或8802所列货品的零件	22134	
碱金属、碱土金属;稀有金属、钪及钇;汞	12186	
针织或钩织男西或便服套装、上衣、长短裤、马裤	7684	12184
床上、餐桌、盥洗及厨房用的织物制品	5546	
初级形状未列名天然聚合物及改性天然聚合物	8155	11594

第二章 内蒙古对外贸易

续表

项目	2011	2012
仅冷轧，宽≥600mm 普通钢铁板材	7899	
挂车及半挂车或其他非机械驱动车辆及其零件	5305	
牵引车、拖拉机	11206	

资料来源：《内蒙古统计年鉴》(2013)。

3. 出口产品集中度较高

从出口商品种类来看，种类繁多，包括农产品到高新技术产品，多达十几个大类，几千个品种，但出口创汇产品比较集中（见表2-4）。从2000年开始，出口商品一直以传统的纺织服装类、化工类、五金矿类及农畜产品类为主，近几年运输设备及电子机械类出口有所增加。

表2-4 2005～2011年累计出口值计算内蒙古出口商品类别排序及比重

排序	出口商品类别	累计出口值(万美元)	比重(%)
1	贱金属及其制品	657064	31.18
2	纺织原料及纺织制品	404727	19.21
3	化学工业及其相关工业的产品	286291	13.59
4	车辆、航空器、船舶及有关运输设备	164407	7.80
5	机器、机械器具、电气设备及零件；录音机及放声机、电视图像声音的录制和重放设备及零附件	121024	5.74
6	植物产品	103517	4.91
7	天然或养殖珍珠、宝石或半宝石、贵金属、包贵金属及其制品，仿首饰硬币	73663	3.50
8	食品、饮料、酒及醋；烟草及代用品的制品	61338	2.91
9	塑料及其制品；橡胶及其制品	36335	1.72
10	活动物；动物产品	29429	1.40

续表

排序	出口商品类别	累计出口值(万美元)	比重(%)
11	煤炭	29416	1.40
12	矿产品	23400	1.11
13	石料、石膏、水泥、石棉、云母及类似材料的制品；陶瓷产品；玻璃及其制品	23338	1.11
14	鞋、帽、伞、杖、鞭及其零件；已加工的羽毛及其制品；人造花；人发制品	22852	1.08
15	木及木制品；木炭；软木及制品；稻草、秸秆、针茅或其他编结材料制品；篮筐及柳条编结品	20552	0.98
16	其他	20413	0.97
17	生皮、皮革、毛皮及制品；鞍具挽具；旅行用品、手提包及类似物品；动物肠线制品	16224	0.77
18	光学、照相、电影、计量、检验、医疗或外科用仪器设备、精密仪器及设备；钟表；乐器及其零附件	9267	0.44
19	木浆及其他纤维状纤维素浆；纸及纸板的废碎品；纸、纸板及其制品	3029	0.14
20	动植物油脂及分解产品；精制食用油脂；动植物蜡	798	0.04

资料来源：《内蒙古统计年鉴》(2013)。

表 2-5 2005~2011 年内蒙古按商品类别统计的出口总值

单位：万美元

年份	2005	2006	2007	2008	2009	2010	2011
出口总值	206489	214140	294741	357950	231556	333485	468723
活动物；动物产品	2761	2963	3753	6103	2876	4223	6750
植物产品	18021	12259	23342	10222	10870	12723	16080
动植物油脂及分解产品；精制食用油脂；动植物蜡	94	389	220	37	30	9	19
食品、饮料、酒及醋；烟草及代用品的制品	7809	7619	10003	9029	9872	9589	7417
矿产品	968	1672	2913	4225	2385	4123	7114

第二章 内蒙古对外贸易

续表

年份	2005	2006	2007	2008	2009	2010	2011
煤炭	29416						
化学工业及其相关工业的产品	17213	20883	28817	39424	30611	59237	90106
塑料及其制品；橡胶及其制品	2963	4412	3770	3803	3719	6183	11485
生皮、皮革、毛皮及制品；鞍具挽具；旅行用品、手提包及类似物品；动物肠线制品	1994	2076	1334	2271	3754	2140	2655
木及木制品；木炭；软木及制品；稻草、秸秆、针茅或其他编织材料制品；篮筐及柳条编结品	1149	1849	2296	1795	4413	4717	4333
木浆及其他纤维状纤维素浆；纸及纸板的废碎品；纸、纸板及其制品	328	445	369	422	818	432	215
纺织原料及纺织制品	46975	48726	50568	48484	70824	57063	82087
鞋、帽、伞、杖、鞭及其零件；已加工的羽毛及其制品；人造花；人发制品	1713	2138	1436	2956	4307	4911	5391
石料、石膏、水泥、石棉、云母及类似材料的制品；陶瓷产品；玻璃及其制品	1926	2912	3917	6267	3373	2693	2250
天然或养殖珍珠、宝石或半宝石、贵金属、包贵金属及其制品，仿首饰硬币	2851	3841	4849	1017	4197	27413	29495
贱金属及其制品	37723	73506	116431	170006	50039	88965	120394
机器、机械器具、电气设备及零件；录音机及放声机、电视图像声音的录制和重放设备及零附件	26561	16265	16072	19802	8924	13499	19901

续表

年份	2005	2006	2007	2008	2009	2010	2011
车辆、航空器、船舶及有关运输设备	3658	8000	21615	27416	13049	31465	59204
光学、照相、电影、计量、检验、医疗或外科用仪器设备、精密仪器及设备；钟表；乐器及其零附件	335	841	906	1341	2631	1779	1434
其他	2031	3344	2130	3330	4864	2321	2393

资料来源：《内蒙古统计年鉴》(2013)。

表 2-6 2000～2011 年内蒙古出口商品类别

年份	排名前五位的产品种类	占出口比重(%)
2000	纺织服装类、农畜产品、五金矿产类、煤炭类、化工类	76.89
2001	纺织服装类、农畜产品、五金矿产类、煤炭类、化工类	71.50
2002	纺织服装类、农畜产品、五金矿产类、煤炭类、化工类	75.09
2003	纺织服装类、农畜产品、五金矿产类、煤炭类、化工类	92.06
2004	纺织服装类、五金矿产类、煤炭类、化工类、农畜产品	86.95
2005	纺织服装类、五金矿产类、煤炭类、电子机械类、农畜产品	78.71
2006	五金矿产类、纺织服装类、化学化工类、电子机械类、农畜产品	82.50
2007	五金矿产类、纺织服装类、化学化工类、农畜产品、运输设备	84.03
2008	五金矿产类、纺织服装类、化学化工类、运输设备、电子机械	86.42
2009	纺织服装类、五金矿产类、化学化工类、运输设备、农畜产品	78.03
2010	五金矿产类、化学化工类、纺织服装类、农畜产品、运输设备	84.29
2011	五金矿产类、化学化工类、纺织服装类、运输设备、农畜产品	87.74

资料来源：根据内蒙古自治区各年度统计年鉴整理。

4. 内蒙古出口产品总体上以劳动密集型产品和资本密集型产品为主

据统计，近年来内蒙古出口商品中超过1000万美元的大宗商品约有22种，都是劳动、资本密集型产品，如服装、纺织、食品、冶金和机械设备等。以2009年为例，纺织品与五金矿类就达到出口总额的50%以上，可见劳动密集型和资本密集型产品是全区出口的主导产品，而高新技术产品的出口虽然有所上升，但速度缓慢，一直保持在1%左右。

5. 内蒙古出口产品在国际市场中的竞争力低，出口创汇能力低

内蒙古出口创汇主要依靠低价竞争，产品的技术含量和附加值都比较低，如稀土化合物、贱金属、羊绒纱、亚麻纱、钢材，大多数为初加工的半成品，下游产品、终极产品比较少，且大多为高敏感产品，容易发生贸易摩擦。

二、进口商品结构

内蒙古具有得天独厚的进口区位优势，毗邻的俄罗斯、蒙古国拥有富足的能源、原材料等稀缺资源。一直以来，内蒙古依靠这一优势，积极参与国际贸易，不断扩大进口规模。内蒙古进口商品结构呈以下特点：

1. 进口商品结构以初级产品为主、工业制成品为辅的特征

总体看来，初级产品进口呈上升趋势。在内蒙古进口产品中，以五金矿产类为主，大致占进口总价值的20%～25%，如表2-7和表2-8所示，其次为化工类，大致占进口总价值的15%左右。其余商品类占进口总值不足10%。进口产品的主要国家是俄罗斯、蒙古国，分别占进口总额的60%和10%左右，主要产品为木材、化肥、皮张、毛绒、铜钼矿等。这些原材料大多销往中国内地、沿海省份。2011年，受国际原材料价格上涨和国内需求拉动影响，煤炭、原木、铁矿砂、锯材、铜矿砂等大宗资源类商品进口均保持增长态势。其中，进口煤炭1840万吨，增长38.9%；进口原木777.5万立方米，增长7.5%；进口铁矿砂798.2万吨，增长34.2%；进口铜矿砂11.2万吨，增长57.8%；进口锯材395.3万立方米，增长37.5%，上述商品进口占全区同期进口总额的65%。2012年，石油、煤炭、铜矿砂这一类的能源产品进口额仍在增加，主要进口五大类产品占全区进口总额的64.69%。

表2-7 2005~2011年内蒙古按商品类别统计的进口总值

单位：万美元

年份 项目	2005	2006	2007	2008	2009	2010	2011	2012
进口总值	309701	380577	479719	535365	444839	538409	725187	728622
活动物；动物产品	2261	1878	1992	2789	3073	13226	18684	13566
植物产品	874	1283	366	295	670	255	848	564
动植物油脂及分解产品；精制食用油脂；动植物蜡	236	581	907	4394	1320	2700	1474	1171
食品、饮料、酒及醋；烟草及代用品的制品	1264	299	908	290	130	499	501	2699
矿产品	68337	125759	156857	224856	186304	212988	326850	363794
化学工业及其相关工业的产品	46934	52835	54407	57711	15011	34993	35636	36807
塑料及其制品；橡胶及其制品	14933	13201	13525	7202	6292	13533	12273	13014
生皮、皮革、毛皮及制品；鞍具挽具；旅行用品、手提包及类似物品；动物肠线制品	1586	1161	1495	1795	2028	2915	4243	1516
木及木制品；木炭；软木及制品；稻草、秸秆、针茅或其他编结材料制品；篮筐及柳条编结品	86311	103688	153659	144533	129266	139278	191971	143661
木浆及其他纤维状纤维素浆；纸及纸板的废碎品；纸、纸板及其制品	7743	16594	16998	6867	9524	13633	21509	25837
纺织原料及纺织制品	1308	1662	1386	1398	4045	4572	4427	5235
鞋、帽、伞、杖、鞭及其零件；已加工的羽毛及其制品；人造花；人发制品	1			5				
石料、石膏、水泥、石棉、云母及类似材料的制品；陶瓷产品；玻璃及其制品	88	174	236	216	162	343	914	773

第二章 内蒙古对外贸易

续表

年份 项目	2005	2006	2007	2008	2009	2010	2011	2012
天然或养殖珍珠、宝石或半宝石、贵金属、包贵金属及其制品，仿首饰硬币	555	4885	547	825	2500	300	485	281
贱金属及其制品	14702	8089	11713	16785	9064	6717	6284	8805
机器、机械器具、电气设备及零件；录音机及放声机、电视图像声音的录制和重放设备及零附件	56774	43421	53765	56038	62522	77588	83214	61871
车辆、航空器、船舶及有关运输设备	3388	3297	7096	3400	7812	7636	7283	11436
光学、照相、电影、计量、检验、医疗或外科用仪器设备、精密仪器及设备；钟表；乐器及其零附件	2406	1753	3630	3964	5075	7182	8498	8583
其他	17	232	2002	41	51	93	29009

资料来源：《内蒙古统计年鉴》(2013)。

表 2-8 2008~2011年内蒙古主要进口商品值及占当年进口值比重 单位：万美元，%

进口商品	2008年 进口值	比重	2009年 进口值	比重	2010年 进口值	比重	2011年 进口值	比重	2012年 进口值	比重
原木	115917	21.7	87886	19.8	87786	16.3	111888	15.4	70531	9.68
石油	69944	13.1	58860	13.2	24619	4.6	14300	2.0	16513	2.27
铁矿砂	56517	10.6	28930	6.5	67697	12.6	105221	14.5	82641	11.34
铜矿砂	39021	7.3	43173	9.7	11967	2.2	21336	2.9	53828	7.39
锯材	27127	5.1	40444	9.1	50542	9.4	79136	10.9	72427	9.94
煤炭	24211	4.5	32334	7.3	75009	13.9	146821	20.3	175403	24.07

资料来源：《内蒙古统计年鉴》(2013)。

出现这一特征的原因主要有：一是初级产品的进口有利于内蒙古工业化发展；二是由于内蒙古特殊的地理位置，进口产品多以初级资源为主。与同期全国进口贸易以工业制成品为主，进口初级产品比重均在30%以下的现象相比，全区的进口产品结构呈相反的特征。

2. 进口商品品种较为集中，主要进口商品种类保持稳定，规模较大

自2000年以来，内蒙古进口产品种类变化不大，以五金矿产类、木材类、化学化工类、机械设备类四类产品为主，这四类产品占进口额的比重一直在50%以上，甚至在某些年份达到了90%（见表2-9）。

表2-9 内蒙古进口额前五位产品类别及所占比重

年份	进口额前五位的产品	占进口比重(%)
2000	五金矿产类、化学化工类、机械设备、木材类、塑胶制品	79.47
2001	五金矿产类、化学化工类、木材类、塑胶制品、机械设备	76.59
2002	木材类、五金矿产类、化学化工类、塑胶制品、机械设备	64.74
2003	木材类、化学化工类、五金矿产类、塑胶制品、机械设备	79.08
2004	木材类、五金矿产类、化学化工类、机械设备、塑胶制品	88.93
2005	五金矿产类、化学化工类、木材类、塑胶制品、机械设备	93.00
2006	五金矿产类、木材类、化学化工类、机械设备、塑胶制品	91.18
2007	五金矿产类、木材类、化学化工类、机械设备、塑胶制品	92.54
2008	五金矿产类、木材类、化学化工类、运输设备、农畜产品	94.78
2009	木材类、五金矿产类、化学化工类、运输设备、木浆制品	92.55
2010	五金矿产类、木材类、机械设备、化学化工类、木浆制品	88.87
2011	五金矿产类、木材类、机械设备、化学化工类、木浆制品	90.90
2012	五金矿产类、木材类、机械设备、化学化工类、木浆制品	91.05

资料来源：《内蒙古统计年鉴》(2013)。

第三节 内蒙古边境贸易发展状况

内蒙古地处祖国的北部边疆，边境线狭长，与俄罗斯、蒙古国接壤，共有19个口岸，包括铁路口岸、公路口岸、水运口岸。其中以满洲里口岸和二连浩特口岸规模最大，且发展最快，是内蒙古自治区对俄罗斯、蒙古国贸易的主要口岸。内蒙古的陆域边境口岸从东到西，经过俄罗斯和蒙古国两个国家，其边境线占中国陆域边境线总长(约2万公里)的1/2。这一地缘特征决定了内蒙古在中国向北邻国家开放中具有重要的政治、经济战略地位。内蒙古口岸群所具有的区位性、涉外性、功能的多样性及辐射性特点，为中国边疆的稳定、经济的发展，尤其是地方边境贸易的发展繁荣起着不可替代的积极推动作用。

一、边境贸易发展阶段

内蒙古边境贸易起步比较早，早在20世纪四五十年代就同苏联和蒙古国开展了边境贸易。由于中苏关系紧张，在1963~1983年中断，1983年内蒙古恢复了同苏联的边境贸易。改革开放以来，对外大力发展经济贸易合作，使封闭的边陲小镇焕发了青春。特别是国家实施"向北开放"以来，人流、物流、资金流迅速增长扩大，使口岸经济迅速发展，成为拉动内蒙古自治区经济增长的一个重要部分。2011年，内蒙古边境贸易进出口总额46.58亿美元，同比增长39.2%，占全区对外贸易总额的39%，占全国边境贸易额的13%。其中，出口主要以日用消费品、建材、果蔬类、家电等为主；进口主要是煤炭、铁矿砂、锌矿砂、木材等资源类产品为主。

内蒙古边境贸易的发展可以分为以下四个阶段。

(一)开始阶段(1983~1987年)

这一阶段的显著特点是"一枝独秀"，具有较强的垄断性。当时，全区只有自治区国际贸易总公司一家公司有权经营边境贸易，而俄赤塔州方面也只有少数几家企业可以

内蒙古自治区对外经济贸易发展报告（2013）

从事对全区的边境贸易，规模不大，但是发展速度较快。双方的进出口总额从1983年的110万美元发展到1987年的4692万美元，在当时开展边贸的几个省区中居首位。

（二）全面开放阶段（1988～1993年）

在国家实施全方位对外开放战略的契机下，以呼伦贝尔市、满洲里口岸为突破口，内蒙古外贸部批准组建了众多边境贸易公司。同时根据国家规定，拥有外贸经营权的出口企业均可以开展边境易货贸易业务。从而，全区的边境贸易迎来了"百花争艳"的时期。

（三）调整阶段（1993～2001年）

经历了一段时间的发展，边境贸易也遇到了前所未有的困难，很多公司陷入困境，无利可图，纷纷关门撤摊。

（四）活跃阶段（2001年至今）

在这一时期，内蒙古的边境贸易逐渐活跃起来，合作的方式也由单一的商品换商品发展成为现汇贸易、易货贸易、经济技术合作、直接投资等多种方式并存的多方位合作格局。目前，满洲里已经建设成为中国面向欧洲最大的陆路口岸，二连浩特也成为我国与蒙古国进行贸易的重要口岸，并列为全国13个沿边开放城市之一。

经过几十年的发展，内蒙古的边境贸易已经成为内蒙古外贸的重要形式。1993年为内蒙古边境贸易的第一个高峰期，进出口贸易总额达到4.5亿美元；2000年为5.94亿美元，占内蒙古贸易总额的29.3%；2006年边贸额达到22.99亿美元，占进出口贸易总额的38.64%；2012年边贸总额达47.25亿美元，占全区进出口总额的41.97%（见表2-10）。由此可见，内蒙古的边境贸易额逐年增加的同时，占全区外贸总额的比重也不断上升，成为内蒙古外贸中重要的一环。

表2-10 1996～2012年内蒙古边境贸易总额及占全区进出口总额的比重 单位：亿美元，%

年份	边贸总额	出口额	进口额	全区进出口贸易总额	边境贸易占自治区进出口贸易的比重
1996	4.96	1.87	3.89	12.50	39.70
1997	4.67	2.06	2.61	13.10	35.60
1998	3.91	2.62	1.29	13.86	28.20
1999	6.64	3.33	3.31	16.08	41.30

续表

年份	边贸总额	出口额	进口额	全区进出口贸易总额	边境贸易占自治区进出口贸易的比重
2000	5.94	2.87	3.07	20.36	29.30
2001	8.30	4.07	4.23	25.48	27.62
2002	11.79	5.54	6.25	30.05	37.86
2003	14.95	6.43	8.52	31.14	36.93
2004	17.69	6.56	11.15	40.49	34.28
2005	18.85	8.86	9.99	51.62	31.70
2006	22.99	11.27	11.72	59.47	38.64
2007	30.04	—	—	77.45	38.79
2008	34.99	—	—	89.33	39.17
2009	33.62	—	—	67.64	49.70
2010	37.55	—	—	87.19	43.07
2011	46.58	2.42	44.16	119.39	39.01
2012	47.25	3.59	43.66	112.57	41.97

资料来源：内蒙古商务厅。

二、对蒙古国边境贸易

蒙古国与我国建交60多年来，睦邻友好、互利合作始终是主流，也是与我国接壤区域最广、边界线最长的北方重要的邻国之一。蒙古国东戈省、东方省、南戈壁省、苏赫巴托省与内蒙古自治区接壤，在内蒙古的边界线就长达4211公里。对蒙边境贸易开始于1985年，以易货贸易形式展开，年进出口总额只有46万美元，1991年开始实行现汇贸易，当年双边贸易额仅为4600万美元，此后逐步从最初的边民互市贸易、现汇贸易为主，发展到现今边民互市贸易、现汇贸易、旅游贸易、边境小额贸易、边境经济技术合作、国际物流业等多种形式并存的贸易格局。近年来，随着蒙古国一系列世界级矿产的开发，蒙古国在中国能源、矿产进口中所占的地位也不断上升。随着两国经贸往来的日益频繁，贸易额日益增长，中国已经成为蒙古国第一大贸易伙伴和最大投资国。2008年以来，尽管受到国际金融危机的影响，中蒙贸易也受到了一定制约，但总体而言，中蒙贸易仍呈大幅增长的态势。特别是经历了国际金融危机后的2010年，中蒙贸易额突破2008年、2009年的近25亿美元，达到近40亿美元，总额和增速均创历史最高。其中进口25.34亿美元，同比增长86.17%；出口14.5亿美元，同比增长35.76%。进出口货运量达到2700多万吨，其中仅煤炭就达到1700多万吨。2011年，中蒙双边贸易总额已经达到64亿美元，增长了139倍。

随着国家提出"西部大开发"战略，西部边境地区的边境贸易发展就受到广泛关注，包括中俄边境贸易和中蒙边境贸易等。国家也相继出台一系列鼓励边贸发展的法规和政策，如2005年6月，国务院出台了《关于促进东北老工业基地进一步扩大对外开放的实施意见》，2007年制定了《东北地区振兴规划》，与蒙古国相邻的呼伦贝尔市、兴安盟、通辽市、赤峰市和锡林郭勒盟等地区都是重点规划的地区，政策优势与区位优势为东北地区乃至整个中国扩大对蒙古国的贸易提供了契机。2010年6月1日温家宝总理访问蒙古国，与蒙古国总理巴特包勒德在乌兰巴托举行会谈并出席了9个合作文件的签字仪式，其中一个就是《中蒙政府间边境管理制度条约》，两位总理都表示，该条约具有历史性的意义，对完善保护蒙古国边境、预防边境违法行为、强化法律环境以及对两国边境地区的经贸关系在法律环境下发展提供了便利。中蒙边境口岸开放无论从数量上还是从质量上都达到了较高的水平。2004年7月5日两国签署了《中华人民共和国政府和蒙古国政府关于中蒙边境口岸及其管理制度的协定》，该协定取代了1991年签署的相关协定，开放了13对边境口岸，其中9对分布在中国内蒙古自治区与蒙古国的接壤边界地区，4对分布在中国新疆维吾尔自治区和蒙古国的接壤边界地区。13对口岸中有7对口岸为季节性开放，6对口岸为常年性开放。近年来随着双边贸易发展，沿两国边界开放的常年和季节性口岸已增加至18个（包括满洲里、呼和浩特、海拉尔三个航空港），这些口岸在两国经贸合作特别是边贸合作中发挥着重要作用。中蒙两国政府也高度重视双方经贸的发展，这为中蒙边贸的发展和升级确立了良好的基础。以二连浩特为例，为中蒙边贸城市、中国与蒙古国接壤的唯一铁路口岸，在双方经贸发展中意义更为重要和独特。二连浩特市委书记孟宪东说："2006～2011年二连浩特对蒙古国贸易额由14.3亿美元增至31.4亿元，年均增长17%。"据介绍，经二连浩特口岸出口到蒙古国的建材、机电产品、粮油、果蔬等商品占到蒙古国市场份额的70%以上。

中蒙两国的地缘优势、互补优势将长期存在，两国间通过发展经贸关系增进睦邻友好，并获得比较利益的愿望也将长期存在。我国的持续快速发展和政治稳定也为中蒙贸易发展提供了坚实的平台。但是由于受中蒙边境贸易政策体系不够完善、税收优惠的吸引力下降、边境口岸设施及交通运输条件滞后等因素的制约，中蒙边境贸易的进一步发展仍面临许多矛盾与问题。尽管有些不利因素，但蒙古国的特殊优势，包括离中国近、能矿产品储量大、质量好等，仍会推动中蒙双边经贸发展，前景较好。

三、对俄罗斯边境贸易

内蒙古1983年开始恢复与俄罗斯的边境贸易，是全国各省区中最早恢复与苏联边境贸易的省区之一。内蒙古与俄罗斯的边境线全长1010公里，已经开放的对俄罗斯一类贸易口岸5个，包括满洲里（公路和铁路）、黑山头、室韦、二卡。口岸基础设施逐步完善，初步形成了铁路、公路、水运、航空等多种运输方式的全方位口岸开放格局。其中满洲里口岸是全国最大的陆路口岸，以亚欧大陆桥头堡著称，也是我国最早实施沿边开放、开展对俄贸易的口岸之一。随着我国对能源和原材料需求量的加大，该口岸成为俄罗斯原油、原木、化工产品进入我国的主要通道，也是我国纺织品、服装、建筑装潢材料和家用电器等消费品对俄出口的重要口岸。

中俄两国是山水相连的友好邻邦，两国经济互补性强，双边贸易潜在市场巨大。两国进出口商品结构的优势互补性决定了边境贸易的生命力和竞争力。目前，俄罗斯对我国出口的商品主要有石油、木材、钢材、化肥、化工原料、有色金属等，我国对俄罗斯出口的商品以服装、鞋类、果菜、肉类、建材等产品为主，但机电产品和高新技术产品出口及所占比重均呈快速增长态势。中俄边贸由于双方国土毗邻，运距和交货期短，具有低成本、经营灵活、交易迅速等特点。尽管中俄两国都处于经济转型调整时期，但两国经济结构、资源、市场等方面所具有的极强的互补性不会在短期内消失，中俄边贸仍将长期存在。

四、内蒙古边境贸易存在的问题及对策

改革开放以来，特别是近几年的沿边开放，全区边境贸易得到了长足发展，也取得了瞩目的成就，贸易额大幅提高，各边境口岸的货物运输量也不断增长，边境贸易的商品结构也更加合理、更加优化，但在边境贸易的发展过程中也暴露出一些问题，还有发展的空间。

（一）内蒙古边境贸易存在的主要问题

1. 全区边境贸易政策体系尚不完善

当前边境贸易发展迅速，但部分边境贸易管理政策已不适应边境贸易发展的实际情况且尚无系统完整的边境贸易管理政策，使边境贸易发展缺乏有力的政策支持。

2. 俄罗斯、蒙古国多变的政策环境制约边贸发展

俄罗斯独立后，联邦政府对地方的控制能力减弱，地方势力抬头，各地为维护自己的利益而制定了各种法律，机构变化、人事更迭使我国失去了原有的经贸伙伴，给双方经贸往来带来了严重的负面影响。同时，俄方"灰色清关"、腐败之风蔓延、工作消极怠慢都制约了边贸发展。蒙古国也存在这一问题，国家政治经济体制改革力度大，法制不健全，贸易不规范，在政策制定上常存在"急转弯"式、"突然袭击"式的变化，特别是在经济体制改革中采取的经贸政策的变化，给中蒙边贸带来了不稳定性和不可预见性。另外，蒙古国的经济发展水平和购买力水平比较低，国民经济长期在低谷徘徊，对进一步扩大双边贸易存在较大制约。

3. 边贸进口税收优惠政策逐渐弱化

进口税收优惠政策是边境贸易收益的一个重要支柱。随着我国进口政策的调整，享受边贸税收优惠的品种逐渐减少，化工原料和钢材等主要交易商品均要全额缴纳进口关税。2004年边境贸易"双倍抵扣"政策取消，对进口矿产品等零关税商品为主的边贸企业来说，已无边贸税收优惠。大宗货物通过正常贸易选择海上运输，分流了原边境贸易的货源。

4. 边境贸易中存在结算障碍

中俄边贸刚刚兴起的时候，贸易结算方式以易货为主。20世纪90年代后期，易货贸易退出中俄边贸的舞台，美元成为中俄边贸的主要结算货币，多为现金交易，很少通过银行。在实际操作中的资金运转模式是：在俄罗斯进货，需要用卢布和美元结算，而到中国进货需要用人民币和美元支付。一些正规公司在参与中俄边贸的过程中，一直为支付方式的问题所困扰。中俄间银行合作不足，使信用证结算很难实现。大宗现金交易既增加企业风险又制约边贸发展。

第二章 内蒙古对外贸易

人民币汇改后持续升值，美元结算给边贸进出口企业特别是利润微薄企业带来成本压力。为了规避汇率风险，越来越多的对蒙、对俄边贸企业愿意采用人民币进行计价结算，使用人民币计价结算的需求日趋增强。在多方的共同努力下，中俄边贸自2003年开办人民币结算业务以来，人民币结算业务量增长了几十倍。但企业出口以人民币结算的仍然比较少，其主要原因是不能享受出口退税政策。为了取得出口退税，个别企业甚至将已出口收到的人民币货款在黑市换成美元，再带入蒙古国通过银行汇回国内。这种做法增加了边贸企业的成本，同时也不利于人民币在国际贸易结算中发挥支付手段的作用，对中蒙边境贸易的发展和推动人民币走出国境产生了较大影响。

5. 产业结构互补性减弱

在经济全球化的浪潮中，很多国家都瞄准了远东市场，俄罗斯、蒙古国的选择也不仅仅是中国，在世界产业结构调整过程中，边贸的互补性不断减少，共性却日益增加。中国、俄罗斯、蒙古国三国都需要引进外资，民用技术、工艺水平都总体不高，管理水平也相对落后，市场机制存在不成熟、不完善的现象，在产业结构调整过程中出现了趋同的现象，甚至出现了由原有的互补性演变为互竞性。

（二）推进内蒙古边境贸易发展对策

1. 完善有关边贸管理政策

近年来，随着内蒙古自治区中蒙边境贸易的快速发展，边境贸易中出现了许多新情况、新问题，但由于相关管理政策的滞后，使边贸发展受到了影响。建议国家有关部门结合中蒙边境贸易实际，出台系统、完整的边境贸易管理优惠政策，支持人民币"走出去"，有效促进边境贸易的快速发展。由于税收双减半的优惠措施对边境贸易的发展至关重要，今后应考虑改变针对边境小额贸易企业的优惠措施，以特殊经济区为背景实行优惠政策。一方面，在边境附近的合理范围内设立边境贸易区，实行税收优惠；另一方面，发展边境地区的出口加工区，将从俄罗斯进口的木材、蒙古国进口的矿石等深加工后出口或销往国内，既可以提高边境地区出口产品的附加值，又可以改善出口商品的结构。

2. 实施以人民币结算边境贸易出口退税

2007年，国家分配给内蒙古自治区的出口退税基数是13.7亿元，超出基数的退税部分按国家财政出92.5%、地方财政出7.5%的比例进行分配。照此比例实行边贸人民币结算退税的政策，虽然暂时需从地方财政拿出少部分资金用于退税补贴，但是可以把国家鼓励出口的政策用足用好，使边贸企业享受到更多的优惠，进一步促进出口的快速增长和出口结构的调整升级。出口的扩大及结构调整所带来的收益将远远大于此前的地方财政补贴，因而实行边贸人民币结算退税政策是促进对外贸易发展的重要举措。建议国家有关部门积极支持对符合国家有关政策的边贸出口产品收取人民币给予同等的出口退税政策，以调动边贸企业使用人民币计价结算的积极性。

3. 进口贴息范围扩展至边境贸易

进口贴息不应仅限于一般贸易中的鼓励类产品，边境贸易中凡在鼓励目录内的产品和技术且用人民币进行计价结算的进口，也应享受同等待遇。在进口贸易中积极推动人民币计价结算，有利于减少边贸企业汇率风险和经营成本，提升人民币在周边国家的国际地位，推动边境贸易发展。建议财政、商务部门研究扩大进口贴息范围。

4. 进一步疏通边贸银行结算渠道，增加新的结算品种

在银行结算业务中，应充分发挥现有结算品种的作用，积极开拓新的结算品种，拓宽边贸结算渠道。结合地区特点，认真研究做好口岸金融服务的具体措施，积极探讨商业银行在边境贸易金融服务中的定位与功能，充分发挥其在偏远地区机构分布上的优势，畅通结算渠道，服务边贸往来。鼓励开办信用证、保函等业务，发挥其在本币结算中的作用，提高口岸金融服务水平。

5. 组建大型边贸集团，实施"走出去"战略

目前，国际化、区域化、集团化已经成为全球性的大趋势，而全区边贸企业的实际经营水平和能力在当前市场经济中显得较弱无力，对地方经济的贡献不够理想。为发挥边贸企业的带动作用，组建边贸企业集团是全区外贸企业改革的重点，积极调整结构、扩大规模、组建集团、创建品牌。在这样的龙头公司带领下，引进现代企业制度，形成资产统一经营和自主经营格局。在企业的经营的过程中，通过投资、参股、合作生产、开发、合作经营等形式，联合工、农、科、内贸企业，逐步发展壮大，创建品牌，形成竞争优势，提高经营效益。只有在拥有高质量的出口产品，用品牌提高产品附加价值和出口经济效益，实现边贸企业的发展和外贸增长方式的根本

改变，促进边境贸易的进一步扩大。

第四节 促进内蒙古加工贸易产业结构升级

当今，对于世界经济发展而言，国际化分工成为一大趋势。由于加工贸易自身所具有的可以在出口、外汇、就业以及地区经济增长方面的突出推动作用，使得我国在近几年加工贸易飞速发展，推动了经济社会等多方面的发展。我国的加工贸易主要集中在东部沿海地区，区域格局近10年来都没有大的变化。目前，我国的加工贸易政策正逐渐引导加工贸易从东部沿海向中西部地区梯度转移。为抓住国家推动加工贸易中西部转移，促进加工贸易区域协调发展的有利机遇，培育良好产业发展环境，积极承接加工贸易转移，调整和优化产业和贸易结构，促进自治区产业和贸易又好又快发展，内蒙古也开始重视加工贸易的发展。

一、内蒙古自治区加工贸易进出口的主要特点

据海关部门统计，2011年内蒙古加工贸易额9.50亿美元，创历史新高，比2010年增长5.8%，增幅较同期自治区外贸进出口整体增幅低31%，占同期自治区进出口总额的7.96%。其中，出口5.2亿美元，增长5%；进口4.3亿美元，增长6.7%。可以说，加工贸易进出口额不断增加，但增速放缓。主要原因是：2011年上半年贵金属加工贸易的大幅增长，拉动了全区加工贸易的快速增长，但受金价波动和融资困难的影响，自7月份以后已停止贵金属加工贸易业务，使全区加工贸易增速持续回落，但并未影响全区进出口的稳定增长。2012年受全球金融危机的影响，加工贸易额大幅度下降，这是由加工贸易本身的特性所决定的。从表2-11可以看出，内蒙古的加工贸易额自2006年起有逐步上升的趋势，加工贸易所占比重在2010年达到10.32%，创历史新高。但是我们也看到，全区的加工贸易发展不平稳（如图2-5所示），个别年份出现较低的水平，应对风险的能力仍然比较差。

表 2-11 2006～2012 年全区加工贸易额及加工贸易所占比重 单位：亿美元，%

年份	加工贸易额	进出口总额	加工贸易占进出口总额的比重
2006	5.53	59.47	9.30
2007	3.98	77.45	5.14
2008	5.67	89.33	6.35
2009	2.62	67.64	3.87
2010	9.00	87.19	10.32
2011	9.50	119.39	7.96
2012	4.66	112.57	4.14

资料来源：内蒙古商务厅网站。

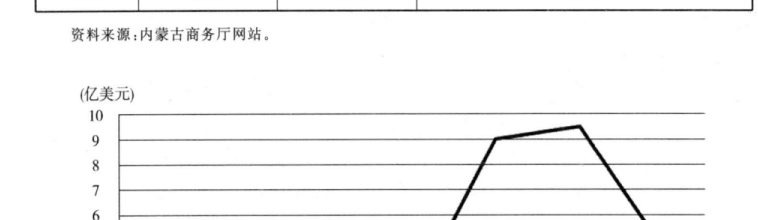

图 2-5 2006～2012 年全区加工贸易额变化曲线

资料来源：根据内蒙古商务厅网站数据绘制。

1. 加工贸易的发展一直不平稳，呈上下波动的特点

如图 2-5 所示，2010 年前内蒙古加工贸易进出口值持续增长，2011 年冲高回落，2012 年大幅下降，2013 年逐步好转。2009～2011 年是全区加工贸易增长最为迅速的时段，全年总额达 9.5 亿美元，其中 3 月份加工贸易进出口额达 2.4 亿美元，首次突破 2 亿美元，创历史新高。2011 年以来，发达经济体主权债务危机不断扩散和蔓延，经济复苏步履蹒跚。发达经济体复苏乏力直接导致居民消费需求下降，特别是欧洲市场的消费需求的疲弱进一步挤压我国加工贸易出口的增长空间。

第二章 内蒙古对外贸易

国际市场需求环境疲弱，我国加工贸易所面临的国际市场环境更加严峻。外部市场的持续疲软和悲观情绪的加剧，在一定程度上抑制了我国加工贸易的进出口。2012年全区加工贸易也出现大幅度下降，环比下降51%。

2. 私营企业进出口居首位

2011年，内蒙古私营企业以加工贸易方式进出口3.4亿美元，增长4.9%，占同期自治区加工贸易进出口总值的35.8%。其中，出口3.2亿美元，增长6.3%；进口0.2亿美元，下降13.2%。同期，外资企业加工贸易进出口2.8亿美元，增长0.4%，占进出口总额的29.5%。其中，出口1.9亿美元，下降3.2%；进口0.9亿美元，增长8.3%。

3. 中国香港为自治区加工贸易项下的最大贸易伙伴

2011年，内蒙古加工贸易项下进出口值超过1000万美元的贸易伙伴共计12个，其中超过5000万美元的仅为中国香港和日本。2011年自治区加工贸易对中国香港进出口6.2亿美元，增长6.4%，占同期自治区加工贸易进出口总值的65.3%。其中，出口3.3亿美元，增长7.4%；进口2.9亿美元，增长5.2%（见表2-12）。

表2-12 2011年内蒙古加工贸易进出口主要贸易伙伴情况 单位：万美元，%

国家或地区	进出口合计		出口		进口	
	金额	同比	金额	同比	金额	同比
中国香港	62125	6.4	33057	7.4	29069	5.2
日本	6527	−11.7	5015	−0.3	1512	−36.0
蒙古国	3636	59.0	1753	90.4	1883	37.8
美国	3504	63.6	2577	105.5	928	4.5
瑞士	3462	22.9	1941	19.9	1520	26.9
俄罗斯	2640	0.7	91	22.4	2549	0.1
中国台湾	2635	−19.7	2459	−17.2	176	−43.7
澳大利亚	1661	31.5	288	258.9	1373	16.1
英国	1334	267.2	236	337.6	1098	254.9
德国	1313	318.8	706	189.9	607	766.5
韩国	1216	−20.2	1152	−3.6	65	−80.3

续表

国家或地区	进出口合计		出口		进口	
	金额	同比	金额	同比	金额	同比
印度	1205	-30.2	76	9.9	1129	-31.8

4. 呼和浩特、满洲里和赤峰位居内蒙古加工贸易前三甲

2011年,呼和浩特、满洲里和赤峰以加工贸易方式分别进出口6.9亿美元、0.9亿美元和0.7亿美元,分别增长4.4%、15.2%和83.6%,上述3市加工贸易进出口合计占自治区加工贸易进出口总值的89.5%。同期,包头市进出出口0.6亿美元,下降20.5%。

5. 贵金属或包贵金属制品、铝材及高新技术产品出口较多

2011年,内蒙古自治区以加工贸易方式出口贵金属或包贵金属制品2.9亿美元,增长7.6%;出口未锻造的铝及铝材0.6亿美元,增长9.5%;出口单晶硅等高新技术产品0.5亿美元,下降31.1%。三者合计占同期自治区加工贸易出口总额的76.9%。同期,出口鞋类、服装及衣着附件、玩具、箱包及类似容器、纺织纱线和织物及制品、塑料制品、家具及其零件7大类传统劳动密集型产品0.4亿美元,增长1.2倍;出口成品油0.2亿美元,增长2.9倍。

6. 进口以低价值商品为主

2011年,内蒙古自治区以加工贸易方式共计进口单项记录价值≤2000元人民币的非税、证低价值商品2.9亿美元,增长5.3%,占同期自治区加工贸易进口总额的67.4%;同期,加工贸易进口额前5位的具体商品分别为羊皮、硅、原油、蓖麻油和原木,分别进口2.6亿美元、1.8亿美元、1.8亿美元、1.6亿美元和1.1亿美元,除蓖麻油下降34%外均实现增长,分别增长72.6%、51.6%、34%和40.4%。

二、内蒙古自治区加工贸易存在的主要问题

当前内蒙古自治区加工贸易基数较小,2011年自治区加工贸易进出口总值仅占同期全国加工贸易进出口总值的0.07%,与加工贸易大省差距悬殊;2012年全

国加工贸易总值为13439.5亿美元，增长3%，而全区加工贸易却大幅下降，总额为4.66亿美元，占同期全国加工贸易总值的0.03%。做大做强自治区加工贸易产业，仍将面临以下主要问题：

1. 产业链配套不完整，加工贸易辐射作用不明显

加工制造业的"产业链"特点突出，电子、机械、玩具、服装等，需要零配件和不同工艺流程的配套。由于内蒙古原有的工业基础相对比较薄弱，由此造成产业的综合配套能力较差，配套产业集群尚未形成，向上游零部件产业和向下游物流业延伸程度不够，缺乏带动性强的龙头企业和配套协作企业，加工贸易大都处在"一进一出、单一工序"阶段。由于供应配套不完善，很多零件需要外地采购，一方面无法满足企业按时交货的要求；另一方面加大企业物流成本，产品竞争力将大打折扣。缺乏配套产业已成为自治区加工贸易发展最为突出的问题。

2. 人力资源需求得不到保障，用工问题凸显

人力资源是第一资源，发展壮大加工贸易产业，需要大量产业工人，专业化人力资本是经济增长的真正动力。内蒙古地处边陲，人口基数小，当地人口数量难以支撑产业集群。且珠三角、长三角等经济发达地区普遍提高工资标准，全区在务工的吸引力上难以匹敌，人力资源问题不容忽视。

3. 中小型加工贸易企业的资金扶持力度不足

我国加工贸易顺差扩大对通货膨胀形成压力，随着国内趋紧的货币政策，银行贷款利率逐月提高，传统加工贸易企业生产利润不足以支撑融资成本，企业生产资金吃紧，使中小型加工贸易企业降低资本投入，且自治区金融业发展相对滞后，小额贷款起步较晚，进一步制约加工贸易产业的发展。

4. 环境保护问题不容忽视

经过近30年的出口导向型工业化进程后，珠三角、长三角及厦门等地，由于发展初期重视经济发展，忽视环境保护，使得资源消耗过度，地表水体、空气等普遍受到严重污染。上海、苏州、广州、深圳、东莞等城市已经面临突出的水质型缺水问题。近年来，为吸引投资和产业转移，一些中西部地区随意降低环保门槛，视当地环境承载力于不顾的现象也频频出现在承接产业转移过程中。全区在发展加工贸易的同时，必将严格评估生态、环境影响，走可持续发展的道路。

三、促进内蒙古加工贸易产业升级的策略

1. 政策先行，明确推进加工贸易区域协调发展的思路

全区地方政府应把推进区域协调发展，承接加工贸易梯度转移作为规划的战略重点，制定一系列政策措施，扶持地方外贸企业的快速发展，并将扩大招商引资、承接产业转移作为推动加快地区经济发展的一项重要措施。从基础实施、资金扶持、税收优惠等方面给予外贸企业经济发展大力支持。帮助外贸企业充分发挥优势，积极承接东部沿海地区的产业转移，加速工业化、城镇化和农业产业化步伐。

2. 加快完善产业链配套设施，吸引更多加工贸易企业落户

一是以工业园区作为依托，促进产业集聚。各类园区是承接产业转移、加速产业集聚、培育产业集群的主要载体，有利于优化资配置、共享基础设施、集中治理污染、集中利用土地。要以这些园区为基地，结合产业转移的实际需要，做好园区规划，科学合理布局，明确各类园区产业定位和发展方向，打造特色优势产业园区。完善园区基础设施，发挥基础设施的先导效应，增强吸引力和凝聚力，创新园区管理体制，确保服务到位，创新园区招商模式，形成政府推动和园区自主相合共同招商的局面。做好跟踪服务，协调和帮助解决企业在生产和进出口环节出现的问题。二是引导企业"配套协作"形成产业链，发挥梯度转移后的带动效应形成产业配套，发展产业集群，促进全区加工贸易向高水平、宽领域、纵深化方向发展。三是切实抓好人才引入及教育培养。发展加工贸易，必须面向全国吸引产业工人，培养造就大批高素质产业人才。根据产业发展的需要，切实抓好人才的引入及教育培养，加大职业技术培训力度，建设一批综合性职业教育培训基地，根据产业布局的需要灵活培育专业人才，为加工贸易企业输送合格人才。

3. 加快发展现代物流体系，切实减轻加工贸易企业物流成本

要想发展全区的加工贸易，必须先要多途径，多方式突破物流"瓶颈"。全区加工贸易的物流"瓶颈"主要表现为效率低、费用高，因此除了继续加大投资改善物流网络与设施外，还要通过积极发展第三方物流，提高物流运作效率、效益。具体措施包括：①加快交通基础设施建设，构建出边出海的国际集疏运大通道。重点提高口岸疏运通道的通过能力和服务水平，形成高效、便捷、安全、畅通的口岸疏运系

第二章 内蒙古对外贸易

统。进一步提高铁路运力，降低运费成本，积极提升公路疏运能力，加大空港建设力度，密集航线覆盖，加速物流周转。②积极发展"陆港"建设。引入天津、大连、秦皇岛等港口物流集团设立"陆港"，实行物流"一站式"服务，降低加工贸易企业进出口成本。③加快推动保税物流体系建设，充分利用"兴边富民"、"西部大开发"等政策支持，加快推动区内相关城市保税区及综合保税区的建设，积极构建起自治区连接俄罗斯、蒙古国，辐射内陆的主要物流框架，促进全区加工贸易早日实现跨越式发展。④大力培育和发展民营物流企业，积极引进国内外第三方物流企业落户，由它们对加工贸易企业提供优质物流服务，缩短交货周期，使制造商和国外分销商实现零库存，进一步降低经营成本，提高物流效益。⑤加快物流公共信息平台建设，建立和完善公路运输信息系统、航空货运公共信息系统和仓储公共信息系统，加快整合商务、金融、海关、检验检疫、交通运输和工商管理等政府部门的公共信息资源，实现公共信息网络与企业物流网络的有效结合。

内蒙古未来物流发展的重心应该放在发展航空物流和开通国际集装箱多式联运上。如包头市在铁道部支持下，开设了包头市国际集装箱中转站。国际集装箱多式联运是一种利用集装箱进行联运的新的运输组织方式。它通过采用海、陆、空等两种以上的运输手段，完成国际间的连贯货物运输，从而打破了过去海、铁、公、空等单一运输方式互不连贯的传统做法。包头市国际集装箱中转站的建成，标志着内蒙古自治区乃至西北地区有了自己的"出海口"，这对中西部地区承接加工贸易梯度转移，减少内地运输成本过高的问题发挥了重要作用。

4. 必须完善加工贸易的产业配套条件

加工贸易的产业配套条件是加工贸易企业是否存在转移后"扎根"的土壤。为了能引来并留住加工贸易企业，全区必须重视完善加工贸易的产业配套条件。首先，要加强现有加工贸易相关产业的集群建设。政府要积极调整产业政策，因地制宜制订产业集群发展规划；要培育龙头骨干企业，带动相同和相关产业的发展，激发产业集群的发展活力；要依托重大项目和新上项目，围绕产业链的薄弱环节，形成大中小项目配套、大中小企业聚集发展的格局，加快产业群、产业链和产业基地建设的步伐。其次，要依靠各类专业市场带动地方特色产业集群的快速发展。专业市场与地方产业发展有着内在的共生关系，国内许多地区产业集群都得益于各类专业市场的有效发展。广东省和浙江省产业集群发展成功的一条重要经验就是它们将专业市场的建设作为产业集群培育发展的重要一环，实现了专业市场与产业集群发展的良性互动。最后，要积极围绕加工贸易引进配套产业链。建立整机加零部件生产的全流程产业链，推动加工贸易由水平分工变为垂直整合，变"两头在外"为"一头在内、一头在外"，使加工的进项物流成本大大降低甚至归零，达到与沿海地区进项物流成本相当甚至更低的效果。

5. 必须大力提高加工贸易的通关效率

加工贸易对海关监管和通关效率有很高的要求，很多产品的通关时间以小时计算，有"订单电子化、通关快速化、物流即时化"的特点。全区要想顺利承接加工贸易，必须对加工贸易管理进一步创新和简化。一是创新管理模式。在管理对象上，要尽快从以合同为单元的管理转变为向以企业为单元的管理；在管理重点上，要尽快从以纸质手册管理为重点转变为以电子账册管理为重点。推进加工贸易手册电子化，使加工贸易企业通过数据交换平台或其他方式，向海关部门报送能满足海关监管要求的备案、进出口、核销及物流等数据和相关单证，海关部门对电子数据及单证进行核对、核算，并结合实物进行核查。二是创新通关模式。要争取开通与沿海口岸公路运输的"属地报关、口岸验收"的通关模式，实现"一次申报、一次查验、一次放行"，切实提高出口企业通关效率。三是创新服务模式。如通过简化手续、提前报关、网上支付、上门核查、担保验放、一站式服务等措施，使进出口货物通关效率得以提高。

第五节

大力发展内蒙古服务贸易

改革开放以来，伴随着世界服务贸易的迅速发展和中国服务贸易对外开放的不断深入，内蒙古服务贸易取得了长足进步，贸易规模不断扩大，以旅游、运输和金融服务为基础，以计算机和信息服务、建筑安装和劳务工程、专利权利使用费和特许费、广告宣传和保险服务等新兴服务贸易为增长点的服务贸易全面发展格局基本形成，服务贸易已经成为内蒙古对外贸易的重要组成部分。

一、内蒙古服务贸易发展的现状

内蒙古服务贸易起步晚，发展速度快，但发展很不均衡。2005～2011年，内蒙古服务贸易总额由2005年的3.31亿美元增加到2011年的14.2亿美元，平均每年增长61.3%。其中，出口贸易额由2005年的1.68亿美元增加到2011年的7.9亿美元，平均每年增长67.2%；进口贸易额由2005年的1.63亿美元增加到2011年的6.4亿美元，平均每年增长56.1%。

内蒙古传统的服务贸易项目中如旅游、运输、其他商业服务等方面发展迅速，但包含智力因素的一些服务项目却发展缓慢。依托口岸优势，内蒙古大力发展口岸货运、客运和边境旅游，口岸货运量及客运量逐年提升，边境旅游业快速发展；同时边民互市贸易发展也带动了口岸城市旅游业的兴起，使内蒙古旅游、运输等项目初具规模，成为内蒙古服务贸易发展的主体项目之一。以2012年第一季度服务贸易发展数据为例，内蒙古3.7亿美元服务贸易额中，其中运输、旅游及其他商业服务贸易额达到3.11亿美元，占服务贸易总额的84%，而包含智力因素的服务项目如保险、金融、电影及音像制品出口额为零。智力型服务贸易项目发展滞后，不仅影响了服务贸易自身的发展水平，也影响了货物贸易的发展。

二、内蒙古服务贸易发展存在的问题

（一）发展服务贸易的产业基础依然薄弱

第三产业作为内蒙古服务贸易发展的基础，服务业的增加值占GDP增加值由2004年的41.8%下降为2011年的34%。这一比重不但低于发达国家70%的水平，也低于发展中国家50%的平均水平。这充分说明，内蒙古服务贸易发展相对滞后。在内蒙古第三产业中，交通运输、仓储和邮政业、批发和零售业、教育、住宿和餐饮业、金融业、信息传输、计算机服务和软件业、卫生、社会保障和社会福利业以及文化、体育和娱乐业的比重占到75%。传统服务行业仍处于低水平、低附加值的发展阶段，拓展国际市场和应对外来竞争的能力较弱；金融、保险、计算机和信息技术等新兴服务业起步较晚，尚处于学习和借鉴外来经验的阶段。

（二）服务贸易增长态势不稳定

虽然内蒙古服务贸易保持增长态势，但是服务贸易总额以及进口和出口的增长很不稳定。2005～2007年，内蒙古服务贸易总额、出口额和进口额的平均增长速度分别为70.21%、86.46%和51.7%。分年度来看，2007年服务贸易总额、出口额和进口额的增速分别为50.25%、50.53%和49.83%，既低于2005～2007年的服务贸易总额的平均增长速度，也低于2006年的服务贸易增长速度，2006年服务贸易总额、出口额和进口额的增速分别为191.82%、229.97%和152.6%。这种进口和出口增长速度不稳定的现象，说明内蒙古服务贸易受国际市场的影响较大，抗风险能力较弱。

（三）不同部门服务贸易的进出口增长速度悬殊较大

以2012年第一季度服务贸易发展数据为例，在内蒙古3.7亿美元服务贸易额中，运输、旅游及其他商业服务贸易额达到3.11亿美元，占服务贸易总额的84%，而包含智力因素的服务项目如保险、金融、电影及音像制品出口额为零。随着全区服务贸易的发展，正在逐步优化服务贸易结构。2013年1～6月全区服务贸易进出口总额达7.4亿美元，其中旅游服务4.45亿美元、运输服务1.82亿美元、专有权利使用费和特许费0.4亿美元、保险服务0.38亿美元、咨询服务0.21亿美元、其他商业服务0.083亿美元、广告宣传0.036亿美元，智力型服务贸易稍有发展，刚刚起步。智力型服务贸易项目发展滞后，不仅影响了服务贸易自身的发展水平，也影响了货物贸易的发展。

（四）对服务贸易进行管理的政府的管制政策和法律法规滞后

政府的管制政策与服务业的竞争优势的发挥有着密切联系。管理体制的和谐与稳定将促进服务行业竞争对手的进入，迫使服务厂商在服务质量不变的条件下降低成本，最终表现为服务价格的下降。与此同时，政府通过制定法律法规等宏观措施，可以维持一个公平、公开、竞争、有序、开放的市场外部环境，使企业在市场价值规律指导下，更好地发挥自身的竞争优势。目前内蒙古服务贸易领域散落在不同的管理部门，管理体制存在管理不协调等诸多问题，束缚了各类市场主体发展服务贸易的积极性和创造力。

三、内蒙古国际服务贸易发展对策分析

（一）大力营造全区服务贸易加快发展的社会氛围

深入贯彻落实党中央、国务院关于大力发展服务贸易的一系列指示精神，大力宣传发展服务贸易对于实现经济社会又好又快发展的重要意义。充分认识大力发展服务贸易是外经贸发展方式加快转变的迫切需要，是学习实践科学发展观的重

要载体，是缓解社会就业压力、扩大大学生就业的重要渠道，充分认识发展服务贸易对提升服务业发展水平的重大作用，提高各盟市、各部门对发展服务贸易重要性和紧迫性的认识，形成共同关注服务贸易发展、大力支持服务外包发展的良好社会氛围。

（二）构建服务贸易发展的宏观管理体系

1. 制定服务贸易对外开放的战略和策略

政府部门应制定全区服务出口的政策、法规和战略，负责与国外进行多边或双边服务贸易谈判，监督国家给予服务出口企业的优惠政策和全区服务企业的执行情况，统计和掌握国际、国内、省内服务贸易的基本数据和市场状况等。政府应着手于旨在促使外国开放服务政策市场，为其服务出口提供动力和保障的一系列努力，通过宣传、设立专门机构等手段，建立起较为完善的服务贸易法律、法规体系和管理机制，为服务贸易的迅速发展创造一个良好的制度环境。

2. 建立健全服务贸易促进协调机制

发展服务贸易涉及国民经济的各个部门，必须按照科学发展观的要求，加强统筹协调。要加强服务贸易各相关部门的交流与合作，共同就服务贸易发展过程中出现的重大问题组织调研，推动落实各项扶持鼓励政策。要牵头成立由相关管理部门参加的服务贸易发展跨部门协调机制，加大工作力度，并利用各种平台，加强与相关部门的协调沟通，形成各部门密切配合、政府和企业紧密联系的服务贸易促进协调机制和工作体系。

3. 充分发挥行业协会的桥梁和纽带作用

按照市场经济要求，加快培育社会化、专业化、规范自律的服务贸易行业协会，整合行业资源，加强对外宣传，提升行业整体形象。行业协会要与国内外服务贸易相关部门保持密切联系，深入开展行业调查研究，及时了解国际服务贸易的动向和需求，参与相关法律法规和产业政策的研究、制定，参与制订、修订行业标准和行业发展规划、行业准入条件，积极为全区服务贸易企业提供优质服务，充当政府和企业之间沟通的桥梁、企业参与国际经济合作的纽带。行业协会要围绕规范市场秩序，健全各项自律性管理制度，制订并组织实施行业职业道德准则，推进行业诚信建设，建立完善行业自律性管理约束机制，维护公平竞争的市场环境。

4. 推动服务贸易区域协调发展

根据全区不同地区服务贸易发展特点，以满洲里、二连浩特重点城市为依托，在服务贸易重点领域确定一批重点企业或企业集团予以重点支持，培育服务贸易出口主体和增长带。通过窗口和辐射作用，引导和促进全区服务贸易的快速发展。充分发挥地方政府在服务贸易发展中的重要作用，鼓励地方政府为服务贸易企业提供各项政策支持。

（三）建立服务贸易发展的政策激励体系

1. 培育全区服务贸易重点企业

根据不同行业和不同目标市场国家（地区）的特点，重点分析有比较优势行业的发展现状，研究制订扶持和推介措施，提升服务层次和水平。打造一批主业突出、具有核心竞争力、能够发挥龙头骨干作用和参与国际竞争的服务贸易企业。

2. 落实和完善税收优惠政策

积极配合国家制定服务贸易出口的相关税收优惠政策，根据不同服务贸易部门的具体情况，进一步研究适用于服务贸易重点领域的税收政策，鼓励企业加快发展服务贸易。

3. 继续强化政府服务

对服务贸易企业业务人员出访实行一次审批、一年内多次出国有效的方法，为服务贸易从业人员出入境提供便利；根据贸易企业进出口业务的特点，为来内蒙古从业的人员给予通关的便利；提供法律咨询服务，研究延长过境旅游免签时间；制定便捷的专项外汇管理政策，对国内服务业企业与国外服务业企业股权互换给予支持。

（四）建立服务贸易发展的资金支持体系

1. 设立服务贸易专项资金

服务贸易与货物贸易相比有其自身的特点和规律，涉及很多全新领域。现有的对外经贸支持政策和资金，不完全适宜服务贸易项目。建议加强中小企业开拓国际市场资金和西部发展促进资金等现有资金对服务贸易尤其是文化、软件产业的支持力度。同时，设立服务贸易专项资金，重点用于推动文化产品和服务出口和服务外包等服务贸易项目。

2. 积极争取财政加大对服务贸易的支持

综合运用贷款贴息、经费补助和奖励等多种方式鼓励服务出口。加大政策性金融支持力度，采取措施促进服务贸易便利化。加大财政投入，重点支持金融保险、现代物流和信息技术、专业服务、文化教育及国际服务外包等领域的服务贸易。对旅游、医疗出口以及依托互联网开展的服务贸易出口等给予支持。要积极争取对促进旅游、交通运输和电信等服务贸易出口的信息服务、国际市场拓展等给予资金资助，并支持这些领域的服务贸易企业"走出去"。

3. 加大招商引资和对外投资力度，带动服务贸易发展

招商引资和对外投资是带动服务贸易发展的重要措施和有效途径。全区应扬长避短，发挥优势，依托不断完善的服务业基础性、功能性设施建设，制定和执行科学合理的政策，支持和鼓励服务业招商引资和对外投资。进一步调整利用外资的结构，引导外资投向服务业。通过招商引资引进国外先进管理经验和科学技术，培育一批具有国际竞争力的服务贸易企业。顺应全球服务业产业转移的历史潮流，支持和鼓励有能力的服务企业到境外投资创业，不断扩大规模、强化功能、拓宽领域，提高效益。

（五）建立服务贸易协调促进体系

1. 建设信息平台网站

由商务主管部门牵头负责，各有关部门配合建设服务贸易信息共享交流网站，搭建促进服务贸易发展的平台，提供服务贸易公共信息服务，加快信息更新，完善项目和企业数据库，完成地方专栏建设，实现网站互动交流。

2. 加强对国际服务贸易人才的培训

开展对全区服务贸易人才培训机构的认定，以大学应届毕业生、尚未就业大学毕业生和服务外包企业新进员工的岗位培训服务为重点，综合运用各类扶持政策和激励手段，进一步调动就业者、服务外包企业、教育培训机构的积极性，多渠道、

多层次、多形式地开展培训工作，加快服务贸易人才培养，为实现全区服务贸易跨越式发展提供人才支撑。

（六）完善服务贸易发展的统计监测体系

1. 加强服务贸易统计工作

贯彻实施商务部《国际服务贸易统计制度》和《国际服务外包统计办法》，结合全区服务贸易统计的实践经验，加强与外管局、统计局等部门的合作，完善实施科学规范的服务贸易统计调查方法和指标体系。全面跟踪和掌握全区服务贸易发展的总体规模、行业结构、经济效益等基础数据，摸清发展现状，制订服务贸易统计方法，建立以居民与非居民服务贸易统计和外国附属机构服务贸易统计为主线，覆盖跨境交付、境外消费、商业存在、自然人移动四种模式的全区服务贸易统计体系，建立数据资料库，完善各相关部门和盟市的信息共享和交流机制。

2. 深入开展服务贸易监测分析

开展服务贸易进出口运行分析，掌握服务贸易总体动态；开展附属机构服务贸易企业经营情况分析，关注附属机构企业发展态势及其对国民经济的影响；开展双边服务贸易统计比较分析，把握其他国家（地区）市场状况。不定期发布服务贸易进出口分析报告、行业分析报告和其他国家（地区）市场分析报告等。

第三章

内蒙古利用外资

随着内蒙古经济的快速增长，对外开放的不断扩大以及投资环境的改善，外商投资规模不断扩大。"十一五"时期以来，内蒙古利用外资呈现快速增长态势。

第二节 内蒙古利用外资现状

一、利用外资规模不断扩大

"十一五"时期以来，内蒙古利用外资呈现快速增长，其中2006年增长最快，比2005年增长了40.6%，近五年每年按27.2%的速度增长。2008年金融危机后，内蒙古利用外资并没有受到影响，2008年、2009年、2010年的外商直接投资分别为26.51亿美元、29.83亿美元、33.84亿美元（剔除了外债余额），均呈增长态势（见图3-1）。

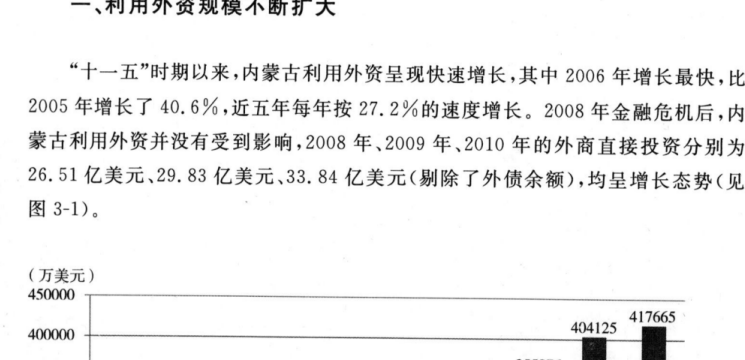

图 3-1 内蒙古实际利用外资额

资料来源：《内蒙古统计年鉴》(2013)。

二、外商直接投资领域不断扩大，但仍以能源类为主

内蒙古吸引外商投资在初期阶段，多侧重于轻工业、纺织业和第三产业，随着国家和自治区产业政策的调整，积极引导外资投向，投资领域扩大到能源、交通、化工、建材、冶金、机械、电子、农牧业、医药等行业。2005～2009年内蒙古外商实际直接投资额中制造业排第一位，平均占68.75%，第二位的是电力、煤气及水的生产业，第三位是房地产业，第四位是社会服务业，以下依次为农、林、牧、渔业，卫生、体育和社会福利业、采掘业。到2010年底，外商在第一、二、三产业投资结构比大致为0.3∶85∶14.7。从内蒙古的情况来看，投资于电力、煤气和水生产行业所占比重高于全国平均水平，特别是在2007年处于历史最高水平，而科学研究、教育等方面利用外资所占比重较低，尤其是金融、保险等服务业基本空白（见图3-2）。2009年2月，和林格尔渣打村镇银行开业，成为首家落户全区的外资银行。

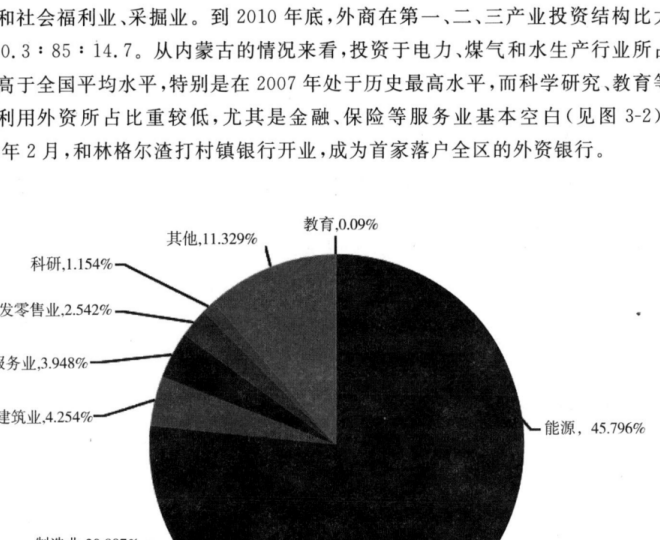

图3-2 2006～2011年内蒙古利用外资行业结构

资料来源：《内蒙古统计年鉴》（2006～2011）。

三、利用外资国家（地区）不断增多

内蒙古吸收外商直接投资从初期的中国香港、中国澳门、中国台湾和日本等少数几个国家和地区发展到目前的欧美、东南亚、澳大利亚、韩国、俄罗斯等近40个国家和地区。从近五年的数据来看，来源地主要以中国香港、美国、维尔京群岛、英国和加拿大为主，其中2007年美国投资7922万美元，维尔京群岛投资6859万美元，中国香港投资24643万美元、英国投资1560万美元、加拿大391万美元。这说明发达国家和地区是全区利用外商直接投资的主要来源。进入2009年以来，投资主要来自中国香港、美国和新加坡，其中中国香港、新加坡分别增长132%和136%；投资主要集中在电力、燃气、水的生产供应业、制造业，投资增幅较大的是房地产业和批发零售业，同比分别增长了24.5倍和4.2倍①。

四、从地域分布上看，内蒙古外商投资企业集中于内蒙古西部地区

2005年以前，全区外商投资企业78%集中于西部地区，并主要集中于呼和浩特、包头市、鄂尔多斯市，东部地区仅占22%。到2008年底，西部地区更是内蒙古利用外资的主要集中地，其中呼、包、鄂"金三角"地区实际利用外资19.17亿美元，同比增长22.7%，占全区实际使用外资总额的89.2%。东部五盟市实际使用外资除赤峰市增长14%外，其余均增长30%以上，其中兴安盟增长了6.4倍。尽管有所增长，但总量仍不及西部地区。在全球金融危机的影响下，2009年后全区利用外资的速度显著放缓，其中呼和浩特市、包头市和乌兰察布市出现显著的下降现象，而鄂尔多斯市仍保持了强劲的增长态势（见表3-1）。凭借着资源优势的"黑金"经济和经济的快速增长，鄂尔多斯吸引了相当多的外资投向于能源和房地产行业，并进一步助长了"黑金"经济的快速增长和房价的持续攀升，而投向于其他行业的比重极低。进入2011年后，这种状况一度下降，并出现了资金断流的金融危机状态。

①资料来源：内蒙古商务厅。

表 3-1 2009 年内蒙古外商投资地区结构分布

单位：万美元

实际利用外资	鄂尔多斯	包头	呼和浩特	巴盟	赤峰	乌兰察布	呼伦贝尔	兴安盟	其他地区
金额（万元）	61368	32002	20139	4251	3810	2799	2570	148	150
同比增长（%）	13	−25	−17	10	10	−57	13	124	—

资料来源：内蒙古商务厅。

五、利用外资方式结构发生变化

"十五"时期，内蒙古呈现以国外贷款为主、外商直接投资和外商其他投资为辅的格局，这种情况从 2003 年开始出现变化，2003～2012 年全区利用外商直接投资合同额均超过了同年对外贷款合同额，这已表明了利用外资由以对外借款为主向外商直接投资为主转变（见图 3-3）。这与全国利用外资方式的结构变化过程基本一致，只是在时间上有所滞后（全国是在 1994 年开始变化，全区是在 2003 年开始出现上述情况）。

内蒙古吸收外商投资初期阶段只有中外合资经营企业一种方式，经过 20 多年的发展，目前外商投资方式除中外合资经营企业之外，增加了外商独资经营企业、中外合作经营企业、外商股份制企业、再投资和其他投资等多种方式，其中独资企业呈现较快增长趋势，这是自治区外商直接投资中最主要的变化。而其他方式由于受金融危机的影响，2009 年呈现不同程度的下降，尤其是合资方式，比同期下降了 35%。

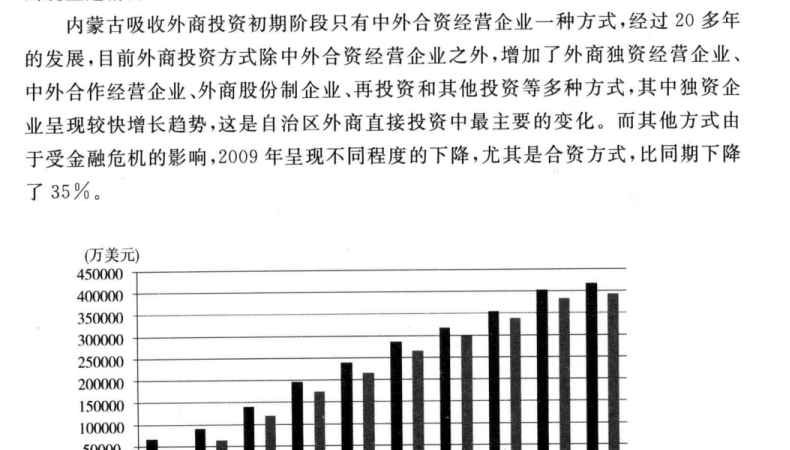

图 3-3 内蒙古利用外资结构变化情况

资料来源：《内蒙古统计年鉴》（2013）。

第二节

内蒙古利用外资问题分析

一、总体规模小，发展速度慢

"十五"期间，内蒙古利用外资总额有所增长，占全国利用外资总额的0.8%，其中外商直接投资占全国的0.5%，借用国外贷款占全国的1.9%。利用外资总额虽有所增长，但与GDP增长速度相比，外资的增长速度并不显著，而且利用外资规模占GDP的比重处于下降趋势（见图3-4），并始终保持在3%以内。由此看出，内蒙古利用外资的规模和发展速度与自治区经济发展速度和改革开放不相适应。

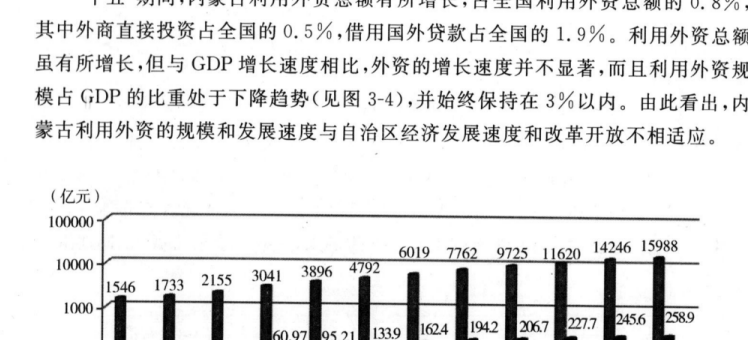

图 3-4 内蒙古利用外资与 GDP 比较

注：利用外资金额均按当年汇率折算。

资料来源：《内蒙古统计年鉴》(2013)

二、利用外资的地区结构存在较大反差

在内蒙古地区经济发展中，呼、包、鄂"金三角"地区不仅领跑全区，而且GDP总量、地方财政收入等十项指标占到全区一半以上，尤其是呼和浩特市、包头市、鄂尔多斯市年出口总额和实际利用外资额均超过23亿美元，占全区比重的3/4以上。"十五"时期以来，内蒙古利用外资的地区性差距越来越大，2005年以前，全区外商投资企业78%集中于西部地区，尤其是2009年以后，呼、包、鄂三市的实际利用外资就占到全区实际使用外资总额的89.2%。而处于东部地区的呼伦贝尔、赤峰、兴安盟、锡林郭勒盟四地区的利用外资总量仅与鄂尔多斯市相当，显示出全区利用外资地区结构的巨大差距。

三、利用外资结构不合理

内蒙古利用外资结构发生显著变化始于2003年。2003年以前，全区吸引外商直接投资实际利用额均低于对外借款额，2003年以后外商直接投资实际利用额平均每年按48.84%的速度增长，从2001年的10876万美元一直上升到2009年的298385万美元，尤其在2005年增幅最大，较上年增长89%。相比，对外借款却处于下降趋势，从2001年的36446万美元下降到2008年的19634万美元。2010年以后均未出现对外借款事宜。

四、外资投入的主导型产业显著不足

内蒙古利用外资的产业分布主要集中在制造业中，90%以上投向了能源、冶金、机械、化工和房地产行业，其他行业的分布比例极其低下，显示了以资源型产业为主的特征，而非资源型产业显著不足；低端产业多、高端产业少；重工业比例大、轻工业比例小；第二产业比例大、第三产业比例小（尤其是利用外资的现代服务业明显不足）。例如，与内蒙古呼和浩特经济技术开发区具有相同级别的国家级开发区——陕西省西安经济开发区，该区聚集了各类企业9200余家，其中外资企业100余家，吸引了BP、ABB、博世、可口可乐、西门子、三菱、日立、阿尔斯通、罗尔斯·罗伊斯等38个世界500强投资项目，中国兵器、中国北车、中国电子、中钢集团、中交集团、中航集团、中电集团等23家大型中央企业投资建设的58个项目，台湾顶新、香港金威、陕西重汽、江苏雨润、金风科技、西部超导等60余家国内行业龙头企业，形成了商用汽车、

电力电子、食品饮料、新材料四大支柱产业及太阳能光伏和风电设备两大新兴产业，显示了强大的利用外资产业实力和产业引领作用。而全区以资源型产业为主的利用外资方式的增长模式并没有体现外资的产业结构转型、技术外溢和先进管理理念效应，体现更多的是国际资本的逐利行为，因而不符合全区利用外资的战略目标，也不能体现利用外资的可持续发展，更没有体现利用外资的科学发展观。

五、利用外资的载体不完善，产业配套能力不足

利用外资需要现代化的城市群和大规模的产业园区。2011年，内蒙古城市化水平达到56.62%，高于全国城市化率(47%)9.62个百分点。但内蒙古城市密度、城市建设远远落后于其他城市，城市化质量远远低于其他省市城市化水平。内蒙古现有20个城市，城市密度小，城市体系结构不完善，表现在：①城市的规模小，尤其具有规模效益的大城市很少，不能很好地带动区内经济的发展，而当今的区域之间的竞争主要是大城市的竞争。②城市趋同现象较为严重，在城市快速发展中，尤其是中小城市的城市形态、产业结果、建设方式的趋同化较为突出，重复建设严重，导致土地资源的浪费和资金的浪费。③城市产业结构不合理，很多城市出现产业虚高度化和同构化，大中小城市之间没有形成合理的分工体系。此外，全区水资源稀缺，目前仅有地表水资源671亿立方米，除黄河过境水外，境内自产水源为371亿立方米，仅占全国总水量的1.67%。地下水资源为300亿立方米，仅占全国地下水资源的2.9%。

在产业园区建设上，除了一部分重点开发区和特色示范园区发展较好以外，大多数园区的状况并不能令人满意。具有国家级的开发区较少(见表3-2)，且多数园区内基础设施不够健全，园区内企业的相关性不强，集群趋势不明显，对外来企业缺乏吸引力。同时，由于土地资源的稀缺性，产业园区很难再拿到大面积的土地作为利用外资的载体。

表3-2 2011年内蒙古各地区开发区分布情况 单位：个

地区	呼和浩特市	包头市	鄂尔多斯市	乌海市	赤峰市	呼伦贝尔市	锡林郭勒盟	兴安盟	乌兰察布市	巴彦淖尔市	阿拉善盟	通辽市	合计
国家级	1	1				2	1						5
自治区级	8	4	6	1	4	7	1	1	1	3	1	2	39

资料来源：内蒙古招商引资网(2011)。

此外，产业配套能力的不足也制约资的进入。一个地区的产业配套能力表现在该产业承接地区的零部件供应商能够为某种商品的生产提供多少合适的零部件。近几年内蒙古的工业发展速度很快，从目前来看，内蒙古基本形成了一定的工业体系，但是整体实力依然不强，产业基础比较薄弱。新材料、生物医药、软件、现代装备制造业等产业缺乏龙头企业及相互关联的企业，产业链条较短，配套能力比较差。因内蒙古产业集群不够显著、工业园区规模小、数量少，尤其是国家级的开发区少，目前分布在全区各地仅有的40多家工业园区在地方利益驱动下，园区间存在显著的恶性竞争，园区空间布局和产业分工很难与自治区整体的产业规划、城镇发展规划有效对接，由此导致很多已经转移到内蒙古的外资企业因很难在当地找到合适的配套企业，从而不得不反向去东部城市或者国外进行采购，这就增加了企业的成本，抵消了内蒙古在利用外资中的劳动力、土地和资源等成本方面的优势，限制了外资的产业转移。

六、利用外资方式创新不足

以资源优势、压低地价、让税让利和降低产业准入门槛等手段吸引外商直接投资是自治区各地普遍存在的现象。同时，在重引进项目数量、轻引进项目质量、缺乏选择性招商的理念支配下导致引进项目良莠不齐和重复引进，这在一定程度上偏离了全区经济发展方式的转变和"十二五"时期的规划目标。而新型的利用外资方式，诸如项目融资、股权投资、BOT、TOT、PPP、PFI等投融资方式使用明显不足。

七、全区投资环境需要进一步完善

内蒙古在投资硬环境方面虽然取得了较快的发展，但与发达地区相比，在交通、通信、生态环境等硬环境建设方面仍有较大差距，还需要进一步加强。在投资软环境方面，还存在着行政审批手续繁杂，政府机构办事效率低下，以及政府制定的一些优惠政策落不到实处等问题。尤其是在招商引资软环境方面存在以下突出问题：①政府部门办事效率尚需提高（内蒙古东部地区较为突出）；②政府信息服务平台建设滞后，政府相关政策难以被企业了解；③存在跨区纳税现象；④人才支撑不够，特别是熟练技术工人、创新型人才和复合型人才明显不足。此外，内蒙古东部地区（含乌兰察布市）的整体投资环境改善与西部地区存在较大差距。

第三节

内蒙古利用外资发展战略

"十二五"是全区经济和社会发展承前启后的重要时期。随着全区面临的区内外环境变化和对外开放的进一步扩大，利用外资的战略目标将发生变化，利用外资的管理理念、方式以及产业调整、地区结构等都将发生重大变化。王君书记在全区传达贯彻全国两会精神干部大会上提出的"8337"发展思路，是自治区当前和今后一个时期经济社会发展的重要宗旨，其中把内蒙古建成保障首都、服务华北、面向全国的清洁能源输出基地、全国重要的现代煤化工生产示范基地、有色金属生产加工和现代装备制造等新型产业基地、绿色农畜产品生产加工输出基地、体现草原文化独具北疆特色的旅游观光休闲度假基地、我国北方重要的生态安全屏障、祖国北疆安全稳定屏障、我国向北开放的重要桥头堡和充满活力的沿边经济带等发展定位，进一步明确了内蒙古发展的目标方向，是引领和指导全区各项工作的"灯塔"和"航标"。为此，积极有效利用外资，切实把重点转到促进经济增长转变，利用国外先进技术和管理经验，紧紧围绕"8337"发展思路，以"四大产业基地"引资重点，积极发展低碳和循环经济、节能减排和培养高素质人才上，是"十二五"时期提高利用外资质量的关键和重点。

一、内蒙古利用外资的指导思想

"十二五"时期，我国利用外资将出现新的变化。从区域结构看，随着东部地区生产要素成本的上升，中西部地区将迎来利用外资的良好机遇，顺利实现外商投资的梯度转移将成为中西部地区利用外资面临的重要任务。从产业结构看，"十二五"时期将是中国服务业改革与发展的重要时期，服务业尤其是现代服务业将成为外资加速进入的行业。从投资规模看，由于国内传统制造业投资已出现饱和趋势，部分产能过剩，国内要素成本的上升、能源资源的制约以及节能减排、发展新兴产业等，将加大外商投资的成本并对"十二五"时期外商投资的增速产生较大影响。

第三章 内蒙古利用外资

从利用外资方式看，国家和企业信用水平不断提高，人民币汇率形成机制以及其他相关体制的改革不断推进，较大规模的外汇储备和国内投资银行业的日益发展，为我国以多种方式利用外资、降低金融风险提供了条件。国内传统产业布局已基本完成，新建投资与企业并购均成为外商直接投资的重要方式。

依据上述我国利用外资的转变和方式的调整，今后一段时期内，全区利用外资的指导思想是：全面贯彻中共十八大精神，以邓小平理论和"三个代表"重要思想为指导，深入贯彻落实科学发展观，保持宏观经济政策的连续性和稳定性，积极有效地利用外资；统筹区内发展和对外开放，妥善处理利用外资与区内资金之间的关系，促进全区产业结构和地区结构调整优化，切实提高利用外资的质量；构建更加开放的自主创新体系，以吸引外资先进技术和管理经验为主线，增强集成创新能力和引进消化吸收再创新能力；进一步巩固、发挥和创造自治区的比较优势，加快实施"东联、北开、西出"全方位对外开放和互利共赢的开放战略，在更大范围、更广领域和更高层次上积极参与国际经济科技合作与竞争，全力把内蒙古自治区打造成向北开放的重要桥头堡和充满活力的沿边经济带。

二、内蒙古利用外资的总体战略目标

内蒙古利用外资的总体战略目标是以"促进经济增长方式转变"为目标，进一步提高利用外资的质量，使利用外资的重点从重视规模、速度转到以培育新兴产业、发展低碳经济和节能减排为主的战略上，更加注重经济发展的可持续性，推动需求结构、产业结构、城乡结构、区域结构以及要素投入结构等全方位的调整，促进经济增长方式的转变；更加注重引进先进技术、管理经验和高素质人才；更加注重生态建设、环境保护、资源能源节约与综合利用。通过引进国外先进技术和管理，发挥外资企业对区内企业的引导、辐射作用和示范效应，全力提高全区集成创新能力和引进消化吸收再创新能力；努力提高外商企业投资层次，实现外商投资从低水平生产制造层次进一步向科技创新、高端设计等新技术制造领域拓展，推动全区成为全国高附加值产品的制造基地之一；积极引导外资进入现代服务业，努力提高服务业对外开放水平；优化利用外资地区结构，显著提高东部地区利用外资的规模、质量和水平，进一步增强全区东部地区与东北老工业基地的广泛经济合作；拓宽对外贷款的渠道，积极、合理、高效地使用国外优惠贷款，更加注重贷款使用的质量与效益；利用外资总规模要在"十一五"基础上保持平稳增长，力争使利用外资的规模占GDP的比重保持在3%以上；到2015年，利用外资的管理体制更加合理有效，利用外资与区内经济社会发展更加协调。

三、内蒙古"十二五"期间利用外资的主要任务

综合全区"十一五"和"十二五"时期利用外资存在的问题和完成情况，根据"十二五"期间利用外资的战略目标，今后一段时期内蒙古自治区利用外资的主要任务是：

1. 以政策为导向，积极引导外商投资产业结构的优化和升级

（1）鼓励外商投资发展新能源。凭借内蒙古是国家重要能源基地的资源优势，按照能源重化工产业升级的要求，适当增加大型煤矿加工、石化、化工等产业利用外资的项目，特别鼓励能实现循环经济的项目，通过合资合作等多种方式引进国外先进技术；引导外资在能源领域投资，加快区内石油天然气的勘探、开发、利用及输送管道建设，加快发展可再生能源；利用国外先进技术发展新能源，通过改变电力结构，发展清洁能源。

（2）鼓励外商投资发展全区现代畜牧业，重点发展生态农业和高技术含量、高附加值的种植业、养殖业及生物质能开发、现代农机装备开发与制造和农畜产品深加工，引进现代化畜牧业技术和经营管理方式。

（3）鼓励外资投资电子信息、机械制造、汽车等现代装备制造行业。通过引进先进适用技术、设备和管理改造区内传统产业，引进外资发展具有比较优势的劳动密集型产业、出口加工业和促进全区中小企业发展；鼓励外资参与轻工、纺织、原材料、建筑业、建材等传统产业的改组改造，提高企业技术水平和产品档次，增强企业的国际竞争力；鼓励外资重点投向汽车设计、研发中心建设，继续鼓励外资发展专业化、高技术含量的汽车零部件生产。

（4）继续鼓励外商投资基础设施建设。积极采用BOT、TOT、PPP、PFI等投融资方式吸引外资投入公路、铁路、口岸等交通项目和供水、供气、供热、污水与垃圾处理等城市基础设施建设。

2. 促进建设资源节约型、环境友好型社会

（1）强化资源节约和环境保护的利用外资政策导向，严格限制低水平、高消耗、高污染的外资项目；鼓励利用外资节约用水、节约土地、节约材料和加强资源综合利用，鼓励通过利用外资引入先进适用的、有效节能降耗的工艺、技术和设备。

第三章 内蒙古利用外资

（2）积极推进环保领域利用外资，鼓励外商发展低碳经济，推动重点环保项目的实施。加强对外商投资企业水污染、大气污染、固体废物污染等综合防治，有效控制污染物排放。鼓励外商投资废旧金属、废旧轮胎、废弃电子产品等工业废弃物的回收利用和生活垃圾、污泥资源化利用。

3. 加大力度推进现代服务业对外开放

（1）按照审慎监管和控制风险的原则，有序推进银行业对外开放。积极鼓励外资银行在全区设立分支机构，积极支持外资银行和中资银行之间在坚持中方控股的前提下建立股权合作等战略伙伴关系，完善法人治理结构；鼓励中资、外资银行在金融产品、业务技术、信息交流、资源共享和人员培训等方面的合作，引进现代银行业的先进经营理念、经营方法和高级管理人才，促进区内商业银行机制的转变和金融创新。

（2）按照审慎监管和控制风险的原则，有序推进保险业对外开放。积极鼓励外资保险公司在全区设立分支机构，重点引进在养老、医疗、责任和农牧业保险等方面有专长的境外保险公司和其他金融机构开展业务；通过利用外资，加快引进国外先进的保险产品、经营方式和高级管理人才，提高全区保险业的竞争力。

（3）积极引导外资企业发展现代物流业，商业领域重在提高外资水平。要以引进现代商业经营理念和国外先进的分销手段、营销网络和服务手段为目标，保持外商投资商业零售企业数量的适度增长，有序发展外商投资的商业批发企业、大型连锁商店和配送中心。支持国内大型商业企业通过引入外资优化结构，提高管理水平。密切关注外商投资对全区商业发展的影响，切实做好反垄断和公平交易的监管工作，保持内外资商业企业在大中城市合理的布局、市场份额和结构。

（4）稳妥、有序地向外资开放电信行业。允许外商在法定范围内以合资方式开展区内电信业务，扩大外资在电信增值服务市场的投资。

（5）积极推进旅游业利用外资。利用外资完善旅游设施，保护、开发旅游资源，吸引境外客源，改进经营管理。

（6）鼓励采取中外合资、合作等多种方式，扩大运输、建筑、律师、会计、咨询等行业的对外开放。

（7）积极稳妥地推进文化领域引进外资，重点加大全区与蒙古国、俄罗斯间的国际文化合作与交流，包括音像制品分销、演艺场所和文化产品经营、经纪等。

4. 着力建立更加开放的自主创新体系

(1)发挥政府战略导向作用,鼓励国外跨国公司通过组建合资企业、合作生产、联合制造等方式向全区转移先进技术;鼓励国外公司与区内高新技术企业在科研和技术开发方面合作,积极推进重大高技术领域的中外合资合作,鼓励外资企业在呼包鄂地区建立R&D中心。

(2)鼓励外商投资企业把高附加值含量的加工制造环节和研发机构转移到全区,并在全区设立生产制造基地、配套基地、服务外包基地、培训基地,发挥技术溢出效应,促进全区企业自主创新能力的增强。

(3)鼓励和引导外商和区外风险资本在全区进行风险创业投资,积极引进国外战略投资者和区外风险投资企业在全区设立风险投资基金和风险投资机构,加快全区创业投资服务体系发展,力争形成一批自主创新能力强、机制灵活、国际化程度高的区内创业投资企业。

5. 促进利用外资的地区结构协调发展

要根据资源环境承载能力、发展优势和发展潜力,明确不同的区域定位,积极利用外资推进西部大开发。抓住国际制造业转移、东部沿海地区外资转移以及承接发达地区产业转移的机遇,大力促进外资(含内资)向自治区中、东部地区梯度转移,努力扩大东部地区的利用外资规模,加快发展东部地区具有较好产业基础、资源优势和竞争优势的特色企业。鼓励外商扩大对自治区中、西部地区服务业的投资,在市场准入资格、准入程序、业务范围方面依法给予适当倾斜的政策。

6. 加快利用外资方式创新步伐

(1)继续把外商直接投资作为利用外资工作的重点,保持利用外商直接投资较大规模。继续积极吸引外商在全区新建企业,鼓励现有外商投资企业以利润再投资。发挥外商新建投资企业在转变经济增长方式、促进就业、技术进步等方面对区内经济的带动作用。

(2)加快推动民营企业与外资开展投资合作,促进提高全区民营经济总体水平和国际竞争力。积极引导外资以并购、股权投资、再投资、BOT、TOT、PPP、PFI等多种形式参与区内企业改组改造,积极探索盘活国有资产及基础设施建设的创新方式。除关系国家安全的重要领域和重点企业外,逐步放松对外方控股其他企业和领域的限制。

（3）充分利用国际资本市场融资平台，结合人民币和外汇资金的供给情况、汇率变动趋势和国际资本市场筹资的综合成本和风险，支持符合条件的企业和金融机构采取国际资本市场融资（IPO）、在境内发行外币债券、融资租赁、项目融资、贸易融资（含福费廷）、ABS融资等方式筹措资金。

（4）优化外资来源地结构，积极扩大具有先进技术和管理经验的欧盟、北美、日本等国家对全区的投资规模，力争使发达经济体在全区的投资比重有较大提高。积极鼓励中国香港、中国澳门地区加大对全区的投资力度，进一步加强和深化与中国香港、中国澳门的经济联系。重视吸引中国台湾地区投资，继续鼓励海外华商来全区投资。

7. 提高利用国外贷款的质量和效益

（1）优化国外优惠贷款投向，更加注重经济增长方式的转变，更加突出资源节约、环境保护、生态建设、新农村建设和城乡协调发展、区域协调发展。

（2）提高外国贷款的比重，重点支持交通设施建设、城市公共基础设施和环境保护建设、资源保护、生态建设，适当增加对教育、公共卫生建设、农村和城市饮水安全、社区服务等社会发展领域的支持。坚持向中东部地区倾斜，改善中东部地区的投资环境。

（3）积极、合理、高效地借用国外优惠贷款。保持借用国外优惠贷款的一定规模，兼顾使用国外贷款的社会效益和经济效益；注重吸收国际先进的技术、管理经验和知识理念，发挥贷款项目的示范和带动作用，提高贷款使用的质量和效益。

（4）适度扩大借用国际商业贷款规模。根据国内产业政策和结构调整优化的要求，贷款应用于引进先进技术和设备，重点支持新能源、低碳产业以及石化、化工、电子信息、先进制造业等行业发展；探索利用国外资金完善区内信用体制建设，提高担保公司的担保能力，改善民营企业的融资环境。

8. 加强对外债的宏观监测和全口径管理

针对外债管理口径调整以及政策性银行与商业银行分类管理制度和现代企业制度逐步建立的新形势，研究制定相关政策，有效控制外债总规模，使全区外债的偿债率、债务率等各项主要指标控制在国际公认的安全线内。注意保持外债合理的期限结构和币种结构。合理控制短期外债规模。完善外债监测预警体系，切实加强对外债的全口径管理，加强对汇率风险和其他外债风险的分析，提高防范外债风险的能力。

第四节 内蒙古利用外资的策略

一、制定有利于吸引跨国公司入驻内蒙古的宏观经济政策

针对目前内蒙古利用外资现状，吸引世界500强跨国公司来内蒙古落户是内蒙古利用外资战略选择的主要目标。跨国公司拥有巨额的资本、庞大的生产规模、先进的科学技术、全球化的经营战略、现代化的管理手段和世界性的营销网络，是国际生产活动的核心组织者，它已经成为世界市场上组织国际经济活动最重要的实体，全球最重要的工业和第三产业都已纳入跨国公司的一体化国际生产体系和服务网络体系，在全世界范围内的资源配置，提高东道国和投资国的国际竞争力和推动全球经济一体化等方面发挥了极其重要的作用。为此，结合自治区的地区经济发展实际，进一步优化外商投资结构。优化外资结构应重点放在吸引跨国公司投资上，要研究制定吸引跨国公司投资的政策措施，进一步开放区内市场；通过与跨国公司的合作，引进先进适用的技术和资金、管理经验、营销方式，并进入其国际生产、销售和服务网络；鼓励与跨国公司合作建立研究开发中心，增强技术转化和创新能力，推动区内企业与跨国公司的配套协作，带动相关企业和产业共同发展；在股权投资、进出口权、区内贸易以及金融服务领域开放方面借鉴国外的做法，鼓励设立控股公司，扩大金融服务业开放，允许外资收购兼并区内企业。

二、以转变经济增长方式为目标，合理引导外商的投向和结构

合理引导外商的投向和结构，要求从国民经济和社会发展的长远战略出发，把吸收的外商用于发展经济和社会最需要的地方，以优化产业结构，提高经济效益。因此，积极引导外商直接投资项目向新能源、大型装备机械制造、煤化工产业链延伸，向农畜产品深加工、硅产业、稀产业、生物工程等高科技领域倾斜；积极引导外

资企业发展低碳产业,充分利用欧美发达国家在面临实体经济衰退、市场需求严重不足形势下,在放松技术壁垒,较大幅度降低技术、设备产品价格的有利条件下,加大技术引进和技术合作的力度,促进全区科技和装备水平提高。

三、拓展外资进入渠道,创新使用外资方式

拓宽外资渠道,需积极寻求与引进项目相对应的外资方式,可提高招商引资效率。借鉴发达地区利用外资的成功经验,结合全区产业结构和资源优势,创新使用外资方式应遵循下列思路积极拓展:①积极拓展证券类利用外资。充分利用国际和国内两个资本市场,通过优势资源整合、收购兼并、资产重组等途径,创新使用股权投资、IPO、ABS、风险投资和集合债券方式等吸引战略投资者,组成产业战略联盟。②在自治区十大产业、培育新兴产业中,加大力度开展以合资、合作、独资为主的股份制类利用外资,尤其是在现代制造业和现代服务业,实施全方位对外开放战略。③在国际贸易和大型基础设施建设方面积极开展贸易融资和票据类利用外资,推动口岸经济和边境贸易的发展。④在产业结构调整、节能减排、盘活国有资产和降低产能过剩方面使用并购重组类利用外资。⑤加快口岸和边境地区的基础设施建设步伐,在保税、免税和进出口退税实施优惠政策下大力发展加工装配类利用外资,加快发展满洲里、二连浩特等沿边口岸城市"三来一补",推动沿边城市经济集聚区的发展。

四、深层次地改善投资环境,优化外商投资的地区结构

内蒙古自治区在经济基础、地理位置、交通、通信、服务设施、政策环境等方面与沿海地区相比还有相当大的差距,投资环境对外商缺乏足够的吸引力。当前,内蒙古的西部地区(主要是呼、包、鄂三地)凭借优良的投资环境吸引了90%以上的外资额,而东部地区由于投资环境改善的滞后性,仅吸引了不到10%的外资额。东部地区具有良好的资源优势(旅游和水资源十分丰富)和区位优势,南邻京津唐、东接东北老工业地区、西北接壤俄罗斯、蒙古国,具有良好的国内和国外消费市场,理应成为吸引外商投资的重点。因此,改善东部地区的投资环境,优化利用外资的地区结构是"十二五"时期全区投资环境改善的重点之一。为此,要加大宣传力度,推广内蒙古东部地区优势,坚持"五个围绕"抓招商:围绕资源优势抓招商、围绕企业抓招商、围绕项目抓招商、围绕政策抓招商和围绕优化环境抓招商。

五、加快实施区内企业与外商投资企业的战略型联盟，培育新兴产业

1. 积极引导国有企业与外资的合作

全区国有经济处在战略性改组的关键时期，加强对外资引导和内资企业的长期合作，推进其对全区国有经济和传统产业的改造，促进加工贸易中间投入品的进口替代，延长产业链条，加快对现有工业企业的带动作用。在国有企业的战略性改组中，鼓励区内企业以资产、技术、专利、品牌等为纽带与外资结成战略联盟，共同开辟国内、国外市场，达到企业发展的良性循环。同时，也为全区企业实施"走出去"战略奠定坚实基础。

2. 积极引导和鼓励民营企业与外资企业的合作

明确产业方向，从政策上加以引导外资更多地投向民营企业，使民营企业争取更多的外资，一方面可解决民营企业资金短缺的矛盾，加快其发展，同时可以提升全区民营企业的产业升级和科技创新；另一方面可加大全区利用外资的规模和范围，提升民营企业的战略地位，拓展民营企业的国际视野和加快全区家族型企业的管理体制创新，更好地为全区经济发展服务。

六、强化内蒙古利用外资的政府作用

国家对内蒙古利用外资给予了高度的重视，因此在保护生态环境的基础上，通过制定相应的市场准入规则、制定有利于内蒙古经济发展及产业结构优化升级的产业政策，不断强化产业升级和优化，才能实现内蒙古又快又好的发展，所以对整个利用外资及发展的过程来说，政府的作用至关重要。

1. 制定利用外资的鼓励性政策

一是中央财政应该通过加大利用外资等政策，支持中西部地区改善民生和促进基本公共服务均等化，优化承接国外产业转移的环境。二是鼓励和引导金融机构对符合条件的外资项目提供信贷支持。三是修订产业结构调整指导目录和政府核准投资项目目录，强化对外资的引导和支持。四是在坚持节约集约用地的前提下，进一步加大对中西部地区新增建设用地年度计划指标的支持力度，优先安排产

业园区建设用地指标。五是支持在条件成熟的地区设立与经济发展水平相适应的海关特殊监管区域或保税监管场所。六是大力发展跨区域产业技术创新联盟,促进中西部地区完善产业技术创新体系。

2. 深化利用外资的体制改革

完善政府管理与服务,提高行政效能,深化经济体制改革,推动区域合作向纵深发展,创新产业承接模式,探索建立合作发展、互利共赢新机制。一是深化行政管理和经济体制改革。加快转变政府职能,减少行政审批,简化办事程序,提高服务效率。推动相关行政许可跨区域互认,做好转移企业工商登记协调衔接;继续推进国有企业改革,大力发展非公有制经济,进一步放宽市场准入,扩大民间投资的领域和范围;发展和完善土地、资本、劳动力、技术等市场要素,促进生产要素优化配置;加快资源型产品价格和环保收费改革。二是创新园区管理模式和运行机制。鼓励通过委托管理、投资合作等多种形式与东部沿海地区合作共建产业园区,积极探索利用外资新模式,实现优势互补、互利共赢;支持中西部毗邻地区之间合作共建产业园区,创新管理体制和运行机制,实现资源整合、联动发展。三是加强区域互动合作。推动建立省际间产业转移统筹协调机制、重大承接项目促进服务机制等,引导和鼓励东部沿海地区产业有序转移;充分发挥行业协会、商会的桥梁和纽带作用,搭建产业转移促进平台;提升各类大型投资贸易会展活动的质量和水平;在条件较好的地方设立利用外资示范区,充分发挥其典型示范和辐射带动作用。

3. 统筹规划利用外资的国家级和地区级各类工业园区

加强规划统筹,促进承接产业集中布局,优化产业布局,引导转移产业向园区集中,促进产业园区规范化、集约化、特色化发展,增强重点地区产业集聚能力。一是引导外资项目向园区集中。二是统筹规划产业园区建设,合理确定产业定位和发展方向,形成布局优化、产业集聚、用地集约、特色明显的产业园区体系。支持符合条件的产业园区扩区升级。支持发展条件好的产业园区拓展综合服务功能,促进工业化与城镇化相融合。因地制宜发展特色产业园区,大力推进园区整合发展,避免盲目圈地布点和重复建设,防止一哄而起。三是按照推动形成主体功能区的要求,合理调整产业布局,在中、西部地区着力培育和壮大一批承载能力强、发展潜力大、经济实力雄厚的重点经济区(带),促进产业集聚发展,发挥规模效应,提高辐射带动能力。

4. 实施政策制定的组合配套管理措施

（1）财政政策方面，制定税费优惠政策及相关财政政策，通过设立利用外资专项资金，整合各类支持产业发展的专项资金，集中支持非资源型产业项目建设和重点行业投资引导；支持利用外资园区加强交通、通信、供水、供气、供电等配套基础设施建设，增强园区综合配套能力。

（2）金融政策方面，凡符合国家产业政策和环保要求，投资规模大且技术含量高的产业转移项目，各级政府均要会同本地区的金融机构通过会议联席机制和货币政策等加大贷款支持力度。积极鼓励内蒙古各类金融机构参与全国统一的同业拆借市场、票据市场、债券市场、外汇市场和黄金市场的投融资活动。鼓励和引导外资银行到内蒙古设立机构和开办业务。大力发展村镇银行、小额贷款公司等新型农村金融机构。支持符合条件的企业发行企业债券、中期票据、短期融资券、企业集合债券和上市融资。针对生态建设资金缺口巨大的现状，建议构建绿色金融支撑体系：①构建以中央和地方政府投入为政策引导的绿色财政体系。②构建以政策性银行和商业银行联动金融配给的绿色信贷体系。③构建以政府投资为基石、民间资本为主体的绿色投资体系。④构建以政府出资为引导、社会资本广泛参与的绿色基金体系。

（3）土地政策方面，重点在非资源型产业项目用地上，自治区各盟市在年度用地计划指标内加大倾斜力度。严格执行工业用地最低出让价标准，进一步完善体现国家产业政策导向的最低价标准实施政策。实施工业用地弹性出让和年租制度。

（4）电力政策方面，鼓励全区已建成投产但不能满发满送的火电机组和相对集中的风电场，采取股份合作等多种形式，与自治区达到规模化标准的优势特色产业及承接落地的重点加工项目联合重组，降低运营成本，提高企业核心竞争力。

（5）资源配置政策方面，加大资源配置政策实施力度，重点向符合国家产业政策和环保要求、投资规模大且技术含量高的深加工项目转移，优先向大型装备制造和高新技术产业化项目配置资源。

（6）企业重组政策方面，各级地方政府要组织上下游企业，围绕产业链条重构，进行联合重组，鼓励源头企业与深加工企业就地配套、就地协作，促进企业规模化发展。

（7）建立非资源型产业项目审批通道，提高审批效率。凡是国家限制以外的非资源型产业项目，除国家明确不允许下放审批权限外，其他由自治区发展和改革委员会、经济和信息化委员会审批的一律下放到盟市发展和改革委员会、经济和信息化委员会审批。属于自治区环保厅审批的项目环评，在园区规划环评下简化审批手续，优先配置污染物排放总量。

第四章

内蒙古对外经济合作

对外经济合作可以促进生产要素在国家之间的流动和重新组合配置，从而推动各国经济的发展。广义的对外经济合作是指一切跨国（境）的经济往来活动，包括外经、外贸、外资、援外等。对外经济合作的方式很多，包括对外直接投资、对外间接投资、对外技术转让和技术服务合作、对外工程承包和劳务合作、补偿贸易、加工和装配贸易、对外租赁合作等合作方式以及对外经济援助合作等诸多方式。本章研究的是内蒙古对外经济合作，主要包括对外直接投资、工程承包和劳务合作这三方面的内容。

第●节

内蒙古对外直接投资发展情况

总体来看，2005年以来，内蒙古发展对外合作更多表现在对外直接投资的发展。企业"走出去"的速度在加快，境外投资数量由少到多、投资规模由小到大、投资范围不断扩大，对外合作领域逐步拓展，对促进内蒙古经济和对外关系发展的作用日益增强。通过"走出去"，在境外形成了若干矿产资源生产基地，获得了国民经济和社会发展所需的矿产资源和木材，对缓解资源短缺矛盾、推动产业结构调整、扩大出口、增加就业以及增进对外友好合作关系等方面的作用日益明显。

进入21世纪以来，内蒙古对外直接投资进入了一个全新阶段。2005～2011年，内蒙古实际对外直接投资年均增长速度为31.7%，2011年实际投资流量11375万美元，占全国当年对外投资额的0.19%。内蒙古对外直接投资呈以下发展特点：

一、投资规模不断扩大

2005～2011年，内蒙古"走出去"企业的当年境外投资额，由5958万美元增加到225870万美元（内蒙古当年境外投资规模以中方协议投资为主进行，以下相同，特此说明）年均增速达到83.3%，七年境外累计投资额为366482万美元；平均每个项目投资额由398.73万美元提高到8418.17万美元（见表4-1）。2011年，单个项目的最大投资额是鄂尔多斯鸿骏投资公司在柬埔寨投资的CIIDG鄂尔多斯鸿骏铝业有限公司，主要业务是铝业的开发建设、生产运营及铝产品的供应销售物流配送，投资额高达157235万美元。

表4-1 2005～2011年内蒙古对外直接投资统计 单位：万美元

年份	中方协议投资额	单个项目平均协议投资
2005	5958	398.73
2006	10674	570.17

续表

年份	中方协议投资额	单个项目平均协议投资
2007	6704	357.55
2008	17603	1053.95
2009	57996	3102.11
2010	41677	2468.08
2011	225870	8418.17
合计	366482	2411.07
年均增长(%)	83.3	66.2

资料来源：内蒙古商务厅外经处。

二、投资经营主体多元化

2005～2011年，新增"走出去"的企业数量由每年15家增加到30家（见图4-1），年均增速达到12.2%。既有包头钢铁集团有限责任公司、内蒙古鲁能能源重化工投资有限公司、内蒙古广电公司呼伦贝尔分公司、呼铁对外经济技术合作集团有限公司、内蒙古地质矿产勘查有限责任公司、内蒙古地矿科技有限责任公司等国有企业，也有较多的民营企业；既有鄂尔多斯羊绒集团、蒙牛乳业集团公司、内蒙古伊利实业股份有限公司、内蒙古蒙西水泥股份有限公司、内蒙古庆华集团、亿利资源集团有限公司、内蒙古伊泰集团有限公司、内蒙古鹿王羊绒有限公司等内蒙古知名的大中型企业，也有不少中小型企业。

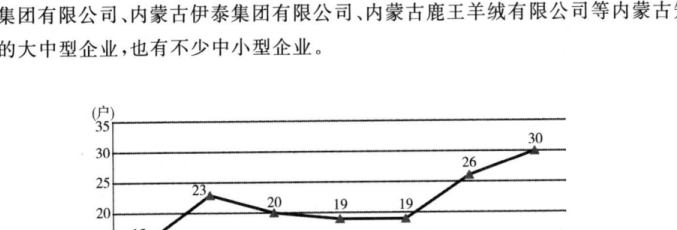

图4-1 2005～2011年内蒙古每年新增"走出去"企业数量

资料来源：内蒙古商务厅外经处。

三、以周边国家和地区为主，投资市场多元化

从内蒙古企业在境外投资国家和地区情况看，2005～2011年，内蒙古"走出去"的企业在境外投资的152个项目分布在27个国家和地区，但主要集中在蒙古国、俄罗斯和中国香港三个国家和地区，三地分别占内蒙古对外投资项目总数的37.2%、26.7%和9.3%，三地项目数占总项目数的73.3%。2005年以来，内蒙古伊泰、伊利、蒙牛、鄂尔多斯等大型企业在中国香港设立了投资公司和国际贸易中心，投资项目达16个（排第四位），总投资额达到70174.1万美元（排第二位）。2010年以来，柬埔寨成为内蒙古第一大境外投资国家，中方投资额达到19.4亿美元，占内蒙古对外投资总额的一半以上，实力较强的鄂尔多斯集团、鹿王集团等企业看重的是柬埔寨较低的劳动力成本，较大的电力、港口等基础设施建设需求和较好的投资条件。

四、以矿产资源开发为主，投资领域多元化

从内蒙古企业在境外开发资源、投资经营情况看，2005～2011年，内蒙古"走出去"的企业在境外投资领域以矿产资源勘探开发为主，同时还包括森林采伐和原木加工、建筑工程承包、电力生产经营、建材生产经营、餐饮、种植业和养殖业、农畜产品加工业、商贸服务、生产经营服务、投资管理以及信息传媒服务等较多领域。其中，矿产资源开发项目53个，分布在13个国家和地区，占对外投资项目的1/3；其中又以蒙古国的煤炭、铜铁锌矿勘探、开发为主，在蒙古国开发矿产资源的项目达36个，占境外矿产资源开发项目的68%，占对蒙古国投资项目的58%。森林采伐、原木加工、木制品及家具制造等项目全部集中在俄罗斯，项目总数为16个，占对外投资项目的10%，占对俄罗斯投资项目的44%。

境外开发的煤炭资源主要通过策克和甘其毛都口岸进口，铁矿石、原木等资源主要通过满洲里和二连浩特口岸进口。2011年，内蒙古进口煤炭2070万吨，其中甘其毛都口岸进口1023.5万吨，策克口岸进口1016万吨。2011年，二连浩特口岸铁矿石进口数量达到457.10万吨，同比增长39.80%。2011年，满洲里口岸进口原木714.1万立方米，同比增长14.9%；进口值10.2亿美元，增长29.4%。原木全部来自俄罗斯，以边境小额贸易方式进口为主，占同期口岸进口原木总量的96.8%。私营企业是进口主体，占进口总量的98.2%。在2011年中国木材与木制品行业年会上，满洲里口岸荣获"中国10强进口木材口岸"殊荣。2011年，矿粉进口完成511.9万吨，同比增长115.7%。资源开发与进口，不仅缓解了内蒙古发展中资源短缺问题，并且有力支持了国家的经济社会发展。

五、形成以呼包鄂和呼伦贝尔市为依托的主要境外投资来源地

2005～2011年，内蒙古境外投资规模排前四位的盟市依次是：鄂尔多斯市、呼伦贝尔市、呼和浩特市和包头市，其中鄂尔多斯市的境外投资总额达到257638.6万美元，占内蒙古全部境外投资额的69.5%，以鄂尔多斯鸿俊投资有限公司在柬埔寨的铝业、电力和房地产项目为主，三个项目的投资占鄂尔多斯市境外投资总额的70%以上。呼伦贝尔市境外投资总额为41375万美元，占内蒙古全部境外投资额的11.2%。其中，对俄罗斯的投资额达到32095.6万美元，占内蒙古对俄罗斯投资32126.74万美元的99.9%；而满洲里市对俄罗斯投资占内蒙古对俄罗斯投资总额的51.3%。呼和浩特市和包头市境外投资总额分别为20786万美元和11556万美元，分别占内蒙古全部境外投资额的5.6%和3.1%。

从各盟市境外投资企业数量看，2005～2011年，境外投资企业数量排前四位的盟市依次是：呼伦贝尔市、包头市、呼和浩特市和鄂尔多斯市，四个城市境外投资企业数占内蒙古境外投资企业总数的76.2%。从四个城市的具体情况看，呼伦贝尔市境外投资企业33户，占内蒙古全部境外投资企业的21.7%，占内蒙古对俄罗斯投资企业的78.1%；其中满洲里市的对俄罗斯投资企业26户，占内蒙古对俄罗斯投资企业的61.7%。包头市、呼和浩特市和鄂尔多斯市的境外投资企业数分别为33户、31户和24户，分别占内蒙古全部境外投资企业的21.7%、20.4%和15.8%。

内蒙古各盟市对外投资企业的多少、在境外投资规模的大小，既取决于各盟市有无边境线和口岸城市等向北开放的天然条件，更取决于各盟市的经济实力、发展程度和企业实力，也取决于盟市决策层的发展理念。对外开放是国家的基本战略，是全方位、多领域的。各地都应结合实际，不断扩大对外开放。

第二节

内蒙古对外工程承包和劳务合作发展情况

一、对外承包工程和设计咨询

2005～2011年，内蒙古对外承包工程合同额为31057万美元，完成营业额353

万美元，分别占全国当年对外承包工程合同额和营业额的0.2%和0.003%；2005～2011年，累计派出劳务人员27820人，占全国同期累计派出劳务人数的0.16%。

截至2011年底，内蒙古具有境外工程承包资质的企业56户，分布在八个盟市，其中呼伦贝尔市23户（包括满洲里市14户）、呼和浩特市13户、锡林郭勒盟6户（包括二连浩特市5户）、包头市6户、鄂尔多斯市3户、巴彦淖尔市2户、赤峰市和阿拉善盟各1户。可见，两个重要的沿边开放城市（19户）以及呼和浩特和包头市是内蒙古境外承包工程的主要地区，其有资质企业达到38户，占全区总数的68%。

2005～2011年，内蒙古签订对外承包工程和设计咨询合同43份，完成营业额22675万美元，外派劳务8308人。平均每年签订合同数量只有6份，平均每年派出劳务人员1187人，平均每个合同派出劳务人员193人，营业额为527万美元（见表4-2）。

表4-2 内蒙古对外承包工程与设计咨询业务发展情况

年份	合同数（份）	新签合同额（万美元）	完成营业额（万美元）	外派劳务（人）
2005	8	4613	1986	1421
2006	15	13595	4177	2482
2007	3	13645	5057	555
2008	9	5233	4481	2242
2009	2	701	3126	375
2010	3	681	3495	677
2011	3	31057	353	556
总计	43	69525	22675	8308
年平均数	6	9932	3239	1187

资料来源：内蒙古商务厅外经处。

二、对外劳务合作

截至2011年底，内蒙古具有境外劳务合作资质的企业14户，分布在全区五个盟市，其中呼伦贝尔市9户（包括满洲里市8户）、锡林郭勒盟二连浩特市2户、呼和浩特市、赤峰市和通辽市各1户。两个重要的沿边开放城市是内蒙古境外劳务

第四章 内蒙古对外经济合作

合作的主要地区,其有资质企业达到10户,占全区总数的71.4%。

2005~2011年,签订劳务输出合同487份,完成营业额15723.6万美元,外派劳务27847人。每年平均签订合同70份,平均每个合同完成营业额32.3万美元,平均每个合同外派劳务57人,平均每年外派劳务3978人(见表4-3)。

表4-3 2005~2011年内蒙古对外劳务合作业务统计

年份	合同数(份)	新签合同额(万美元)	完成营业额(万美元)	外派劳务(人)
2005	83	13404	4114	5479
2006	94	6205	2533	4868
2007	6	8486	2975	6811
2008	1	12999	2629	7657
2009	39	3188	1650	1761
2010	16	1675	1016	408
2011	18	1412	806.6	863
总计	487	47369	15723.6	27847
年平均数	69.6	6767.0	2246.2	3978

资料来源:内蒙古商务厅外经处。

由表4-3可以看出,2009年以来内蒙古对外承包工程业务和对外劳务业务明显下降,其原因主要在于:①内蒙古的企业实力和规模较小,很难承揽到大的工程项目。②内蒙古对外劳务业务主要在俄罗斯和蒙古国,两国对外来劳务政策多变,加大了劳务输出成本,影响了内蒙古的劳务输出发展。如蒙古国规定本国劳动力就业与外来劳务比例为1:9,而蒙古国劳动者的劳动技能和劳动态度很难满足工程建设需要。如果企业用工比例达不到1:9的要求,使用外来劳务比例上升,则按每增加一个外来劳动力,收取2万~3万元/人/年占岗费;俄罗斯则规定本国与外来劳务比例为3:7,而且对外来劳务要求办理劳务许可证,审批周期长。③劳务人员的劳务培训证办理在主要的劳务输出地区没有发证机关,都要到内蒙古商务厅办理,劳务手续办理时间长、手续烦琐,也影响了劳务合作业务的开展。除此之外,2008年以来,世界经济危机的爆发,更多国家着重自身实体经济,尤其是制造业的发展,增加本国的劳动就业。

第三节

内蒙古对外经济合作存在的问题

尽管内蒙古对外经济合作能力得到一定提高，即企业开拓境外市场的能力得到一定提高，但外向型发展还不够成熟，自主"走出去"的能力还比较弱。仍然存在一些问题和困难，主要表现在以下几个方面。

一、缺少跨国经营理念和发展战略，"走出去"具有短期性和盲目性

"走出去"是企业积极应对经济全球化、参与国际竞争、抢占国际市场的战略性举措。内蒙古现有"走出去"的民营中小企业大多没有企业发展战略，对境外投资是企业自身发展的需要没有深刻认识。再加上对境外直接投资和跨国经营缺乏基础性理论和跟踪性研究，对自身优势和竞争对手缺乏比较性研究，许多"走出去"具有短期性和盲目性。由于投资规模小，分散度高，与国内经营项目缺乏产业链的合理整合，对当地市场活动适用的法律、制度及习惯知道的不多，甚至连短期经营都难以维持下去。

二、信息不对称，政策不到位

主要是"走出去"企业对投资目标国的政治、经济、文化等综合国情了解不深，对国际市场情况、国际惯例，东道国的政治、经济、法律、文化、风俗等缺乏深度了解。绝大多数的企业无从获得到海外直接投资的各种信息，无法得到政府和社会中介机构提供的法律、政策、信息、技术等方面的服务。信息不对称，而服务又缺位，这就使企业境外投资从一起步就产生了很多的不确定性，这种盲目性增加了境外投资的风险性。

此外，现行的商务和财政部门的扶持政策措施很好，但由于申请手续繁杂、要求企业按国内账户申报，成为对外直接投资难以通过的"瓶颈"。还有政府对外投

资项目的审批，由于程序繁杂，有的项目地方无审批权，或审批额度小，使许多对外直接投资的项目无法实施。除此之外，对海外生产型企业的资金、税收、外汇、关税和产品返销等方面，也缺乏相应的扶持政策。

三、投资规模小，企业自身实力不够，抗风险能力差

2003～2011年，内蒙古境外投资平均规模是2180万美元，而投资在蒙古国的项目平均也只有563万美元，这基本说明企业在进行对蒙古国投资时是比较谨慎的。由于蒙古国政策的不稳定性，以矿产勘探开发为主的内蒙古企业，在取得探矿权证的前提条件下，探矿权证使用期限受政策不稳定的影响和获得采矿权证的不确定性都影响企业的长期经营，担心现有的投资会"打水漂"，既无法消化和分摊经营性费用，也不可能积累发展资金，更不能应对国际市场的变化，严重制约了企业的业务发展和拓展市场的能力，在激烈的国际竞争中处于极为不利的地位。而不少海外企业国内投资主体（母公司），由于经济、技术、管理能力不足，难以形成对海外子公司的强大支持，海外企业在投资流入国政治经济形势发生突变或国际市场发生重大变化时，很难依靠母公司有效地抗击市场风险和风波，从容应对突发事件。

而且，刚开始境外投资的企业几乎不可能获得国外的贷款，而企业从国内银行获得境外投资项目的资金借贷难度又较大，企业在国外项目缺乏银行的信用额度支持，持续经营会面临很多困难。

四、企业经营机制不灵活，对国外环境的适应性差

许多到海外发展的企业，习惯了国内政府和管理部门的既有经营管理模式，总想用国内的习惯和做法要求东道国的企业和政府，不能很好地融入东道国的法律制度和文化、风俗习惯。因此，出现生产经营等与当地法律或者习惯做法相抵触，既不能实现企业本地化，也得不到当地法律保护，造成了投资沉淀以及资源配置的浪费。

五、缺乏适应国际竞争的经营者人才

能够适应国际竞争的经营者人才比国内企业的经营者人才更为缺乏。主要是缺乏复合型人才。对外直接投资项目的经营者应是综合政治、语言、专业知识、谈判、商务、当地法律、财务税收、驾车等各方面能力的复合型人才。还有就是难以留

住人才。国外跨国公司除正常待遇外，通常给予境外企业员工期股或者购买认购证的权力，特别是对管理人员在经营上充分信任，并制订向境外员工提供终身培训、职位晋升、授权参与管理等一整套计划。中国境外企业大多数外派人员待遇没有属地化，且又不实施国际通行做法，缺少动力机制，难以留住人才。

六、已有的境外投资行业和内蒙古优势产业关联度较差

对外投资更多集中在能源勘探开发、农畜产品加工业和餐饮业所占比重较高，而化工、装备制造和高新技术产业很少，并未能很好地反映内蒙古的优势行业和企业。

七、我国驻外使领馆对民营企业"走出去"的指导和支持力度不够

不少我国驻外使领馆只受理国有企业，对民营企业置之不理。内蒙古的民营企业反映，审批材料中要求提供驻外使（领）馆的意见，而中小民营企业进行境外投资，得到驻外使（领）馆的认可意见难度相当大。不少民营企业感到在境外是孤军奋战。

第四节

内蒙古促进对外经济合作发展的政策建议

由于问题主要是针对对外投资提出的，因此这里也主要对内蒙古企业对外投资（"走出去"）提出具体的政策建议。

一、要制定出鼓励和支持企业"走出去"的宏观政策，加强对企业境外投资的政策指导

面对世界新的发展趋势和竞争格局，我国政府必须尽早对企业"走出去"、开展境外投资做出总体战略规划，并将其列入国民经济中长期发展规划。规划的内容主要应包括对外投资总规模、行业定位、区域选择、投资主体、投资结构、融资战略、最小进入规模和可以享受的优惠政策等。要确定对外直接投资的重点产业、行业和企业，确

定"走出去"的重点国家和地区,确定"走出去"的部署、方法和措施。此外,加强服务、协调和整合,主动为企业提供投资东道国相关的政策法规、资源分布市场风险等情况的咨询服务,同时要加大对境外投资相关管理和扶持政策的宣传力度,理顺政府与企业之间的信息沟通渠道,使企业能够及时了解并帮助企业用好相关政策。

在结构导向上,要鼓励境外带料加工项目,根据带料加工项目投资额给予一定比例的配套资金,以满足企业实物投资的配套现金需求。要支持设立境外开发资源项目以及建立研发中心等科技含量较高的项目的支持。对一些在境外发展较好的,有收购、兼并国外企业要求,外汇资金需求比较大的企业也要重点给予支持。

二、明确、培育和发展对外直接投资主体

政府应积极鼓励、引导企业有序地"走出去"。企业则应根据实际情况按"分类发展"的原则对自身进行梳理:①对已经"走出去"的企业,要着重做好巩固、发展和适度调整工作。对已经"站住脚"并具有优势和比较优势的企业,要理顺体制,转换机制,重在发展;对尚未完全"站住脚"但具有潜在优势的企业,应找准路子,重在站稳;对处于劣势的企业,要区别情况,进行针对性调整,果断关闭和出售那些无市场、无效益、无信誉的企业。同时,加快国有投资海外企业的改革。②对即将"走出去"的企业,要着重做好导向性工作。在对外直接投资规模上,以中等规模为主,但有条件的要保持一定的规模优势,使之具有生产递增收益和市场规模效应;在对外直接投资流向上,以发展中国家为主,但必须在重点发展行业倡导向发达国家的流动,使之更能较快地获得先进技术和发展市场;在对外直接投资的股权安排上,以合资为主,但对确实拥有专有技术、专利技术和技术诀窍的企业,应尽可能采用独资经营方式,具有一定经济实力的跨国公司也应采取独资或多控股的股权形式。

三、应选择好企业对外直接投资的市场路径

企业对外直接投资时,在市场选择(即区位选择)方面,除了考虑制度成本等因素外,还应重视、把握、选择好路径问题:①正确处理贸易和投资的关系。对目前产品在当地市场份额较小且需要提供维修服务的产品,应选择贸易一维修一投资分步发展的模式;对目前产品在当地市场已有相当份额且需要提供维修服务的产品,应选择组装一销售一维修同步进行的模式;对维修需求较低或基本上没有维修要求的产品,应选择"贸易先行,投资生根"的模式。②正确处理产品和市场的关系。

对市场壁垒度较低且适应性集中的，应选择投资所在地市场为目标；对市场壁垒度较低且扩散性较强的，应选择投资所在国市场为目标；对产品配额有限制，而且第三国市场对特定产品输出国不设限制或限制很少的，应选择投资生产转向以第三国为目标。在投资区域上，企业应形成定位正确、分布合理、重点突出的多元化市场布局。企业投资的区域选择是企业"往哪儿走"的问题。"走出去"的主要目的是为了更好地利用国外市场和国外资源。因此，从理论上说，凡有市场、有资源的国家和地区都可以作为投资区域。③正确处理投资和研发技术的关系。对发达国家和地区的直接投资，要根据投资的目的，采取不同的方法，对以获得先进技术和缩短高新技术产业化距离为目的的，应以设立研发中心为主体；对以选择发达国家不愿涉及或难以涉及的生产领域，市场规模相对较小、技术水平要求不太高的投资领域，最大限度地避免同发达国家的大型跨国公司直接较量的风险；对以开发有利可图市场为目的的，应以设立加工型企业为主体。

四、提高规避风险的能力

企业对外直接投资必须从积极研究世界经济形势，适应流入国的政局、政策和加强内部管理等几个方面提高企业的市场竞争和抵御风险能力。第一，国家风险和地区风险。国家风险主要包括政治风险、经济风险和商务风险。在防范这些风险时，应当区别对外直接投资流入国的不同情况采取不同的措施。对政局稳定、支付能力强且信誉好的，应集聚优势，精心组织，全力开拓；对政局相对稳定，但对外政策因外国势力影响有较大变数倾向的，应冷静分析，密切观察，做好应变准备；对政局不稳、内忧外患且投资风险较大的，应谨慎行为，果断决策，努力减少损失。第二，市场竞争风险。主要是市场准入和限制。我国企业进入对外直接投资流入国市场，广泛存在各种程度不同的壁垒。要对当地市场进行认真的调查研究，对对外直接投资流入国的市场化程度、市场交易办法、市场发展潜力、市场饱和情况和市场消费（购买）力等方面进行较为详尽的调研，以制订合理的市场策略。第三，内部风险。防范内部风险，需要做到：①企业要有能够确定进入和退出市场的能力，企业要根据自身优势的变化情况，国际投资的变动情况以及国际市场的变化情况，确定短期、中期和长期投资战略，并选择适当时机进入与退出；②要切实加强内部管理，畅通信息渠道，重点是在制度管理、资金管理、合同管理、市场管理和人员管理上加大力度；③要做好投资前的可行性研究，选好投资领域和目标市场；④要认真做好预警预报工作。

五、建立与对外直接投资相适应的人才市场机制

加快对境外直接投资复合型人才的培养。政府与企业要双管齐下，要着重培养懂得世界贸易组织规则、熟悉国际金融和国际商法，善于经营管理、精通法律和财会知识，熟练运用外语（包括当地国语言）、有创新精神和谈判能力以及业务专长的人才资源。在国内可以通过委托大专院校定向培训、到人才市场招聘等各种途径，加快建立适应对外直接投资需要的专业人才队伍。通过招聘、契约等方法，网罗当地的高素质人才为我所用，并借此建立企业当地化的标志。同时，还可根据"海外企业人员本土化"的要求，充分利用当地国的。做好国有及国有控股公司境外企业主要经营者的选拔使用。

六、按照国际惯例完善对外投资服务体系

对外投资服务体系可分为三个层面：①有政府背景的办事机构。即由半政府性质的协会、商会等非营利性机构出面，在主要国家和地区设立办事机构。其主要功能是与所在国政府部门保持密切联系，收集所在国的法律法规、政府规章、重大政策及相关社会各类信息，并及时反馈给国内企业和对外投资企业，铺设企业与所在国政府机构沟通的桥梁。②由对外投资企业与相关单位出资建立、共同持股的经营性机构。如对外投资服务中心主要为企业的对外投资项目提供资金、信息、咨询以及产前、销售等方面的支持和服务。当前，要尽快构建对外投资的信息系统，政府要加大投入和给予一定的补贴。对外投资服务中心、信息中心等机构要向国内企业推荐合适的合作伙伴。③我国政府应当积极地同有关国家商谈并签订投资保护协议。签订投资保护协议的目的在于保护我国对外投资者，使其免受因为发生战争和汇款限制等非常风险而带来的损失，促进缔约国之间互利的投资合作。投资保护协定的主要内容包括：保障我国投资者与投资对象国企业享受同等待遇（国民待遇）、最惠国待遇，禁止对我国投资者采取国有化及没收措施，赔偿因发生战争、政变、暴动等突发事件而造成的损失，保护投资本息和利润自由汇出，规定有关发生投资争端的解决程序等。

此外，各级政府及有关经济管理部门还要搭建境外投资有效平台，为企业跨境发展提供保障，并通过境内外区域合作、商贸洽谈等形式为"走出去"的企业提供支持和帮助。要积极帮助企业解决好境外税务纠纷，从法律方面给予必要的援助。

第五章

内蒙古口岸经济

随着国家西部大开发战略的深入实施和沿边开放政策的进一步落实，内蒙古在国务院《关于进一步促进内蒙古经济社会又好又快发展的若干意见》指导下，对外开放的规模进一步扩大，口岸经济在经济和社会发展中的地位和作用日益凸显。"十二五"时期，是全区进一步扩大口岸开放，完善口岸功能，全面提升口岸的综合能力和服务水平，发展口岸经济的关键时期。加快口岸经济的发展，将极大地带动整个地区经济社会的跨越发展。

第一节 口岸及口岸经济概述

一、口岸相关概念

（一）口岸

口岸最初叫"对外通商的港埠"，是由国家指定的对外通商的沿海港口。现在，口岸已不仅仅是经济贸易往来（即通商）的商埠，还包括政治、外交、科技、文化、旅游和移民等方面的往来港口；口岸也不仅仅指设在沿海的港口。随着陆、空交通运输的发展，对外贸易的货物、进出境人员及其行李物品、邮件包裹等，可以通过铁路、公路和航空直达一国腹地。因此，在开展国际联运、国际航空邮包邮件交换业务以及其他有外贸、边贸的地方，国家也设置了口岸。简单地说，口岸是由国家指定的对外往来的门户，用于办理人员、交通运输工具、货物及其他物品出入境手续的特定地域。从某种程度上说，它是一种特殊的国际物流节点。

（二）口岸的分类

1. 按批准开放的权限划分

按批准开放的权限划分，可将口岸分为一类口岸和二类口岸。

一类口岸是指国务院批准开放的口岸（包括中央管理的口岸和由省、自治区、直辖市管理的部分口岸）。二类口岸是指由省级人民政府批准开放并管理的口岸。

2. 按出入境的交通运输方式划分

按出入境的交通运输方式划分，可将口岸分为港口口岸、陆地口岸和航空口岸。港口口岸是国家在江河湖海沿岸开设的供货物和人员进出国境及船舶往来挂靠的通道。陆地口岸是国家在陆地上开设的供货物和人员进出国境及陆上交通工具停站的通道。航空口岸是国家在开辟有国际航线的机场上开设的供货物和人员进出国境及航空器起降的通道。

3. 按是否允许第三国（地区）出入境划分

按是否允许第三国（地区）出入境划分，可分为双边性口岸和国际性口岸。

双边性口岸指仅允许边境两国双方人员、交通运输工具、货物及其他物品出入境的口岸。国际性口岸指允许边境两国双方人员、第三国（地区）人员、交通运输工具、货物及其他物品出入境的口岸。

（三）口岸的基本功能

口岸是国家批准外籍人员、货物、交通运输工具和国际包裹出入国境的国际航空机场、国（边）境的水运港口、国际（公、铁）路车站、孔道，也是国家发展对外贸易、技术合作、文化交流、旅游事业的通道。同时，口岸也是国民经济的重要基础设施，口岸是对外开放的窗口，也是对外交往的门户。

（1）口岸的开通使人员和货物能便利地出入境，从而使国内国际经贸市场能够直接地衔接起来，使投资环境得到进一步完善，对于吸引和使用外资、发展外向型经济、增强经济发展后劲，具有不可估量的作用。

（2）开放的内陆口岸不仅降低了外贸货物的运转成本，提高了商品资金的周转率，并且促进了该地区对外经贸的发展，为地方财政增收带来稳定的税源。

（3）口岸不仅促进交通运输业的发展，并且可以带动新兴产业、相关产业发展，为该地区培育新的经济增长点，最终形成口岸经济区。

二、口岸经济

口岸经济是以口岸为核心、直接或间接依托口岸而存在和发展的跨行业、跨地域、多层次的复合型经济，具有涉外性、关联性、牵动性、层次性四个方面的特点。口岸经济的发展，将极大地带动整个地区经济社会的跨越发展。口岸经济构成要素包括口岸的基础设施建设、口岸进出境货运量、进出口贸易、经济技术合作、开发和利用周边国家的资源、国际旅游业、物流业、服务业、外向型农牧业、加工业等。

口岸与口岸经济是一个相互促进的统一体。口岸是口岸经济赖以生存和发展的基础；通过口岸而形成的人流、物流、信息流和资金流是口岸经济产生、发展和壮大的基本条件；口岸经济发展会推进口岸开放程度和功能的提高。

第二节 内蒙古口岸设置情况

一、总体情况

内蒙古自治区位于我国北部，有4261公里的边境线，与俄罗斯、蒙古国接壤。作为我国向北开放的重要桥头堡，内蒙古在对蒙古国、对俄罗斯经贸关系中发挥着重要作用。内蒙古现有19个陆路空港口岸（已开放口岸16个）。其中铁路口岸2个，分别是满洲里、二连浩特；公路口岸13个，分别是满洲里、二连浩特、甘其毛都、策克、珠恩嘎达布其、阿尔山、额布都格、二卡（未开放）、阿日哈沙特、黑山头、室韦、满都拉、巴格毛都（未开放）；航空口岸3个，分别是呼和浩特、满洲里、呼伦贝尔（海拉尔）航空口岸；水运口岸1个，胡列也吐口岸（未开放）。除3个航空口岸外，16个边境口岸中对俄罗斯边境口岸6个，对蒙古国边境口岸10个。其中满洲里和二连浩特分别是我国对俄罗斯、对蒙古国最大的陆路口岸，是我国向北开放的重要门户，众多口岸也是连接欧亚大陆桥的重要交通枢纽和关键节点。

20世纪90年代以来，随着中蒙、中俄经贸关系正常化以及内蒙古各口岸的相继开放，为中蒙、中俄货运及客运提供了便利。2011年进出境货运量突破6000万吨，达到6172.8万吨，与1996年相比，货运量增加了约14倍。2011年进出境的客运量达到447.2万人次，与1996年相比，客运量增加了约4倍。2011年，满洲里、二连浩特、策克、甘其毛都四大口岸全年完成过货量合计5791.5万吨，占全区进出境货运总量的94%。其他口岸的进出境货运量虽然数量小，但均比2010年有较大幅度增长。从整体来看，内蒙古形成了以满洲里和二连浩特口岸为龙头，以策克、甘其毛都口岸为主干，其他口岸为补充，立体、全方位的向北开放口岸体系，为发展口岸经济奠定了基本框架。但由于长期以来受观念、体制和人事等因素的影响，口岸整体发展水平还很低，口岸基础设施建设资金缺口大，口岸管理的信息化和电子化程度不高，大部分口岸还停留在过货通道的水平上，体现口岸特色的产业体系还没有完全构筑起来,制约了口岸经济的发展。

二、内蒙古与蒙古国边境口岸设置情况

中蒙两国边界线长4676公里,根据中蒙双方政府2004年9月28日签署生效的《中华人民共和国政府和蒙古国政府关于中蒙边境口岸及其管理制度的协定》,双方商定在中蒙边境地区开放了二连浩特等12个边境口岸。目前,中蒙共有18个(包括北京、呼和浩特、海拉尔三个航空港,二连浩特公路、铁路两个口岸)口岸。内蒙古与蒙古国边境线长约3210公里,共有10个边境口岸。巴格毛都(未开放)策克、甘其毛都、满都拉、二连浩特、珠恩嘎达布其、额布都格、阿日哈沙特公路为一类口岸,阿尔山为二类口岸(见表5-1)。

表5-1 内蒙古与蒙古国边境口岸位置、类型

序号	口岸	位置	类型
1	策克一西伯库伦	位于中蒙边界572号界标附近。中方一侧为内蒙古阿拉善盟额济纳旗,蒙方一侧为南戈壁省古尔班特斯县	双边性常年开放口岸
2	甘其毛都一嘎舒苏海图	位于中蒙边界703号界标附近。中方一侧为内蒙古巴彦淖尔市乌拉特中旗,蒙方一侧为南戈壁省汗博格德县	双边性常年开放口岸
3	满都拉一杭吉	位于中蒙边界757号界标附近。中方一侧为内蒙古包头市达尔罕茂明安联合旗,蒙方一侧为东戈壁省哈腾布拉格县	双边性季节开放口岸
4	二连浩特(铁路)一扎门乌德(铁路)	位于中蒙边界815号界标附近,中方一侧为内蒙古二连浩特市,蒙方一侧为东戈壁省扎门乌德县	国际性常年开放口岸
5	二连浩特(公路)一扎门乌德(公路)	位于中蒙边界815号界标附近,中方一侧为内蒙古二连浩特市,蒙方一侧为东戈壁省扎门乌德县	国际性常年开放口岸
6	珠恩嘎达布其一毕其格图	位于中蒙边界1046号界标附近。中方一侧为内蒙古锡林郭勒盟东乌珠穆沁旗,蒙方一侧为苏赫巴托省额尔登查冈县	国际性常年公路开放口岸

续表

序号	口岸	位置	类型
7	阿尔山一松贝尔	位于中蒙边界1382/1(双立)界标附近。中方一侧为内蒙古兴安盟阿尔山市,蒙方一侧为东方省哈拉哈高勒县	国际性季节公路开放口岸
8	额布都格一巴彦呼舒	位于中蒙边界1423/1(双立)界标附近。中方一侧为内蒙古呼伦贝尔市新巴尔虎左旗,蒙方一侧为东方省哈拉哈高勒县	双边性季节公路开放口岸
9	阿日哈沙特一哈毕日嘎	位于中蒙边界1495号界标附近。中方一侧为内蒙古呼伦贝尔市新巴尔虎右旗,蒙方一侧为东方省乔巴山县	双边性季节公路开放口岸
10	巴格毛都一布东毛都	位于中蒙边境679界标附近。中方一侧为内蒙古巴彦淖尔市乌拉特后旗,蒙方一侧为南戈壁省	未开放

资料来源:根据内蒙古商务厅口岸办资料整理而得。

三、内蒙古与俄罗斯边境口岸设置情况

中俄两国边界线长约4370公里,其中东段边界长约4320公里,西段长约54公里。目前西段还没有开通对俄口岸,所以中俄边境地区是指中国内蒙古自治区东部、黑龙江省、吉林省和俄罗斯东西伯利亚与远东地区,共开放21对口岸。内蒙古与俄罗斯边界线长约1051公里(水界900多公里、陆界110多公里),有边境口岸6个(2个未开放),满洲里(铁路、公路)、黑山头、室韦为一类口岸,胡列也吐、二卡为二类口岸(见表5-2)。

表5-2 内蒙古与俄罗斯边境口岸位置、类型

序号	口岸	位置	类型
1	满洲里(铁路)一后贝加尔斯克(铁路)	位于中俄41号界标附近。中方一侧为内蒙古满洲里市,俄方一侧为俄罗斯联邦赤塔州后贝加尔斯克区后贝加尔斯克市	国际性常年开放口岸

续表

序号	口岸	位置	类型
2	满洲里（公路）一后贝加尔斯克（公路）	位于中俄42号界标附近。中方一侧为内蒙古满洲里市，俄方一侧为俄罗斯联邦赤塔州后贝加尔斯克区后贝加尔斯克市	国际性常年开放口岸
3	二卡一阿巴该图	位于中俄67号界标附近。中方一侧为内蒙古满洲里市二卡，俄方一侧为俄罗斯联邦赤塔州后贝加尔斯克区阿巴该图	双边性公路口岸（未开放）
4	黑山头一旧粗鲁海图	位于中俄91/1（双立）界标附近。中方一侧为内蒙古呼伦贝尔市额尔古纳右旗黑山头，俄方一侧为俄罗斯联邦赤塔州普里阿尔贡斯克区旧粗鲁海图	双边性常年开放公路口岸
5	室韦一奥洛契	位于中俄111号界标附近。中方一侧为内蒙古呼伦贝尔市额尔古纳右旗室韦，俄方一侧为俄罗斯联邦赤塔州涅尔琴斯科扎沃德区奥洛契	双边性常年开放公路口岸
6	胡列也吐一凯拉斯堆	位于中俄84号界标附近。中方一侧为内蒙古呼伦贝尔市陈巴尔虎旗北，俄方一侧为俄罗斯赤塔州红石区凯拉斯堆	双边性水运口岸（未开放）

资料来源：根据内蒙古商务厅口岸办资料整理而得。

第三节

内蒙古各口岸基本情况及发展现状

一、满洲里口岸

1. 口岸基本情况

满洲里口岸位于内蒙古自治区东北部，地处中国、俄罗斯、蒙古国三国交汇处，

第五章 内蒙古口岸经济

是欧亚第一大陆桥上的重要交通枢纽，是我国通往俄罗斯等独联体国家和欧洲各国重要的国际大通道，也是我国最大的边境陆路口岸。满洲里口岸北与俄罗斯的后贝加尔斯克、赤塔、乌兰乌德、伊尔库茨克，东与日本、韩国和中国环渤海地区的大连、秦皇岛等经济相对发达区域联系密切，是东北亚区域经济合作的战略支点，具有运输距离短、服务范围广、合作潜力大的区位优势。近年来，随着俄罗斯和东北亚区域经济合作不断深入，满洲里口岸已经发展成为公路、铁路和航空三位一体的立体化国际口岸，具有口岸设施全、通过能力大、通关效率高等口岸疏运优势。

满洲里铁路口岸年综合换运能力达7000万吨，承担着中俄贸易70%以上的陆路运输任务。2011年满洲里口岸进出口货运量达2660万吨，居全国沿边口岸之首。满洲里国际公路口岸与301国道顺畅对接，交通便利，口岸基础设施完备，信息化水平高，是我国唯一实行24小时通关制度的公路口岸。口岸年通过能力达到人员1200万人次、货物600万吨、车辆120万辆次。满洲里口岸进口货物以原油、木材、机械设备为主，出口货物以果菜、轻工业品和机械设备为主。

满洲里航空口岸位于满洲里西郊机场，距中俄国界线约7公里。机场于2005年2月25日正式通航，飞行区等级达到4D，年吞吐能力100万人次。2011年先后开通满洲里至俄罗斯伊尔库茨克、赤塔两条定期国际包机航线和满洲里至香港临时包机航线，俄罗斯航线航空公司开通满洲里至伊尔库茨克、乌兰乌德、克拉斯诺亚尔斯克等国际航线。之后航空口岸又陆续开通了满洲里到伊尔库茨克、乌兰乌德等多条国际航班，每周进出港国际航班达到22架次。

2. 口岸发展情况

（1）口岸基础设施建设及通关能力。近年来，满洲里市抓住国家和自治区实施"向北开放"战略机遇，加强与俄罗斯、蒙古国毗邻地区地方政府的交往，着力改善口岸通关环境和提升通关能力，围绕口岸大通关建设，对铁路和公路口岸进行了扩建和续建。各级政府部门在"十五"和"十一五"时期，共投入资金50多亿元，实施满洲里口岸通道、查验、口岸公路和铁路、机场等基础设施建设，使口岸的客货通关能力、通关效率都得到了大幅提升。此外，满洲里市规划投资百亿元的新国际铁路货场和配套项目工程建设进展顺利。1992年被确定为国家沿边开放城市时，满洲里口岸的过货量只有294万吨，2011年已经达到2660万吨，承担了中俄贸易70%以上的陆路运输任务。2006～2011年口岸进出口货物、人员以及货物品类如表5-3、表5-4和表5-5所示。

内蒙古自治区对外经济贸易发展报告(2013)

表 5·3 2006~2011 年满洲里口岸进出口货物、人员统计表

年份	客运量(万人次)			货运量(万吨)			运输工具(列,万辆次)	
	铁路	公路	合计	铁路	公路	合计	火车	汽车
2006	10.4	158.3	168.7	2118.9	52.1	2171.0	12617	27.0
2007	10.2	209.0	219.2	2332.4	69.6	2402.0	14003	35.5
2008	8.8	193.4	202.2	2335.3	75.9	2411.2	13480	28.3
2009	5.4	121.0	126.4	2367.8	53.3	2421.1	13271	19.0
2010	5.6	136.2	141.8	2550.2	61.1	2611.3	14022	20.6
2011	5.5	133.1	138.6	2593.8	65.8	2659.6	12734	21.2

资料来源：呼伦贝尔市商务局。

表 5·4 2006~2011 年公路口岸进出口货物品类情况 单位：万吨,%

年份	进口货物				出口货物			
	木材	同比	废钢	同比	蔬菜	同比	水果	同比
2006	8.9	8.9	9.4	-66.8	10.1	26.2	13.2	3.2
2007	8.8	-1.1	3.6	-61.7	14.8	46.5	19.2	45.5
2008	5.6	-36.4	2.3	-36.1	14.9	0.7	20.5	6.8
2009	2.9	-48.2	0.86	-62.7	11.4	-23.5	16.8	-18
2010	3.1	6.2	0.32	-62.8	14	22.8	14.7	-12.5
2011	3.1	0.1	0.5	56.3	20.7	47.8	13.9	-5.4

资料来源：呼伦贝尔市商务局。

表 5·5 2006~2011 年铁路口岸进出口货物品类情况 单位：万吨

年份	进口货物						出口货物	
	原油	木材	矿粉	纸浆	化肥	化工	轻工品	建材
2006	888.0	580.0	0	73.5	122.9	41.3	39.4	45.9
2007	890.7	949.1	0	64.0	141.3	24.4	79.4	60.1
2008	893.4	669.9	122.5	59.5	80.3	13.3	69.8	63.5
2009	899.2	634.1	242.4	67.0	20.6	14.6	30.6	26.3
2010	904.4	661.0	237.4	58.2	75.5	16.2	44.4	39.1
2011	—	835.7	511.9	63.4	108.9	12.6	67.5	63

资料来源：呼伦贝尔市商务局。

第五章 内蒙古口岸经济

（2）中俄互市贸易区。自1996年11月单方试运营以来，到2011年共接待中外游客700余万人，其中俄罗斯游客150余万人。出口商品贸易额达60亿元，出口货物6.8万吨。出口商品辐射到赤塔、乌兰乌德、伊尔库茨克等远东西伯利亚地区，部分商品远销到俄、欧洲地区。由于俄方一侧开发建设缓慢，影响了中俄边民互市贸易的发展。

（3）边境经济合作区。目前，进口资源加工区一期已经形成了以木材加工业为主导的产业集群，产品销往国内各地和欧美、日韩、东南亚。园区现有木业企业100余家，从业人员逾万人。2011年木材落地加工量461.2万立方米，增长38.62%，产值达63.76亿元，增长25.45%。

（4）对外贸易。"十一五"期间，满洲里市进出口总额累计实现162.65亿美元，年均增长5.17%。对外贸易方式逐步实现多元化，即以边境小额贸易为主，一般贸易、加工贸易、旅游贸易等多种贸易方式并存。对外贸易伙伴仍然主要是俄罗斯，对俄贸易占贸易总额的90%以上。进口商品主要有木材、原油、化肥、纸类、化工产品、钢材及废钢等资源型商品；出口商品以菜果、建材、日用轻工产品为主。2011年，全市外贸总额为24.95亿美元，同比增长16.6%；其中，出口2.03亿美元，同比增长14.2%；进口22.92亿美元，同比增长16.8%。截至2011年底，有实际业绩的外贸企业达到280家，每天在满洲里生活、工作和旅游的俄罗斯、蒙古国等外国客商接近2万人。

（5）边境旅游业。2011年边境旅游人数61.39万人次，其中入境旅游人数51.29万人次，中方出境10.1万人次。中国公民经满洲里口岸进出境通过申领边境旅游护照后参加边境旅游团组或持因私护照参加边境旅游团组，通过免签持旅游名单方式出入境。此外，也有因公务、探亲、商务考察等原因申领因私护照办理签证后出入境的，其中以边境旅游组团游客为多，俄罗斯游客一部分持签证因私护照入境，一部分持免签旅游名单方式入境。

（6）商贸物流业。先后建设了满洲里购物中心、义乌商贸城、口岸国际大厦等商贸设施，规划了机械电子、农副产品、化工建材、轻纺服装、进口原料五大专业市场，兴建了新粮、诚林、伊力亚等几大菜果出口仓储基地。全市商贸服务业从业人员达到3万余人，经营面积达到71万平方米。

（7）开发开放试验区。在国家政策支持下，满洲里市提出以项目建设为支撑，以基础设施、政策环境营造为保障，逐步推动试验区建设，促进对外开放战略升级。按照规划，开发开放试验区2010～2012年为起步阶段，力争政策项目落实到位和启动实施；到2015年初步形成规模，综合实力和辐射带动力全面增强，积累经验，充分发挥示范带动作用；到2020年，试验区建设取得显著成效，成为开发开放的成功典范。

二、二连浩特口岸

1. 口岸基本情况

二连浩特（简称二连）位于中国正北方，与蒙古国扎门乌德市隔界相望，两市相距9公里，是我国对蒙古国开放的最大公路、铁路口岸，也是实施"向北开放"战略的重要支点。二连距首都北京680公里，是我国距首都北京最近的边境陆路口岸。距蒙古国首都乌兰巴托720公里、俄罗斯首都莫斯科7623公里。1956年1月，北京一乌兰巴托一莫斯科国际联运列车正式开通，二连浩特成为第二条亚欧大陆的桥头堡。以北京为起点，经二连浩特到莫斯科，比经满洲里口岸的滨洲线近1140公里。特别是以二连为终点的集二线通过京包、京山线与天津港相连，是日本、东南亚及其他邻国开展对蒙古国、俄罗斯及东欧各国转口贸易的理想通道。更是蒙古国走向出海口的唯一通道。

二连浩特口岸与国内经济区域联系广阔。以二连为终点的集二线，以集宁为枢纽，向东经北京、天津与环渤海经济区相连，向西经呼和浩特、包头与国家中西部开发区相通，向南经大同与山西等能源基地相连，向北与地方铁路集通线贯通，此外还与东北经济区遥相呼应。特有的地缘优势为中外客商在二连口岸从事外经外贸活动提供了活动空间。

2. 口岸发展情况

2011年，二连浩特口岸指标实现四个突破，即进出口货运量突破1000万吨，达到1030万吨，增长19.5%；进出口贸易额36.9亿美元，增长28.7%，其中边境小额贸易额突破10亿美元，达到11.6亿美元，增长31.7%；海关税收突破30亿元，达到30.7亿元，增长13.4%；出入境人数突破200万人次，达到202万人次，增长13.5%（见表5-6）。

第五章 内蒙古口岸经济

表 5-6 2006~2011 年二连浩特口岸运行情况

年份	货运量（万吨）			客运量（万人次）		
	总量	进境	出境	总计	入境	出境
2006	645	548	97	125	63	62
2007	560	428	132	159	80	79
2008	618	405	153	170	85	85
2009	621	477	144	138	69	69
2010	861	652	209	178	90	88
2011	1030	757	273	202	101	101

资料来源：二连浩特市商务局。

（1）口岸基础设施建设及通关能力。二连拥有铁路、公路两个国家一类口岸。铁路口岸是我国四大铁路口岸之一，年吞吐能力达1200万吨。目前正在建设总投资30亿元、占地面积6.9平方公里的铁路国际物流中心。公路口岸货运新通道建成投入使用，公路口岸年过货能力达到500万吨。集二线铁路经京包、京山线与天津港相连，是蒙古国目前唯一的出海口。二连浩特机场已投入运营，正在积极推进航空口岸建设，二连口岸铁路、公路和航空三位一体的运输网络已经形成。目前，拥有现代化的双向8车道公路口岸联检通道，已实现了七天通关，过货能力达200万吨，进出境查验能力达到200万人次。铁路口岸建成了世界上最大的列车换轮库，24小时通关，吞吐能力达到1000多万吨，同时建成了世界一流的H986货运列车检验系统。目前，二连浩特公路口岸和铁路口岸，通关便捷、文明、高效，成为闻名遐迩的重要国际口岸。

（2）口岸工业园区。依托国内外两种资源、两个市场优势，二连浩特在城市南北区域加快建设工业园区，发展口岸加工工业，形成了有效衔接、优势互补、错位发展的格局。园区重点发展矿产资源加工、木材加工、农畜产品加工、建筑材料、装备制造、现代物流及国际贸易七大产业。"十一五"期间园区完成工业总产值76.1亿元，工业增加值32.8亿元。

（3）跨境经济合作区。合作区与蒙古国扎门乌德自由经济区相对应，园区内实施"两国一区，封闭运行、自由贸易、产业多元"的运行模式，重点发展国际贸易、加工贸易、综合保税、旅游、出口加工及配套产业。

（4）对外贸易。受国内需求拉动以及蒙古国经济发展的影响，二连口岸2011

年对蒙古国贸易同比大幅增长。据统计，2011年二连口岸对蒙古国贸易额达到22.31亿美元，同比增长31.40%。其中，对蒙古国出口贸易额3.24亿美元，同比增长80.12%；对蒙古国进口贸易额19.06亿美元，同比增长25.62%。全市15家民营企业在蒙古国、俄罗斯取得17处矿产品、木材等资源开采权，10余家企业在境外建立木材加工基地，部分企业已进入产出品回运期，为口岸贸易、进出口加工及过货量增长做出贡献。

（5）边民互市贸易区。中蒙边民互市贸易区是2010年经自治区政府批准设立，总规划面积7.4万平方米，分进口商品交易区、出口商品交易区、互贸区、出入境商品仓储区、联检办公区、边民互市服务区、出入境车辆存放区和入境查验区、互贸进口商品收购区八个功能区。

（6）边境旅游业。二连是我国最早载入国际古生物史册的恐龙化石产地，是世界闻名的"恐龙之乡"，恐龙化石埋藏丰富，其中"二连巨盗龙"的出土被美国《时代》周刊评为2007年世界十大发现之一，恐龙遗址地质公园和国门景区分别晋升为AAAA、AAA级旅游景区，伊林驿站博物馆正式对游客开放，大盛魁影视基地开工建设，国门展厅完成布展，成功举办重走"茶叶之路"驿站文化旅游活动，旅游行业管理逐步规范。2011年接待旅游人数125.5万人次，同比增长16.4%。

三、策克口岸

1. 口岸基本情况

策克口岸位于内蒙古额济纳旗境内，距额济纳旗政府所在地达来呼布镇77公里，东距巴盟甘其毛都口岸800公里，西距新疆老爷庙口岸1200公里，与蒙古国南戈壁省西伯库伦口岸对应。对外辐射蒙古国南戈壁、巴音洪格尔、戈壁阿尔泰、前杭盖、后杭盖五个畜产品、矿产品资源较为富集的省区。是阿拉善盟对外开放的唯一国际通道，是内蒙古、陕西、甘肃、宁夏、青海五省区所共有的陆路口岸，同时也是内蒙古第三大口岸。1992年经内蒙古自治区人民政府批准成为季节性开放口岸，2005年6月29日经国务院国批复为中国和蒙古国双边常年开放的边境陆路口岸，分设公路通道和铁路煤炭运输专用线通道。2009年1月策克口岸正式成为中蒙双边性常年开放口岸。2010年在中蒙边境口岸及其管理制度协定会谈会晤时，双方原则上同意策克为国际性常年开放口岸。2012年5月14日，内蒙古自治区人民政府批准成立自治区级策克口岸经济开发区。

第五章 内蒙古口岸经济

截至2012年底，策克口岸过货总量达4016万吨，其中进口煤炭3972万吨，进出口其他货物44万吨，进出口贸易总额21.1亿美元。2009年、2010年连续两年在全区公路口岸排名第一，列全国沿边地区公路口岸第二。目前，策克口岸已成为继满洲里、二连浩特口岸之后内蒙古自治区第三大通关便捷、服务优良、运作高效的陆路口岸，成为我国西北地区连通国内外的一个较为重要的交通枢纽、商贸中心、货物集散地和资源大通道。

2. 口岸发展情况

（1）口岸基础设施建设及通关能力。为把策克口岸建设成为通关便捷、服务优良、运作高效的现代化大口岸，"十一五"期间，内蒙古额济纳旗加大了口岸投资力度，加快基础设施建设。先后建成了以联检大楼为主的口岸监管区，建成了策克口岸移动通信网、达镇至国门光缆建设工程、达镇至国门77公里公路黑色路面建设工程、达镇至国门35千伏输变电线路工程；建成嘉一策铁路、临一策铁路。配备了电子报关、X光机等查验设施；各联检部门科技大楼、综合实验室、业务楼、策克口岸管委会楼、边防派出所楼和国际客运站已建成投入使用；实施完成了以口岸给排水、贸易区市政道路、达镇至国门油路、通信光缆和国内外运煤专线为主的口岸基础设施建设工程；援建了蒙古国西伯库伦口岸边检所、技术监督局、移民局业务用房、联检部门供暖、供水工程、跨国35千伏输变电线路、小额贸易柏油路等蒙古国基建工程。2011年完成策克口岸煤炭运输通道建设项目，完成达镇至策克口岸110V输变电线路工程、策克边防检查站监护中队宿舍楼等建设工程。启动了策克口岸报关大楼、边民互市贸易区、额济纳出入境检验检疫局策克口岸综合楼及附属设施建设项目、额济纳海关策克口岸综合配套用房工程项目、策克口岸至达来呼布镇一级公路、天鹅湖至策克口岸一级公路等项目。

策克口岸自1992年开通至今，过货量逐年提高。口岸过货总量达1434.74万吨，进出口贸易总额4.6亿美元，出入境人员98万人次，出入境车辆60万辆次（见表5-7）。进出口商品由金属钠、盐、草酸、电石、大米、面粉、绒毛等10余个产品发展到现在的20大类近30种产品，呈现多样化发展趋势。进口商品主要以原煤、有色金属为主；出口商品主要以粮油、日用百货、服装、建材、农牧机具为主。进口原煤全部销往内蒙古西部盟市、甘肃酒泉钢铁集团、宁夏回族自治区、河西走廊一带。

表5-7 2009~2011年策克口岸运行情况

年份	货运量（万吨）			进出口贸易额（万美元）			客运量（万人次）	交通工具（万辆）
	总量	入境	出境	总额	进口额	出口额		
2009	364	255	9	16916	14467	2450	16	12
2010	866	862	49	44193	40732	3461	28	22
2011	1034	1016	18	71259	65074	6185	30	25

资料来源：内蒙古商务厅。

（2）口岸贸易经济区。策克口岸基础设施也日臻完善，带动了地区餐饮住宿、商品零售、修理、装卸等服务业的繁荣发展。同时也吸引了发达地区企业前来策克口岸投资建厂，一批有实力的大企业陆续入驻策克口岸，物流、商贸、加工等产业快速发展，成为促进就业、带动三产及其他产业快速发展的重要支撑。一批具有运输能力和加工能力的龙头企业入驻口岸。口岸贸易经济区建设初具规模，实现进口原煤的企业达25家。庆华一马克商贸公司、酒钢集团、浩通能源公司、太豪国际物流公司、蒙裕公司、博源实地公司、中蒙煤炭公司及策克煤炭运销公司等一批海关监管储煤场及物流区建成并投入运营，浩通能源公司跨境皮带运输机200万吨/年风选煤项目、庆华一马克公司300万吨/年中介洗煤项目等一批口岸加工项目相继上马实施，大大提升了口岸经济可持续发展能力和贡献率。

（3）边境旅游。随着额济纳旗旅游业的兴起和边贸交易额的增长，策克口岸基础建设加快，特别是国门经过重新修建，现已成为额济纳旗境内的一大旅游亮点。

四、甘其毛都公路口岸

1. 口岸基本情况

甘其毛都口岸位于内蒙古自治区巴彦淖尔市乌拉特中旗川井苏木境内。与蒙古国南戈壁省博格达县的嘎顺苏海图口岸相对应，两口岸相距约12.8公里。是巴彦淖尔市对外开放的唯一国际通道。1989年12月，内蒙古自治区人民政府批准甘其毛都为对蒙古国边境贸易临时过货点。1992年6月，甘其毛都被正式批为国家一类季节性双边口岸。2004年7月，中蒙双方政府同意将甘其毛都口岸由季节性开放口岸提升为常年开放口岸。2009年8月，正式实现常年开放。口岸大量进口蒙古国原煤，主要出口内蒙古的农副产品、服装和日用品，实现中蒙两国短缺资

第五章 内蒙古口岸经济

源的相互弥补。

甘其毛都口岸地理位置独特，区位优势明显，与之相对应的蒙古国南戈壁省嘎顺苏海图口岸是蒙古国重要的对中国开放口岸，也是首都乌兰巴托市向南距离最近的口岸，口岸所在的南戈壁省是该国资源最富集的省份之一，全省总面积60%以上的地下都有丰富的资源，已探明煤炭储量为530亿吨。其中距中国甘其毛都口岸190公里的塔本陶勒盖煤矿储量64亿吨，距口岸180公里的沃布尔查干煤田已探明储量5亿吨，均属优质冶金炼焦用煤，是世界稀缺煤种。距甘其毛都口岸70公里的奥云陶勒盖铜矿已探明铜金属量3750万吨，黄金500吨，银7000吨，储量居世界第四、亚洲第一。由于两大矿区缺水少电，缺乏必要的工业条件，无法实现资源就地转化增值，而经口岸进入到我国境内加工则是运距最短、最经济便捷的途径。

2. 口岸发展情况

（1）口岸基础设施建设及通关能力。甘其毛都口岸附近地势开阔。交通运输条件良好，有砂石公路直通口岸，与区内主要交通干线相连。目前，已完成口岸建设规划、疏港公路、城镇基础设施、联检办公生活设施、监管查验设施和物流商贸园区等口岸基础设施建设，实现了口岸2.2平方公里规划区道路、给水、供电、通信和电子报关全部畅通。甘其毛都口岸总规、控制性详规、中心区城市设计以及公路、铁路、飞机场规划已经完成，并在原有的基础上，增设了口岸互市贸易区、专业市场区。口岸大量进口蒙古国原煤，主要出口内蒙古的农副产品、服装和日用品，实现中蒙两国短缺资源的相互弥补。2011年，甘其毛都口岸累计完成货物吞吐量1144.8万吨。其中，原煤进口1023.5吨；完成贸易额15.76万美元；出入境人员42.9万人次；出入境车辆29.29辆次（见表5-8）。甘其毛都口岸已成为内蒙古自治区过货量最大的公路口岸和仅次于满洲里的综合口岸，也是我国西北地区开发利用蒙古国南戈壁省矿产资源的重要通道。

表5-8 2009～2011年甘其毛都口岸商品物流量统计表

年份	进出口小额贸易（万吨）	小额贸易额（元）	原煤进口（吨）	原煤进口贸易额（万元）
2009	1.85	10741.00	327.00	178000.00
2010	20.20	150170.00	816.00	400933.40
2011	44.40	380650.00	1023.50	991534.00

资料来源：内蒙古商务厅。

(2)口岸加工园区。为了承接蒙古国煤、铜资源落地加工,2003年巴彦淖尔市规划建设了甘其毛都口岸加工园区,立足境内外资源规划发展煤焦化、煤化工、铜冶炼、电力、非金属综合利用及下游产业。已累计投入15亿元用于口岸及园区的基础设施建设。加工园区规划总面积50平方公里,近期规划建设20平方公里,已实施道路、供电、供水、绿化等工程,实现了"四通一平"。截至2011年底,园区已引进企业32家,实现产值112.87亿元、销售收入110.35亿元。特别是毅腾800万吨洗煤、神华120万吨煤焦化、汉马3000吨多晶硅等一批重大项目的落地,为园区的发展注入了强大动力。作为自治区级循环经济试点示范园区,甘其毛都口岸加工园区在现有产业循环项目基础上,重点推进煤炭洗选焦化电冶循环经济、氟化工循环经济、硅产业循环经济、氯碱化工循环经济、铜产业循环经济5个循环产业区,最终实现产业循环经济一体化。

(3)口岸物流园区。物流园区总控制面积51平方公里,重点项目一是深化海关监管区项目,占地6平方公里,总投资22亿元,将建成16条机械化储煤区4个传统仓储区,包括铁路站场和换装区及海关查验场地等。二是互市贸易区,项目投资18000万元,建筑面积30万平方米,分三期建设,现在一期工程完成投资3000万元,全部工程2013年已完成。

五、满都拉口岸

1. 口岸基本情况

满都拉口岸位于包头市达茂旗满都拉镇境内中蒙边境757界碑处,北与蒙古国东戈壁省哈登宝力格县境内杭吉口岸相对应。根据中蒙两国协议,满都拉口岸于2002年12月23日开通,为季节性口岸,每年开关四次。2009年2月,经国务院批准,由二类口岸升级为国家一类对外季节性开放口岸。2009年5月,满都拉口岸首次实行对特定企业临时常年开放,并开始批量进口蒙古国矿产品。2011年6月在北京召开的《中蒙边境口岸及其管理制度协定》执行情况第三轮司局级会晤中,中蒙双方同意将满都拉一杭吉口岸扩大为双边性常年开放口岸。目前,满都拉口岸年货物通关能力达到300万吨以上,旅客出入境能力达到30万人次以上,实现了客货分流通关。

满都拉口岸是呼和浩特、包头两个城市到乌兰巴托最近的口岸。口岸处于呼和浩特、包头市、银川市经济辐射圈内,距旗政府所在地百灵庙镇136公里,距呼和浩特市289公里,距包头市288公里,是距首府呼和浩特市和包头市最近的陆路口岸。满都拉口岸对应蒙古国杭吉口岸,距赛音山达市258公里,距珠恩巴音火车站213公里,从包头市经满都拉口岸到蒙古国乌兰巴托,要比经二连浩特缩短行程319公里,区位优势十分明显。

2. 口岸发展情况

（1）口岸基础设施建设。近年来,达茂旗根据《满都拉口岸总体规划》,投资近1亿元,陆续开展了口岸货运通道、综合业务楼、联检楼以及关区配套设施建设工程,进一步完善了口岸硬件设施。货运通道占地面积18.9万平方米,包括400平方米的查验报关厅,896平方米的监管仓库,9184平方米的监管区,1.69万平方米的停车场硬化以及18米宽,1427米长的道路硬化。综合业务楼总建筑面积8155平方米,其中餐厅1835平方米,房间123间。联检楼总建筑面积3935平方米,有办公室40间,一楼大厅两侧分别为出境和入境查验通道,每个通道面积427平方米。目前,货用通道、综合业务楼、联检楼已建成。硬化、绿化总面积6.3万平方米,其中道路硬化2.3万平方米、广场水泥砖硬化2万平方米、绿化2万平方米。下一步,计划在口岸东侧专门建设五进五出的煤炭专用通道。

（2）物流园区建设。规划在口岸区域建设口岸物流园区,在口岸关区东南侧建设专用煤炭物流项目。目前,正在实施物流园区场地、道路和生活区建设。

（3）进出口贸易。满都拉口岸对应的蒙古国东戈壁省、南戈壁省矿产资源非常丰富。开发蒙古国矿产资源,增加口岸过货量,是发展口岸经济的主要出发点和着力点。目前,口岸主要开发进口的蒙古国资源有额勒苏泰铁矿石进口、阿嘎如特铁矿开发进口、艾勒巴音焦煤矿开发、益得公司动力煤矿、塔本陶勒盖焦煤进口。2011年,满都拉口岸入境货物达16.9万吨,其中入境铁矿石13.8万吨,入境煤炭2.3万吨。出入境人员4.7万人(次),出入境交通工具1.63万辆(次)。

（4）畜产品加工区建设。由于蒙古国畜产品有疫情,无法进入中国市场。为了能够批量进口蒙古国畜产品资源,规划引入企业在对应蒙古境内建设畜产品加工厂,目前正在进行招商引资。

六、珠恩嘎达布其口岸

1. 口岸基本情况

珠恩嘎达布其蒙语意为"东方的门槛",史称"蒙马处"。口岸位于锡林郭勒盟

内蒙古自治区对外经济贸易发展报告(2013)

东乌珠穆沁旗嘎达布其镇境内，中蒙边境1046号界标处，与蒙古国苏赫巴托省毕其格图口岸相对应。1992年，国务院批准珠恩嘎达布其口岸季节性对外开放，2004年9月根据中蒙两国政府签订的《中蒙边境口岸及其管理制度协定》确认珠恩嘎达布其口岸为国际性常年开放口岸。2006年8月，经国务院批准同意珠恩嘎达布其口岸扩大为国际性常年开放的边境陆路口岸。2008年1月，珠恩嘎达布其口岸正式实现国际性常年开放。2009年，国务院将该口岸连接蒙古国和锦州港形成的大通道列入《辽宁沿海经济带发展规划》3条通疆达海通道之一，明确为向俄罗斯和蒙古国开放的重要窗口。

珠恩嘎达布其口岸地理位置优越，辐射范围广。口岸对内辐射内蒙古中东部地区，并向南延伸至东北和华北腹地，对外辐射矿产和动植物资源极为丰富的蒙古国苏赫巴托省、东方省、肯特省，是蒙古国、俄罗斯等内陆国家便捷的出海口之一，也是京、津、唐地区通往俄罗斯、蒙古国最便捷的通道。

2. 口岸发展情况

珠恩嘎达布其口岸对外开放二十多年来，国家和自治区先后投入资金4亿多元，用于口岸基础设施和查验配套设施建设。建成了占地面积45.2万平方米的口岸联检区、建筑面积4900平方米的口岸联检大楼、4000平方米的边检办公楼、2500平方米的边检生活楼、2600平方米的联检综合楼、30000平方米的海关监管货场及相应办公、仓储设施和建筑面积4151平方米的海关办公楼、3940平方米的出入境检验检疫局办公楼和乌里雅斯太镇至口岸68公里二级疏港公路及煤炭监管库。公路出入境查验区、旅检通道、边检会晤室已建成投入使用。完成了就地报关、电子报关、旅检通道X光机检查、边检"梅沙"系统和联检大楼内的各种标识、监控、电子显示系统、边检查验机要系统项目。建设了口岸光缆工程和移动、联通基站，并对占地45.2万平方米的口岸联检区进行了硬化、绿化、亮化。目前，口岸已实现了通路、通电、通水、通暖、通信、通有线电视，口岸基础设施进一步得到完善。

随着口岸的快速发展和常年开放，由辽宁春城集团牵头的从辽宁阜新新邱至西乌旗巴彦乌拉镇铁路二期工程巴彦乌拉至珠恩嘎达布其口岸铁路项目于2011年全线竣工通车。与此同时，蒙古国乔巴山至珠恩嘎达布其口岸铁路项目调研工作已开始。一条由俄罗斯赤塔一博尔贾到蒙古国乔巴山经珠恩嘎达布其口岸至锦州港出海，具有明显的区位和运距优势的"新一珠一乔"铁路建设步伐正在加快，新的欧亚大陆桥即将形成，珠恩嘎达布其口岸也将成为继满洲里、二连浩特之后内蒙古自治区又一连通欧亚的重要枢纽。"十二五"期间，珠恩嘎达布其口岸重点建设边民互市贸易区项目、铁路口岸联检区项目、联检区扩容扩能改造项目、珠恩嘎达布其口岸保税区项目、联检楼至界碑公路项目、新建口岸煤炭专用通道和海关监管场所。

经过多年的建设与发展，珠恩嘎达布其口岸贸易大幅增长，基础设施日趋完善，一座初具现代化的国际性口岸正在形成。2006～2011年口岸进出口货物总量累计达到166.35万吨，贸易额达到7.47亿美元，出入境人员30.6万人次，出入境交通工具18.8万辆次。2012年，珠恩嘎达布其口岸过货量突破100万吨，全年口岸贸易总额达到2.5亿美元，是1992年的796倍，是2008年常年开放时的1.4倍；出入境人员10万人次、车辆8万辆次，分别是1992年的58倍和134倍，同时分别是2008年常年开放时的2倍和2.8倍，标志着珠恩嘎达布其口岸经贸发展进入了一个崭新的阶段。

口岸的发展也带动了口岸周边地区经济的发展。2010年8月，珠恩嘎达布其与锦州港口岸签订了《口岸跨区域框架合作协议》，形成了沿边口岸和沿海口岸双向互动，推进了口岸跨区域通关协作改革，创新了口岸通关合作模式，促进了现代商贸物流发展，口岸经济对全旗经济的拉动作用越来越大。

七、阿尔山口岸

1. 口岸基本情况

阿尔山蒙古语意思为"热的圣水"。阿尔山口岸位于内蒙古兴安盟阿尔山市天池镇（原伊尔施镇），与阿尔山口岸对应的是蒙古国东方省的松贝尔口岸，距离蒙古国东方省哈拉哈高勒苏木（原松贝尔苏木）96公里，距离东方省省会乔巴山市456公里，距离首都乌兰巴托1111公里。1992年，内蒙古自治区人民政府批准阿尔山口岸为季节性对外开放的国家二类口岸（边境贸易临时过货点）。2004年，中蒙两国签署的《中华人民共和国政府和蒙古国政府关于中蒙边境口岸及其管理制度协定》确认阿尔山口岸为国际性季节开放口岸，口岸的通道位置、开放时间等得到了中蒙两国政府的确定。2009年10月25日，口岸实现了临时通关，2012年12月阿尔山口岸通过国家验收。2013年7月15日，阿尔山口岸与蒙古国松贝尔口岸7月15日正式开关，成为我国对蒙古国开放的第五个国际口岸。

从区位关系上看，阿尔山处于东北亚经济圈腹地，是中国东北经济区的西出口，是东北亚运输主干线的连接点。阿尔山口岸的开通，形成了东连朝鲜、韩国、日本，西近蒙古国、俄罗斯直至欧洲的国际大通道，这也是联合国计划开发署规划并推动建设的一条新的欧亚大陆桥。这条通道使欧洲抵达日本海的距离缩短了1700多公里，它不仅架起了国际交流的快车道，还将成为人流、物流的热线。

2. 口岸发展情况

近年来，阿尔山口岸按照"先通后备，畅通常通"的原则，大力推进口岸基础设施建设，口岸基础设施建设累计完成投资超过1.5亿元。修建了市区通往口岸28公里柏油路，架设了34公里输电线路（包括过境蒙古国的线路）和移动、联通信号塔；建设了中蒙口岸大桥、联检楼、边检营房、阿尔山国门，完成了口岸大桥两侧引道、界河护岸及联检区四周护坡工程；国门至省道S203线二级口岸路（第二条口岸路）即将竣工通车。对国门和联检楼四周3万多平方米场地进行了平整、硬化，对4500多平方米的场地进行了绿化，修建了联检区内部辅路（国门一联检楼一现有的口岸路）和隔离围墙，建设了食宿用房、锅炉房以及卡口执勤用房等相应的通关附属设施。在口岸货运通道安装了地中衡，在联检楼里安装了用于安检的X光机和防辐射检测门、检验检疫所需的隔离室和隔离设备，口岸对外开放条件已经成熟。

积极推进阿尔山口岸建设的同时，按照蒙古国提出的要求，我国为松贝尔口岸援建了必要的口岸基础设施。自2007年以来由阿尔山市政府出资设计、建设了联检楼、隔离围墙、边检营房和卡口用房、口岸桥至联检楼道路，同时建设了"一关两检"生活用房、锅炉房，打了深水井、架设了跨境输电线路，对松贝尔口岸至哈拉哈高勒苏木（大约50公里）的自然路部分路段进行铺垫修整，对联检区场地进行平整、硬化和护坡。

"两山"铁路建设事宜也正在积极推进。"两山"铁路，即兴安盟阿尔山至蒙古国乔巴山全长443公里的跨国铁路。两山铁路建设项目由来已久，是图们江区域经济规划的重要组成部分。"两山"主要修建扎鲁比诺至珲春、阿尔山至乔巴山两条铁路，从而形成始于俄罗斯境内的乌兰乌德，通过欧亚大陆桥上的赤塔市、博尔集亚站延伸到蒙古国的乔巴山，沿本段铁路向东到达中蒙边境，经过阿尔山一白城一长春一图们一珲春的铁路进入俄罗斯远东铁路的克拉斯基诺车站，最终到达俄罗斯扎鲁比诺、勒塞图港。本通道穿越了图们江地区，陆路连接了俄罗斯、蒙古国、中国三个国家，其运输距离是赤塔至符拉迪沃斯托克运距的43%，少绕行了1700公里，是一条理想的连接欧亚大陆、横贯俄罗斯、蒙古国、中国的东北亚运输通道。"两山"铁路的建设使得中、俄、蒙共同打造东北亚区域的物流平台成为可能。

八、额布都格口岸

1. 口岸基本情况

额布都格口岸地处呼伦贝尔市新巴尔虎左旗阿木古郎镇西南22公里处，在国境线578号（新界标1424号）界桩附近。距呼伦贝尔市（原海拉尔市）175公里，隔哈拉哈河与蒙古国白音胡舒口岸相对应。新巴尔虎左旗也是全区边境上同时与俄罗斯、蒙古国两国交界的两个旗之一。1991年5月内蒙古自治区人民政府批准额布都格为临时过货点；1992年内蒙古自治区将额布都格升格为二类口岸，1994年正式对外开放；1995年我国外交部与蒙古国对外关系部照会后，同意额布都格为一类季节性口岸。2005年11月额布都格一白音胡舒中蒙口岸第一桥竣工通车；2006年经国家口岸办批准实现了对"大庆石油公司"常年临时集中开关；2009年2月，额布都格口岸被国务院正式批复为对外开放口岸，口岸性质为双边季节性公路客货运输口岸，并设立边检机构。9月26日，口岸通过国家验收正式对外开放。2011年额布都格口岸常年开放事宜列入国家"十二五"发展规划，同年6月在北京召开的《中蒙边境口岸及其管理制度协定》执行情况第三轮司局级会晤，双方一致同意口岸扩大为双边性常年开放口岸，双方将各自履行国内法律程序并通过外交途径确定口岸扩大开放事宜。

额布都格口岸区位特殊，既处在对蒙古国资源开发的战略高地，又处在呼伦贝尔市和兴安盟经济板块的交汇区，是对蒙古国开放重要的桥头堡，内引外联的作用十分突出，境外矿产资源、农牧业资源、旅游资源开发及中蒙跨境经济合作的潜力巨大。临额布都格口岸的蒙古国哈拉哈苏木总面积2.8万平方公里，3800多人口，4万头（只）牲畜，28公顷草场，地下煤、石油、盐等矿产资源丰富，其中已探明煤储量可供蒙古国东方省使用150年，石油储量也非常可观，正在勘探之中。口岸对面的蒙古东方省孙布尔苏木境内的贝尔湖，盛产鱼虾，年捕捞量5千吨，而且耕地集中，土质肥沃，可利用草牧场面积大，预计年进口饲草在2万吨以上。境外旅游资源丰富，特点突出，诺门罕战场原貌保留完好，战争遗物随处可见，并有诺门罕战争博物馆，大小纪念景观80余处，可供游客参观考察，现拟开通阿木古郎——哈拉哈高勒苏木的贝尔湖所在地的环形旅游线路。

2. 口岸发展情况

额布都格口岸基础设施建设不断完善，过货能力显著增强。近几年，新巴尔虎左旗旗委、政府加大口岸建设力度，累计投资近1.2亿元，建设完成了22公里的口岸公路，4401平方米的口岸联检综合大楼，5万平方米的全封闭式查验场地硬化，6000多平方米出境车辆监管区，海关监管仓库硬化，4980平方米的额布都格边检站办公大楼，980平方米的出入境检验检疫综合办公楼，1500平方米的边检营房等设施建设，实现了客货分道运营，年通关能力达到了100万吨，并已基本具备了常年开放和过货原油的基础条件。2011年额布都格口岸共开通4次，边民贸易关共计60天。出入境人员达4410人次；出入境车辆达755台次；进出口货物达501吨；贸易总额达57.7万美元。截至2012年8月，累计出入境人员10193人次，同比增长10%；累计出入境车辆3897台次，同比增长7.5%。

九、阿日哈沙特口岸

1. 口岸基本情况

阿日哈沙特口岸位于呼伦贝尔市新巴尔虎右旗阿日哈沙特镇，与蒙古国东方省乔巴山市哈比日嘎口岸对应。新巴尔虎右旗是全区边境上同时与俄罗斯、蒙古国两国交界的两个旗之一。口岸距新巴尔虎右旗所在地阿拉坦额莫勒镇82公里，距满洲里口岸200公里，距蒙古国东方省省会乔巴山市120公里。

1992年3月国务院批准阿日哈沙特为一类季节性口岸（每季度开关20天），同年6月24日正式对蒙古国开放。2005年4月，根据中蒙签署的《中蒙边境口岸及其管理制度的协定》，阿日哈沙特口岸正式实现集中开关。全年开放234天。2010年7月，经中蒙两国政府及外交部协商，同意阿日哈沙特口岸与哈比日嘎口岸实现常年开放，各自履行国内审批手续后，通过两国外交部门换文申报后实现正式常年开放。

阿日哈沙特口岸地处新巴尔虎右旗和蒙古国哈比日嘎口岸邻近，有着很强的经济互补性，两地在畜产品、林产品、矿产及旅游项目上有着广阔的合作空间。阿日哈沙特口岸辐射的蒙古国东部三省（东方省、苏赫巴特省和肯特省）资源和自然生态条件富集，经济发展相对滞后，部分轻工品难以满足自给，特别是粮食和蔬菜需要大量进口，对毗邻国家地区经济的依赖程度有增无减。而蒙古国的土地、森林、畜产、矿产和旅游等资源又是我国急待开发的项目。随着阿日哈沙特口岸的常年开放，对阿日哈沙特口岸向大口岸、大通道迈进，对促进中蒙经济贸易发展和加强各领域的合作具有重大意义。

2. 口岸发展情况

经过十多年的建设与培育，阿日哈沙特口岸环境得到优化，口岸功能日益完善，通关费用明显降低，进出口货物流量逐年攀升。目前，已建设完成了联检楼、监管货场、检验平台等一批基础设施，修建了进出境各三车道和阿日哈沙特口岸至蒙古国哈比日嘎口岸进出境各两车道口岸通道，修建了口岸至阿镇82公里三级柏油路等一批基础设施。实现了口岸通路、通电、通水、通信、通暖、通光缆，配备了地重衡、验包机、电子监护，"H2000"报关、"梅沙"通关系统，安装了口岸电子监控等系统，对口岸通关区进行绿化、美化、亮化。海关、国检和交通等部门投资建设了海关宿舍楼、检验检疫宿舍楼、国际运管站。

通过建立完善的旅检、货检系统，大幅度提高了口岸通关能力，保证了口岸人流、物流的进出境安全、畅通，阿日哈沙特口岸过货量和进出口货物贸易成交额逐年增加，有力推动了新巴尔虎右旗经济和各项社会事业的快速发展。自1992年开关至2011年，进出口货物量76.99万吨，进出境客运量52.64万人次，进出境交通运输工具12.13万辆次，进出口货物贸易成交额3.48亿美元。其中，2011年进出口货物量13万吨，进出境客运量4.1万人次，进出境交通运输工具8308万辆次。

十、黑山头口岸

1. 口岸基本情况

黑山头口岸位于额尔古纳市所在地拉布达林镇西南62公里处，距黑山头镇12公里，西隔中俄界河与俄罗斯的旧粗鲁海图口岸相望，两口岸垂直相距1.5公里。北距室韦口岸水路250多公里，陆路230公里，南距呼伦贝尔市120公里。黑山头口岸的地理位置优越，直接与俄罗斯旧粗鲁海图口岸隔河对应，是中俄双方通商往来的便捷通道。1989年国务院正式批准黑山头为国家一类口岸，1990年批准黑山头口岸正式对外开放。

2. 口岸发展情况

通过积极投入,黑山头口岸基础设施逐年完善,现已累计完成投资1亿余元,口岸通关环境大大改善,客货通道正式分离,口岸通关环境高效便捷。目前,黑山头口岸具备了年过货100万吨和过人100万人次的能力。2010年,黑山头口岸货运量达8.31万吨,同比增长27.56%;出入境旅客4.76万人次,同比增长46.76%;出入境交通工具1.69万辆次,同比增长39.11%。其中进口以矿石、木材为主,出口以水泥等建筑材料为主。2011年进出口货物12.4万吨,出入境旅客5.6万人次,出入境交通工具2.5万辆次。口岸已逐步形成了进出口贸易为主,以旅游、服务业为辅的口岸经济发展模式。

十一、室韦口岸

1. 口岸基本情况

室韦口岸位于中俄界河额尔古纳河中游东岸,中俄边境111号界标处,室韦口岸在室韦镇的西南0.5公里处,南距额尔古纳市所在地拉布达林镇168公里,西隔额尔古纳河与俄罗斯奥洛契口岸相对,两口岸相距1公里。1988年内蒙古自治区批准室韦为临时过货点;1989年4月国务院以批准室韦为一类口岸,1991年2月1日正式对外开放。

与室韦口岸相对应的奥洛契口岸,辐射赤塔洲东北部九个区市,矿产资源丰富,以黄金开采为主,铅、铁、铜等矿产资源储量大,特别是森林资源极其丰富,木材蓄积量达4.5亿立方米。俄罗斯由于发展经济的需要,急切开发东北部资源。随着江海联运试航的成功,疏港公路的通车,必将使室韦口岸发展成专业化的林业原材料进口基地,成为内蒙古沿边开放带建设战略中重要一翼。

2. 口岸发展情况

室韦口岸现有联检宿舍、边贸办公室、封闭式仓库、联检办公室等共计1170平方米。建坡式码头、购浮箱码头两组。2001年新建联检厅、中队营房2310平方米。投资1376万元的中俄室韦一奥洛契口岸大桥于2001年10月建成通车,大桥长310.59米,宽5米,通航高度8米。2002年室韦边境公路大桥建成通车,2005年室韦至额尔古纳市政府所在地拉布大林的柏油路也建成完工,这些不仅改善了口岸环境，也大大地促进了室韦口岸的对外经贸发展，2011年室韦口岸进出口货物2.8万吨，出入境车辆0.8万辆次，木材、废旧钢材等成为主要进口货物。由于室韦对面就是俄罗斯西伯利亚地区的主要林业采伐区，从2002年以来，内蒙古森工集团下属公司都选择从室韦口岸输出劳务，到对岸俄罗斯采伐区采伐，这不仅使人员往来增多，也增加了室韦口岸木材进口量。

十二、二卡口岸

二卡口岸位于满洲里市二卡。1994年，中俄两国在平等互利原则基础上签订了《关于中俄边境口岸协定》，共同确定开放二卡一阿巴该图口岸。随后俄罗斯赤塔州政府和中国满洲里市政府为贯彻中央政府的批示做了大量工作。1994年4月22日签署了《满洲里市政府与后贝加尔区、红石市政府关于建设开通满洲里二卡一阿巴该图口岸的协议》。为了加快二卡口岸的建设速度，内蒙古自治区人民政府于1994年签发了《关于剪开二卡一阿巴该图口岸铁丝网有关问题的批复》，同意自1994年5月剪开铁丝网，直至口岸开通。中俄地方政府积极支持二卡口岸的建设、开通工作，后因多种原因，双方都延缓了口岸的建设速度，正式开通暂时搁浅。

2012年11月，满洲里市口岸委编制了《俄满洲里二卡一阿巴该图公路口岸启动开通可行性研究报告》，决定正式启动中俄满洲里二卡一阿巴该图公路口岸申报和开通工作。自治区口岸办将与俄联邦边界建设署西伯利亚局进行工作会晤，协调俄方同意开通二卡一阿巴该图公路口岸。同年国家口岸办同意将二卡口岸开通补列入国家口岸开放"十二五"规划，并根据口岸建设实际情况补列入口岸开放审理计划，争取早日开通。开通二卡一阿巴该公路口岸对推进满洲里重点开发开放试验区建设，加快实施向北开放战略，促进中俄毗邻地区经济发展，维护边疆少数民族地区社会稳定具有十分重要意义。

十三、巴格毛都口岸

1. 口岸基本情况

巴格毛都公路口岸位于内蒙古自治区巴彦淖尔市乌拉特后旗潮格温都尔镇境内，中蒙边境679界标附近，蒙古国一侧为南戈壁省。距旗府所在地巴音宝力格镇143公里，距市府临河区193公里，其中93公里为边防公路。巴格毛都口岸是巴彦淳尔市对外开放的一个重要窗口。内蒙古自治区人民政府于1993年同意将巴格毛都以二类口岸开放。当时，由于国家没有给予投资，地方财力十分困难，无能力完成各项基础设施建设。同时，旗域经济以第一产业为主，尚未形成与蒙古国进行经济往来的需要，故口岸在审批之后一直没有形成正常的通关贸易，于2000年内蒙古清理整顿二类口岸时被暂时关闭。目前，巴彦淖尔市正积极申请巴格毛都口岸重新开关。巴格毛都口岸已经列入自治区口岸发展"十二五"规划，国家口岸办也将巴格毛都口岸开通作为补充内容列入国家口岸"十二五"发展规划中。

巴格毛都口岸开展前景十分广阔。口岸周边地区地势平坦，植被茂密，水资源充足，公路、电力、程控及移动通信全面覆盖，建立经济贸易区、发展边境贸易的条件优越。该口岸处于内蒙古高原蒙古高原开口的中心位置，可辐射华北、西北地区和蒙古国南戈壁省、中戈壁省、巴彦洪果尔省、前杭爱省及后杭爱省等地区，区位优势突出，发展潜力巨大。巴格毛都口岸距蒙古国乌兰巴托市直线距离650公里，距南戈壁省220公里，距中戈壁省410公里、距巴彦洪果尔省610公里、距前杭爱省520公里、距布尔根省760公里、距后杭爱省690公里，距巴彦淖尔市政府所在地临河180公里，距蒙古国南戈壁省政府所在地达兰扎德嘎德220公里，距临（河）哈（蜜）铁路165公里路程，距包（头）兰（州）铁路、丹（东）拉（萨）高速公路和110国道220公里路程，是蒙古国戈壁地区距中国铁路交通大动脉最近的陆路口岸。该口岸是蒙古国戈壁区域中心城市——达兰扎德嘎德市（南戈壁省政府所在地）至临河最近的口岸，又是蒙古国资源富集区与乌拉特后旗清科乐工业园区最近的口岸。口岸开通后，巴格毛都口岸一临河无水港一天津港将海港与内陆连接起来，形成一体的对外开放体系，成为两国进行矿山产业衔接、商贸往来的重要合作平台和最便捷的旅游通道。

2. 口岸发展情况

（1）口岸基础设施建设。目前，正申请设为常年开关口岸，已立项对口岸的联检大楼、办公区、生活区、赛乌素镇至巴格毛都口岸公路改造工程等基础设施进行建设。

（2）境外资源开发利用。巴格毛都口岸对面蒙古国境内资源富集，且该资源也是我国加快发展所需资源。蒙古国境外资源由于受水、电等条件的制约，采出原矿后必须异地选冶。乌拉特后旗矿山工业基础雄厚，根据我国实施的"向北开放"战略，我国可充分利用蒙古国境内丰富的铅、锌、铜、煤等资源，进一步发展铅、锌、铜采选、冶炼、焦化等项目。巴彦淖尔市计划将潮格温都尔镇建成集边境口岸、沙漠探险、草原观光和风电景观为一体的旅游名镇。同时提前做好巴格毛都口岸的规划，着力将其打造成为以物流、边贸、境外旅游业为主的新型边贸城镇。巴格毛都口岸将成为连接内地与蒙古国的一条大通道，蒙古国丰富的矿产资源必将为乌拉特后旗矿山工业经济的持续发展奠定坚实的基础。

十四、乌力吉口岸

1. 口岸基本情况

乌力吉口岸为中蒙双边公路口岸，位于中蒙边境246界标附近。中国一侧为内蒙古阿拉善左旗乌力吉苏木，蒙古国一侧为南戈壁省呼日门苏木查干（白音）德勒乌拉。乌力吉口岸距银川500公里。口岸对内辐射西北、华北、华中等地区，并与欧亚大陆桥连通；对外辐射蒙古国巴彦洪果尔、南戈壁、前杭盖、后杭盖和戈壁阿尔泰五个省。乌力吉口岸开放申报工作自2004年提出到2006年7月初，国务院批准通过《国家"十一五"口岸发展规划》，将乌力吉口岸列入开放之列，目前乌力吉口岸开放已继续列入《国家"十二五"口岸发展规划》。在2012年5月《中蒙边境口岸及其管理制度协定》执行情况第四轮司局级会晤中，中蒙双方同意继续研究开通乌力吉一查干德勒乌拉口岸问题，蒙方外交部将尽快征求有关部门意见，并向政府提交报告。

与策克口岸相比，乌力吉口岸的开通，不仅可缩短内陆货运距离400公里，而且运输条件极为优越，通过蒙古国境内200公里的自然公路，可直接进入蒙古国南戈壁省腹地。

2. 口岸发展情况

（1）口岸建设情况。目前，乌力吉口岸建设已列入自治区"十二五"规划，阿左旗已委托上海同济规划设计研究院完成了中蒙乌力吉口岸规划编制。交通部门已规划建设全长70公里的乌力吉口岸二级公路，口岸水资源评价、口岸土地征收转用、地形测绘等诸多前期工作正在有条不紊地进行中。2011年，完成前期工作后将全面启动实施口岸基础设施建设项目，总投资估算约3.3亿元。

乌力吉口岸开通后，预计年过货量达到500万吨，将拉动GDP达到14亿元以上，同时规划建设相应的工业园区对进口原矿进行深加工，作为内蒙古自治区西部煤、电、天然气等能源及金属、稀有金属原料加工和输出基地，辐射带动西北、华中、

内蒙古自治区对外经济贸易发展报告(2013)

华北地区工业发展。

(2)境外资源利用。阿拉善左旗乌力吉口岸两侧均居地质界公认的北山成矿范围之内。在我国境内已发现了大量的铜、铁、金等有色金属矿床。对应的蒙古国沿边地带属未开发地区，成矿地质条件较为优越，蕴藏着更为丰富的矿产资源。目前蒙古国境内已发现各类矿床417处，矿点及矿化点3663处，涉及53个矿种。乌力吉口岸的开通，将形成国际能源运输通道，扩大区域贸易和工业、农牧业、矿业、旅游业等方面的合作，有利于推动自治区西部和阿拉善盟经济快速增长，实现富民强盟。

十五、胡列也吐口岸

胡列也吐口岸位于呼伦贝尔市陈巴尔虎旗北部，以额尔古纳河为界，与俄罗斯赤塔州红石区凯拉斯堆口岸隔河相望。该口岸距其所在地巴彦库仁镇112公里，位于满洲里到黑山头口岸中心位置，距满洲里口岸170公里，距黑山头口岸120公里，距301国道及滨州铁路最近处仅30公里。胡列也吐口岸对面是赤塔州克拉斯诺卡缅斯克区(红石区)，拥有10万人口，是俄罗斯在远东地区重要的原子工业原料基地，是靠近我国的较发达、人口较多的地区。这里只有重工业，缺乏轻工产品、农产品，劳动力短缺，现在双方易货和劳务合作较多。

1992年，胡列也吐口岸被国家批准为二类口岸，曾是中俄两国民间互市贸易往来的重要地区和通道，先后投入资金154万元，口岸具备航行200吨船舶至主河道的水运通道，建有壁式简易码头和两栋砖木宿舍，并对码头附近进行了护堤。2002年，根据内政办字(2000)227号文件精神，胡列也吐口岸暂时关闭。但为缓解满洲里口岸的运输压力，实施边境毗邻地区就近过货，开通胡列也吐口岸非常必要。

十六、呼和浩特航空口岸

呼和浩特白塔国际机场距市中心14公里，"白塔"得名于其附近的白塔古迹。机场于1958年10月1日建成通航，1991年12月1日国务院批准白塔机场为国家航空口岸机场，1992年3月31日经国务院批准正式对外开放，同年国际民航组织确定白塔机场为中国大陆14个国际定期航班机场之一。

白塔机场历经1986年、1996年、2004年三次大规模扩建。经过改造和建设，口岸机场基础设施日趋完善。航站新区总面积为54499平方米，可满足年吞吐旅客300万人次的使用要求，机场飞行区等级为4E级。

目前，白塔国际机场开通的国际定期航线共有5条，分别是呼和浩特一蒙古国乌兰巴托、天津一呼和浩特一蒙古国乌兰巴托、呼和浩特一韩国济州岛、呼和浩特一韩国首尔、呼和浩特一中国香港。2011年国际航线保障起降825架次，是2008年143架次的4.96倍，出入境旅客数量为39960人次，是2008年5237人次的6.6倍。

近年来，美国西北航空公司、荷兰皇家航空公司、法国航空公司等多家国际航空公司与呼和浩特白塔国际机场签订了备降协议，进一步提升了呼和浩特市的知名度及辐射力。

十七、呼伦贝尔航空口岸

呼伦贝尔航空口岸是国家一类口岸，机场位于呼伦贝尔市海拉尔区，又称海拉尔机场，距市区3公里，是内蒙古自治区开放最早、执行正式国际航线最多的航空口岸，可辐射呼伦贝尔市全境和东北三省、俄罗斯、蒙古国、日本、韩国及中国港、澳、台等国家和地区，在国家向北开放方面发挥着重要作用。口岸现有海关、边检、动植物检验检疫局、机场公司等部门入驻，具备基本通关能力，可保障现有三条正式国际航线和部分国际旅游包机正常运行。

海拉尔机场已经成为内蒙古东部地区规模最大、功能最完善、开通航线最多、业务最繁忙的机场。目前，海拉尔航空港累计开通国际航线10条，国际正式航班数量及旅游包机数量均居自治区首位。开通国内航线36条，连通城市33个（其中省会城市18个），运营航空公司达15家。2012年日高峰起降航班83架次，日高峰旅客吞吐量11200人次。现开通运营的对俄罗斯、内蒙古国际航线有4条；对俄罗斯两条分别是北京一海拉尔一赤塔和海拉尔一伊尔库茨克；对蒙古国两条，分别是海拉尔一乌兰巴托和海拉尔一乔巴山、乌兰巴托；另有海拉尔一中国香港、台湾等地区的常年旅游包机。

海拉尔国际航空口岸基础设施日趋完善，知名度和影响力显著增强，辐射功能和对外开放作用凸显。近年来市、区两级政府及联检单位多次投入机场建设资金累计达3000万元，2012年新增国内候机区面积1500平方米，国际候机楼入境区装修后新增100余平方米。2012年海拉尔区政府出资，完成了800平方米国际货运监管仓库的建设，完成了国际候机楼内行李传输带的采购和安装，完成了国际候机楼内的装修改造，这些项目的竣工，使海拉尔航空口岸硬件设施建设和通关保障能力得到了加强。海拉尔口岸现已形成口岸办专人负责，联检单位协调联动的和谐通关机制，保证了口岸的高效运转及航线的正常运营。未来海拉尔航空口岸将积极开通新航线，增加口岸出入境人数，筹备开通国际货运业务，开展边境旅游，开展边境旅游异地办证业务，积极争取口岸落地签证业务，筹备在海拉尔设立蒙古国领事机构等。

十八、满洲里航空口岸

满洲里西郊机场处于中国、俄罗斯、蒙古国交界地带的北方重要口岸城市满洲里，为民用支线机场，于2005年2月25日正式通航运营，2008年机场完成二期扩建，扩建后机场飞行区等级达到4D级，满足波音767－300ER以下机型起降，候机楼面积18000平方米，可满足年旅客吞吐量100万人次的需求。

2004年9月，满洲里市政府与海航集团签订合作协议，市政府委托海航机场集团经营管理满洲里机场。在机场投入运营的7年多时间里，运输生产发展迅速，先后开通满洲里至北京、上海、广州、深圳、青岛等多条航线。2011年先后开通满洲里到俄罗斯伊尔库茨克、赤塔两条定期国际包机航线和满洲里到香港临时包机航线，俄罗斯航线航空公司开通满洲里到伊尔库茨克、乌兰乌德、克拉斯诺尔斯克等国际航线。目前，海航、中联航、国航使用波音737－800型飞机每天执行北京一满洲里往返航班。

满洲里航空口岸的对外开放，将充分发挥满洲里对外开放桥头堡的作用，使满洲里真正成为公路、铁路、航空三位一体国际口岸，为人员交往和经贸发展提供更加便捷、高效的服务，对提升对外开放水平、加快满洲里融入东北亚经济圈，促进内蒙古自治区口岸经济的发展都具有重要的推动作用。

第四节 内蒙古发展口岸经济具备的条件

一、经济的快速发展

近几年在国家西部大开发、振兴东北、沿边开放等政策的支持下，内蒙古经济得到了快速发展。2007~2012年，内蒙古经济以年均15.1%的增速前行，全区生产总值从2007年的6423亿元增加到2012年的1.6万亿元。2012年人均GDP突破1万美元，人均财政收入超过1万元人民币，成为西部地区第一个跃上"双万"台阶的省份。经济的快速增长，带动了对外开放的进一步发展，利用国外资源、开拓国际市场、企业"走出去"的愿望都很强烈，这对进一步提升口岸开放能力提出了要求。

二、独特的地理区位

内蒙古内连八省区，外接蒙古国、俄罗斯，中俄陆路运输的65%和中蒙货物运输的95%都经过全区口岸，全区对蒙古国和俄罗斯的边贸额分别占全国的90%和30%。通过蒙古国转口到俄罗斯，通过俄罗斯远东地区辐射到欧洲大陆是内蒙古向北开放最为瞩目的地方。目前，我国三条连接欧亚的铁路干线，有两条途经内蒙古沿边开放带。一条是从天津港一大同一二连浩特出境，另一条从大连港一哈尔滨、海拉尔一满洲里出境。独特的地缘优势，使得内蒙古不仅是我国进口能源、资源的主要通道和我国与俄罗斯、蒙古国经贸合作的重要平台，还是连接内陆省份与俄罗斯、蒙古国之间的桥梁。

三、口岸开放优势

内蒙古自治区陆地边境线约占全国边境线1/5，与俄罗斯边界线长约1051公

内蒙古自治区对外经济贸易发展报告(2013)

里，与蒙古国边界线长约3210公里。现拥有19个开放的陆空港口岸，其中对俄罗斯口岸有6个，对蒙古国口岸有10个，有3个国际航空口岸。其中满洲里和二连浩特分别是我国对俄罗斯、对蒙古国最大的陆路口岸，是我国向北开放的重要门户，众多口岸也是连接欧亚大陆桥的重要交通枢纽和关键节点。满洲里口岸目前是我国环渤海地区通往俄罗斯等独联体国家和欧洲最便捷、最经济、最重要的陆海联运大通道；二连浩特铁路口岸是我国通往蒙古国唯一的铁路口岸和沟通欧亚大陆的重要国际通道；策克、甘其毛都、黑山头、室韦、阿日哈沙特、额布都格、珠恩嘎达布其等口岸已经成为我国进口能源资源的主要通道和与俄罗斯、蒙古国经贸合作的重要平台。目前，全区已初步形成了一个具有铁路、公路、航空、水运等多种运输方式的全方位的口岸开放格局，并初步形成了以口岸为依托的沿边开放经济带。

四、资源的开发与利用

随着我国经济的持续快速发展，矿产资源消费量逐年攀升，对原煤、铁矿石、铜矿粉、锌矿粉、原油等大宗资源性产品市场需求巨大。而蒙古国是一个矿产资源十分丰富的国家，现已发现或探明80多种矿产资源。俄罗斯西伯利亚和远东地区的木材、石油、天然气、煤炭和多种有色金属的储量也都居世界前列，是现今世界能源和矿产资源富集而且开发程度较低的地区。通过积极推动口岸的建设和开发，在边境口岸设立出口加工区来加大资源的利用程度，很大程度上可以弥补我国经济快速发展所需的能源资源和战略物资的需要。

五、国家战略及政策

我国已把沿边开放作为新一轮的开放重点。在国家"十二五"经济社会发展规划中，明确指出"发挥沿边地缘优势，制定和实行特殊开放政策，加快重点口岸、边境城市、边境（跨境）经济合作区和重点开发开放试验区建设，加强基础设施与周边国家互联互通，发展面向周边的特色外向型产业群和产业基地，把黑龙江、吉林、辽宁、内蒙古建成向东北亚开放的重要枢纽，不断提升沿边地区对外开放的水平"。在国务院《关于进一步促进内蒙古经济社会又好又快发展的若干意见》中也把全区定位为"向北开放的重要桥头堡"。十八大报告中也提出"统筹双边、多边、区域、次区域开放合作，加快实施自由贸易区战略，推动同周边国家互联互通"。2013年，内蒙古自治区党委提出并大力实施的"8337"发展思路，把内蒙古建成我国向北开放的桥头堡，充满活力的沿边经济带是其中一个重要的发展定位。这些都为全区与俄罗斯、蒙古国进一步开展口岸建设提供了政策支持。

第五节 内蒙古口岸经济发展中存在的主要问题

内蒙古口岸建设与发展虽然取得了较好的成绩，口岸经济框架基本形成，但由于长期以来受观念、体制和人事等因素的影响，口岸整体发展水平还很低，口岸管理的信息化和电子化程度不高，全区口岸经济的发展并不平衡，全面的口岸经济效应尚未形成。

一、口岸定位不明确，相互竞争激烈

近年来，内蒙古各口岸地盟市旗积极推动口岸开放，加大国外资源进口，各口岸运行存在无序状态。全区口岸布局、口岸功能定位不明确，制约了口岸经济的发展。除满洲里和二连浩特口岸经济较完善外，其他口岸经济只是初步显现或尚未形成。此外，全区口岸发展也面临其他省区口岸的激烈竞争。黑龙江省和新疆维吾尔自治区都在加紧实施整合口岸资源战略，提出了沿边开放带的战略构想，这对全区进一步扩大与俄罗斯、蒙古国经贸往来造成影响。

二、口岸基础设施建设资金缺口大

尽管国家、自治区、口岸所在盟市旗政府与区内外各类企业投入口岸基础设施建设资金，对口岸的基础设施进行了改善和扩建，大部分口岸实现了通水、通电、通路、通信等。但是，由于内蒙古口岸建设资金总量非常有限，造成了口岸间的激烈竞争，口岸建设资金的利用效率降低，基础设施建设水平普遍较低。例如，满洲里通关已呈满负荷状态；而海拉尔航空机场因为硬件设施不完善，一旦两个航班同时到达，旅客超过150人，则会出现滞留问题。

另外，俄罗斯和蒙古国与内蒙古对应口岸的基础设施建设严重滞后，车辆运行

缓慢。通道建设中往往中方部分进展顺利，俄罗斯、蒙古国方部分开工较晚且进展缓慢。口岸管理无序，严重影响口岸对接使用。部分口岸基础设施薄弱，已经不能够充分适应贸易发展的需要。

三、口岸功能有待完善，特色产业体系尚未形成

口岸经济发展与内蒙古口岸大区地位不相适应，口岸作用还停留在过货通道的水平上，体现口岸特色的产业体系还没有完成构筑起来，口岸物流园区建设和发展滞后。边境经济合作区、边民互市贸易区的作用未能充分发挥。

四、口岸管理体制不顺畅，人员编制不足

口岸管理机构设置规格较低，人员配备不足，对相关部门的协调难度较大，职能作用发挥有限。口岸协调机构刚刚组建，尚未建立一套行之有效的协调服务体系和工作机制，地方政府对口岸工作的协调服务作用难以充分发挥。随着内蒙古口岸客货运量的日益增长，口岸联检部门人员编制不足的问题日显突出。

五、企业经营主体规模小，投资能力弱

从事口岸加工贸易的企业经营主体规模小，投资能力弱，难以形成产业链条。企业往往各自为战，恶性竞争，出口秩序混乱，与俄罗斯、蒙古国方谈判中没有统一议价规则，导致采购成本增加。我国企业在境外从事资源开发的少，进口主要以采购等传统贸易为主，获得采矿权的项目也主要是小项目，购买多，开采少，就地加工少，受市场波动和贸易政策影响大。

六、周边国家政策不稳定

蒙古国政策不稳定，货币不断贬值，政府部门管理经济的随意性等，都对内蒙古口岸经济发展带来一定的负面影响。蒙古国随意出台各种限制政策，如道路限载、车辆集中验放和以道路安全为由禁止运煤车辆通行等，给我国企业和司机造成重大损失。俄罗斯经济虽然有了一定的复苏，但经济运行中的深层次问题仍然没有得到解决。与内蒙古口岸毗邻的俄罗斯远东地区经济发展比较缓慢，内蒙古与

俄罗斯资源能源合作面临新的问题。中俄石油管道建成并投入使用对满洲里口岸进境货运量已经造成影响，并将进一步影响全区口岸货运量的稳定增长。

第六节

加快发展内蒙古口岸经济的对策措施

发展口岸经济，就是要发挥沿边区域的区位和资源等独特优势，通过统筹规划，重点开发，整合资源，逐步建成机制体制新、开放程度高、牵动作用大、竞争力强的沿边口岸开放带。

一、科学定位口岸功能

各口岸的发展要从实际出发，科学定位，不搞一刀切。要科学制订口岸发展规划，有重点、有次序地加强各口岸的开放度和完善口岸功能。以打造向北开放的重要桥头堡为目标，完善公路、铁路、航空口岸体系。依据《内蒙古自治区口岸"十二五"发展规划》，东部地区口岸功能区包括满洲里（铁路、公路）、二连浩特（铁路、公路）、黑山头、室韦、阿日哈沙特、额布都格、阿尔山、珠恩嘎达布其陆路口岸和海拉尔、满洲里航空口岸，以强化满洲里、二连浩特口岸功能为主导。西部地区口岸功能区包括策克、甘其毛都、满都拉陆路口岸和呼和浩特航空口岸，以强化策克、甘其毛都口岸功能为主导。

（1）满洲里口岸。要积极建设国家重点开发开放试验区，实现互贸区与俄罗斯贸工综合体对接，建设加工贸易基地，打造顺畅、便捷的现代物流体系。争取设立综合保税区，试行"境内关外"监管模式。

（2）二连浩特口岸。要发展陆桥和陆港经济，构建中、蒙、俄经济合作走廊，建设区域性国际物流中心、跨境旅游基地、进出口贸易加工基地，成为我国北方重要的物流、人流、资金流、信息流的集散地。建设国家重点开发开放试验区、边境经济合作区和边民互市贸易区，争取设立综合保税区。

（3）甘其毛都口岸。依托工业园区和边境经济合作区，加快发展进口资源落地加工产业，实现资源过埠转化。加快巴彦淖尔进出口资源综合加工示范区、边境经济合作区和边民互市贸易区建设。

（4）策克口岸。要推进口岸物流园区、工业园区、边民互市贸易区建设，把策克口岸建设成为西北地区重要的进口资源落地加工基地和国际贸易大通道。

二、提高口岸通关能力

1. 完善基础设施是提高通关能力的先决条件

各级政府要在财力允许的范围内加大投入力度，用于口岸交通、电力、通信、水利和城市等建设，进一步配套设施，完善城镇区、物流园区、加工区、生活功能区功能。按照谁投入、谁使用、谁受益的原则，多渠道筹措资金，引导鼓励多种所有制企业参与口岸基础设施建设。同时，加强与俄罗斯、蒙古国方联系沟通，争取在口岸建设和合作方面取得新进展，共同夯实口岸发展基础。此外，口岸建设还要抓好口岸的城镇化建设，利用口岸城市这个平台，来发展工业、加工贸易、商贸流通和旅游业。

根据《内蒙古自治区国民经济和社会发展第十二个五年规划纲要》和自治区铁路建设工作的意见，重点建设珠恩嘎达布其、黑山头等口岸与俄罗斯和蒙古国相连的铁路通道项目，推进阿尔山、室韦和阿日哈沙特铁路通道的建设。相应建设铁路通道查验配套设施，包括联检楼、查验单位办公用房、报关和报检大厅、铁路专业货场及铁路跨界设施。公路重点建设珠恩嘎达布其一乌里雅斯太、室韦一拉布达林、二连浩特等疏港公路，各口岸通关"快捷通"系统等。完善航空口岸查验配套设施，推进海拉尔和满洲里航空口岸增加对外航线及航班，力争建设成为具有竞争力的空港经济区。陆港口岸重点推进大连沈铁港口物流集团通辽内陆港、赤峰红山物流园区和二连浩特滨海国际陆港建设。通辽要推进与辽宁沿海经济带、沈阳经济区、哈大齐工业走廊、长吉图开放开发试验区的合作，发挥陆港承东启西、辐射周边的重要作用。赤峰、二连浩特要加强与天津港的对接，构筑海陆联运大通道。

2. 改善口岸通关环境是提高通关能力的重要条件

在有条件的口岸实行24小时通关，进一步简化出入境手续，提供"一条龙"、"一站式"服务，为出入境车辆、人员构建一个畅通、快捷的口岸通关环境。建立强有力的口岸领导和协调机制，落实和推行口岸管理体制的改革，规范收费行为，公开办事程序，加快通关能力和通关速度。建立起围绕口岸经济发展为目标的方向一致、行动有效、措施互补的合作机制。以"管得住、通得快"为着眼点，把握监管和效率的结合点，找准安全和便利的平衡点，促进国检、海关、边防检查、车站、口岸办、银行、保险等联检联运部门和仓储运输企业深度合作，简化通关手续，完善通关模式。

3. 推进口岸管理信息化建设是提高通关能力的重要保证

积极应用信息网络等先进技术和管理办法，建立互联互通、数据共享的口岸物流信息和电子商务平台，为所有口岸部门和企业提供服务，实行国际物流"零风险"下的"无障碍"通关。改善口岸硬件条件，实现口岸设备现代化，提高口岸吞吐能力，实现口岸商务信息和分运功能一体化，使各执法部门、中介服务机构和进出口企业联成有机整体，大幅度提升口岸综合服务水平，提高通关效率，降低物流成本，实现通关、物流、贸易管理与服务等计算机系统的互联互通和信息共享，推进口岸管理现代化。按照"政府主导、联合共建、实体运作"建设机制，建好电子口岸，使口岸物流、单证流、资金流、信息流顺畅运转。

三、加快口岸各类园区建设，提高现代服务业发展层次

加快满洲里、二连浩特国家重点开发开放试验区和巴彦淖尔进出口资源综合加工示范区建设，推动呼和浩特、满洲里、二连浩特综合保税区，满洲里、二连浩特、甘其毛都边境经济合作区建设。依托重点工业园区和边境经济合作区，加快发展进口资源落地加工业，实现资源过埠转化。重点建设的工业园区有满洲里口岸进口能源、化工、木材落地加工园区，二连浩特口岸进口铁矿砂、铜矿砂落地加工园区，甘其毛都、策克、珠恩嘎达布其口岸进口煤炭和矿产品落地加工园区，黑山头口岸进口铅锌矿落地加工园区，室韦口岸进口铜、铁矿石落地加工园区。其他口岸也要根据自身条件发展口岸加工业。发挥口岸辐射作用，不具备发展加工业条件的口岸，可以选择具备条件的周边地区建立工业园区，发展加工业。

充分利用口岸过货通道本身兼备的物流功能，引入国内外大型物流公司、第三方物流企业在口岸园区建立专业货场和进口资源中转地，大力发展装卸、换装、仓储、运输、电子商务、连锁配送等现代物流业，健全物流基础设施、物流信息、物流配套设施、物流产业政策体系四大平台，将口岸、口岸所在市镇、加工园区建设成为区域性运输枢纽和物流中心。发挥陆港辐射周边的重要作用，重点推进巴彦淖尔现代农畜产品B型保税物流园区、包头国际集装箱中转站、通辽一大连沈铁港口物流

中心的建设。同时，借助工贸旅游和物流业的发展，进一步巩固餐饮娱乐、宾馆服务、房屋租赁等传统服务业。立足中、俄、蒙自然、历史和人文资源特色，整合旅游资源，树立旅游品牌，建立以口岸为中心，覆盖中、俄、蒙毗邻地区的旅游大市场。

四、推动沿边经济带建设

要从内蒙古、俄罗斯、蒙古国三国毗邻地区的实际出发，培育构建以内蒙古沿边开放口岸为轴线；以俄罗斯阿金斯克州、后贝加尔边疆区、布里亚特共和国、伊尔库茨克州、远东地区沿边开放口岸为轴线；以蒙古国南戈壁省、东戈壁省、东方省、肯特省、苏赫巴托省沿边开放口岸为轴线，加强该区域内的铁路、公路、航空、口岸等基础设施建设，共同研究新的贸易合作方式下的自由贸易区的规划问题，三国政府应研究新型边境区域合作与贸易的方式，在关税、海关代征税、土地、国际结算、贸易管制等方面给予优惠政策，形成内外结合、带动力强的经济增长带，实施市场多元化战略，提高出口产品水平，优化出口产品结构，推动对外贸易的持续增长。沿边开发开放经济带的形成与发展，一方面有利于内蒙古优势资源就地转化，达到产业升级换代的目的；另一方面可通过规模经济降低生产成本，提升产业竞争力。

（1）加大顶层设计力度，充分发挥政策导向和宏观调控作用，着力构建具有沿边区域特色的优势产业集群和城镇体系，打造以口岸商贸为依托、以园区经济为支撑、以沿边中心城镇为后盾的特色鲜明、充满活力的沿边经济带，面向俄罗斯、蒙古国，服务内地。

（2）大力培育发展外向型产业，突出发展口岸物流、进口资源加工、跨境旅游等特色产业，尽快提升沿边地区经济发展水平。可以具体项目带动经济带进入实质性操作，提升经济带的资源合作水平。优先发展以消化进口资源为市场导向的新兴产业，如木材加工业、重化工加工业等，衔接与俄罗斯、蒙古国毗邻城镇的规划项目，将俄罗斯、蒙古国方提出的合作意向纳入经济带发展规划，按照经济带经济融合的长远发展要求，规划并实现相关口岸、交通、服务等设施与口岸通关服务的无缝对接，将沿线的旅游线路进行衔接，共同发展有特色的旅游经济，以沿线的延伸腹地为发展区，统一规划。

（3）将沿边经济与国内外腹地经济有效衔接，统筹规划，促进沿边与腹地经济一体化发展。以打造沿边开放带为目标，以外经贸和旅游产业为切入点，加强与东北三省的区域合作，逐步带动发展规划、产业政策、基础设施、生态保护、市场建设等方面的衔接与合作。以建设满洲里至伊尔施铁路为契机，通过白城至阿尔山铁路打开通往渤海经济圈出海通道，加强与大连、天津、秦皇岛等环渤海经济圈城市的陆海联运合作。加强内蒙古与京津冀之间在电力网络、铁路、公路、港口等基础设施建设方面的衔接，实现互惠多赢式发展。

五、加快交通运输体系建设

内蒙古除了要积极发挥口岸连接俄罗斯、蒙古国的作用，还要加快国内连接口岸的交通运输体系建设，将内蒙古主要口岸和国内交通枢纽连接起来，以开放的态度突破地域界线构建大物流体系。例如，按照《内蒙古自治区关于贯彻落实国家〈东北振兴"十二五"规划〉重点工作分工方案的通知》中有关加快交通运输体系建设的工作方案，其中铁路要加快推进客运专线、煤运通道、口岸通道和区域内部通道建设。大力实施既有线扩能和电气化改造。大力推进赤峰一京沈、通辽一京沈、集宁一通辽、赤峰一锦州、巴彦乌拉一新邱、长春一太平川一乌斯台、齐齐哈尔一海拉尔一满洲里、阿尔山一芒罕屯、白城一乌兰浩特、阿尔山一阿尔山口岸（阿尔山一乔巴山铁路中国段）、阿日哈沙特一两伊等铁路重点项目。公路要完善区域内高速公路网络，加快国家高速公路断头路、"瓶颈"路段建设。加强城际间快速交通网络和国家边防公路建设。提升国省干线技术等级和服务水平。机场要扩建海拉尔、赤峰、通辽、乌兰浩特机场，新建霍林郭勒、扎兰屯机场，形成干支结合、布局合理的机场网络。推动通用机场建设，促进通用航空产业发展。

六、大力发展边境贸易

相对于国内的其他省份，在一般对外贸易发展中内蒙古优势不大，但在与俄罗斯、蒙古国的边境贸易发展中是主力。俄罗斯与蒙古国多年来都是内蒙古的第一和第二大贸易伙伴。因此，内蒙古应基于自身区位优势，借助于国家赋予的优惠政策，大力发展边境贸易。一是继续扩大原木、锯材、化工产品、铁矿砂、煤炭等产品进口，同时继续扩大机电产品和高新技术产品出口占边境贸易出口的比重。二是积极发展边境加工贸易。按照蒙古国、俄罗斯的需要拓展进出口加工贸易，以洁具、玻璃、塑钢、装饰材料等建材商品，以家具、皮革、轻纺等日用商品，以家电、汽车及零部件、电子产品等机电产品为主促进贸易加工一体化。三是利用中国、俄罗斯、蒙古国边境丰富的旅游资源，大力发展跨国游、边境游。四是加强边贸市场建设和管理，规范边贸秩序，推动边民互市贸易区（点）转型升级，积极推进跨境贸易人民币结算。

七、统筹"引进来"与"走出去"

内蒙古应充分利用对俄罗斯、蒙古国口岸的比较优势，坚持把"引进来"和"走出去"更好地结合起来，实现对内、对外开放相互促进并加强协调。

（1）鼓励企业扩大对外投资。积极支持内蒙古企业发挥自身优势，以租赁、参股、独资和生产合作等多种形式开展境外投资，积极促进一批有市场、有技术、有人才的企业选准目标市场"走出去"，发展以境外加工贸易和境外资源开发为重点的对外投资，参与能源、矿产、纺织、化工、电子、服务业等产业和基础设施的开发建设，开展跨国经营，建立境外加工基地，带动对外贸易，承包工程、劳务合作、对外援助等多种形式的国际经济技术合作，主动地利用国外资源来开拓国际市场。

（2）大力培育贸易和投资主体的国际化水平，提高"走出去"能力。进一步完善鼓励企业"走出去"的有关规划和扶持政策，在政策指导、法律监管、服务支持上及时到位，加强境外投资的协调与保障体系建设，防止企业之间在境外的不正当竞争。积极组织企业有针对性地参加俄罗斯、蒙古国两国各种专业展销会、博览会和研讨会，发展客户关系。

（3）进一步创新"引进来"的机制和方式，落实好吸引外资的工作责任制和激励机制。对投资较大的项目，提供从审批、建设、投产、销售到增资扩产等全程式跟踪服务，力争在利用外资的规模和质量上取得新突破。优化利用外资结构，引导外资投向装备制造业、高新技术产业、农产品加工业和现代服务业。吸引跨国公司到内蒙古东部地区设立地区总部、研发中心、采购中心、财务中心，鼓励外资参与国有企业改组改造和投资城市公共设施建设。

八、开展多领域经贸合作

目前，中、俄、蒙经贸合作主要集中在能源、矿产资源开发领域，其他领域合作相对滞后。俄罗斯、蒙古国与内蒙古的相邻地区经济落后，大多数产业发展潜力都很大，如建筑、服装、电子、畜产品加工、生活用品的生产、文化、教育、交通等产业，发展前景广阔。

（1）加强资源开发利用领域的投资合作。采取政府引导、企业主导的方式，推动实施一批资源合作项目，特别是加强木材、铁矿石、煤炭、石油等资源开发利用领域的合作，促进沿线地区上下游产业对接。

（2）加强畜牧业等非矿产资源的合作。目前，蒙古国畜牧业得到稳步发展，牲畜总数达到5000万头，其品种和质量均达到国际标准，已成为蒙古国重要的出口产业。中蒙两国的牲畜品种及自然环境同属一个区域，草场质量好，放牧经验丰富。只是近年来超出了草场承受力，造成了沙漠化严重等亟待解决的问题。两国可在这一领域相互交流，相互借鉴成功的经验和失败的教训，开展互补性合作。

（3）加强旅游合作。西伯利亚和蒙古高原贝加尔湖、叶尼塞河、"泰加森林"、"野生动物林区"和蒙古草原等自然景观非常独特，发挥沿线地区旅游资源优势，尽快开通经口岸通往蒙古国和俄罗斯的大草原、大湖泊、大森林的跨境旅游线路，打造绿色、特色旅游品牌。

（4）积极开展科技合作。科技领域的合作是目前最高形式的合作。俄罗斯除航空航天和核工业技术、军工技术外，在自动化控制、遥测遥感、冶金化工、能源交通、机械和船舶、新材料技术等领域处于世界一流水平。前几年，由于俄罗斯经济不景气，资金匮乏，很多科技成果在国内难以转化为产品，因此需要国际合作。并且，俄罗斯出口一直是以原材料和初级产品为主，出口结构不合理，俄罗斯也希望通过扩大科技产品出口，增加外汇收入，改善不合理的外贸出口结构。所以俄罗斯今后将重点支持技术密集型产品，特别是高科技产品的出口，并希望推进中俄科技合作。

（5）加强生态环境领域合作。在可持续发展背景下，环境问题日益受到人们的关注。环境问题属于开放系统问题，国际合作项目加深了环境问题的国际化趋向。中俄两国之间的陆地边界线长达4300多公里、中蒙两国有长达4710公里的边界线，地缘状况使我国与俄罗斯、蒙古国两国所面临的生态环境成为一个整体，俄罗斯、蒙古国生态环境的好坏不仅会影响到本国的经济发展，也会影响我国的生态安全。内蒙古与俄罗斯、蒙古国两国有4661公里的边界线，如何在经贸合作中加强生态环境领域的合作，建立和完善生态保护机制，对经贸合作有着重要影响。所以，我国企业在俄罗斯、蒙古国开发矿产资源或进行其他方面投资时，要特别重视保护生态环境。利用现代高科技手段提高矿业采选冶技术水平和工艺流程，降低化学药品、粗加工对土地和水资源的污染，做好矿产资源开发环境影响评估工作，逐步降低矿业开发对自然环境和水资源的负面影响。同时，可以考虑在草场、牧场等涉及生态、环保等领域与俄罗斯、蒙古国两国企业展开深度合作。

九、加强口岸经济人才建设，提供智力支持

加快发展口岸经济急需的高层次人才、高技能人才、紧缺型人才的吸纳、培养和使用。通过多种渠道和方式，积极做好边贸管理人才的培养和引进工作。有计划地安排现有口岸、边贸人才在职攻读、定向培养；对有能力的人大胆委以重任，提供发展平台；要创造良好的生活、工作环境，避免人才外流。吸引高端人才，为口岸经济发展提供优质的服务和高效的管理。组建专家咨询团，为口岸经济发展和沿边开放带建设提供咨询服务。

第六章

内蒙古的主要贸易伙伴

自1991年国家实施沿边开放政策以来，作为连接中国"三北"的北部边疆地区，作为国家向北开放的"前沿阵地"和重要"桥头堡"，内蒙古抓住历史发展机遇，利用自身的区位优势，不仅促进了自身对外贸易的发展，也不断拓展与俄罗斯、蒙古国的经贸关系，使俄罗斯、蒙古国成为内蒙古最主要的贸易伙伴。

第二节 内蒙古与蒙古国的经贸合作

2011 年前，蒙古国一直是内蒙古的第二大贸易伙伴。2012 年，蒙古国超过俄罗斯，成为内蒙古最大的贸易伙伴。但内蒙古与蒙古国经贸关系发展的历史，却是走过了一条曲折发展的道路，这与蒙古国与中国的历史渊源、自身所处的地理位置、其他国家的干预以及自身外交战略的调整等因素密切相关。

一、中蒙关系的历史溯源

蒙古国历史上曾是中国的一部分。1840 年鸦片战争以后，沙俄一方面通过与清政府签订不平等的条约，在蒙古地区侵占领土，开设领事馆，开展通商贸易，进行经济掠夺；另一方面通过各种手段，挑拨蒙古地区与清政府的关系，煽动民族分裂。但蒙古国只是表面上的独立，在整个"冷战"期间，苏联完全控制了蒙古国。蒙古国为了防范中国，过度依赖苏联，在文化、经济、军事等各个方面均受苏联的控制，其结果使中蒙关系陷入"困境"。

（一）"冷战"时期的中蒙关系

"冷战"时期，中蒙双方同为社会主义大家庭的一员，尽管蒙古国对中国心存芥蒂、内心敏感，但是在"冷战"初期双方仍保持了友好的合作关系。

1. 中国对蒙古国的经济援助

中国对蒙古国的援助包括劳务援助和资金援助。根据 1955 年和 1960 年双方签订的关于派遣员工的协定，中国从 1955 年 5 月到 1964 年 7 月，平均每年派遣 7000 多名员工帮助蒙古国搞建设，其中 1960 年最高峰时期达到了 1.2 万多人。①

---

① 常万隆，王义民. 中蒙经贸关系的现状及发展前景[J]. 蒙古国研究，2005(84).

中国员工在蒙古国期间，不仅帮助6000多名蒙古工人掌握了各种技术，还为蒙古国建成了5000多个工程项目，包括毛纺厂、玻璃厂、热电厂、国家百货大楼、乌兰巴托饭店等项目，建筑面积达270多万平方米。

在我国经济异常困难的情况下，中国对蒙古国仍然提供资金援助。1959～1965年，中国政府先后向蒙古人民共和国提供了总额4.6亿卢布的经济援助（分别是1.6亿旧卢布的无偿援助和3亿卢布年息为1%的低息贷款），为蒙古国经济的恢复与发展做出了重要贡献。

2. 蒙古国对中国的经济援助

自1951以来，蒙古人民每年通过贸易方式以马匹支援中国的农业生产。1958年8月，蒙古无偿赠送中国1.5万匹耕马，1961年，蒙古政府还向中国提供了1000吨牛羊肉、6000吨面粉和1000吨小麦的救灾物资，以帮助中国度过三年自然灾害。虽然这些对当时的中国只是杯水车薪，但对于蒙古国而言，已是尽了最大努力，这充分体现了中蒙两国的深厚友谊。

3. 中蒙经贸关系的发展

中国与蒙古国于1951年正式签署贸易协定，1951～1960年，两国贸易额猛增了50多倍。到1960年，两国的贸易额占到了当年蒙古国对外贸易总额的20%，形成了中蒙贸易关系发展历史上的第一个高峰期。

进入20世纪60年代中期，因中国与苏联意识形态领域里的分歧，中苏关系恶化。夹在中苏之间的蒙古国，为了得到苏联的庇护，不惜与中国决裂，由此中蒙政治经济关系陷入了长达20年的困境。

（二）蒙古国转轨后中蒙关系的发展

20世纪80年代末90年代初，随着苏联解体、东欧剧变，在苏联自顾不暇的情况下，完全放弃了对蒙古国的支援，蒙古国经济陷入困境。蒙古国对过去外交政策进行了反思，为了摆脱困境，在考虑蒙古国自身地缘因素的基础上，1994年6月由蒙古国大呼拉尔通过了《蒙古对外政策构想》。新外交战略充分考虑了蒙古国特殊的地理位置，确立了把加强同中俄两大邻国的关系放在首位，保持均衡、等距离的外交关系，但同时又对中俄有疑虑和戒心，积极发展同第三邻国的关系，最终形成了不结盟、多支点、等距离的新外交政策。

20世纪90年代，当俄罗斯、蒙古国经济陷入"困境"之时，中国的改革开放已

内蒙古自治区对外经济贸易发展报告(2013)

初见成效。在这一特殊的历史时期,中蒙关系发生了重大变化,突出的特点是自1989年中蒙关系实现正常化以来,由相互视为友好国家(1992年)、建设性伙伴关系(1994年)、战略协作伙伴关系(1996年),发展到1999年的睦邻友好关系。中蒙互信度不断提高。特别是进入21世纪以来,双方政治关系平稳发展,高层互访不断。

政治关系的顺利发展,大大促进了双方经贸关系的发展。与他国相比,中蒙之间的经贸合作具有先天优势,双方不仅有长达4710公里的边界线,而且中蒙双方经济互补性强,有经贸合作的基础。

二、中蒙贸易关系发展现状

在蒙古国新外交政策下,中国被界定为重要的经贸合作伙伴。1999年至今,中国已取代俄罗斯成为了蒙古国最大的贸易伙伴国。2011年,中国首次超过俄罗斯成为蒙古国第一大进口来源国。

(一)贸易规模不断扩大

基于经济互补性基础上的中蒙贸易关系发展迅速,双边贸易额已由2000年的3.23亿美元上升到2012年的65.96亿美元(见表6-1)。

表6-1 2000~2012年中国对蒙古国的贸易额 单位:亿美元

项目 年份	进出口总额	出口额	进口额	贸易差额
2000	3.23	1.11	2.12	-1.02
2001	3.62	1.23	2.39	-1.17
2002	3.63	1.40	2.23	-0.83
2003	4.40	1.56	2.84	-1.28
2004	6.94	2.33	4.60	-2.27
2005	8.60	3.19	5.41	-2.22
2006	15.81	4.34	11.47	-7.14

续表

项目 年份	进出口总额	出口额	进口额	贸易差额
2007	20.30	6.83	13.47	-6.64
2008	24.38	9.06	15.31	-6.25
2009	23.97	10.58	13.39	-2.81
2010	39.84	14.50	25.34	-10.84
2011	64.30	27.30	37.00	-9.70
2012	65.96	26.53	39.42	-12.89

资料来源：根据中国商务部亚洲司资料汇总并核算。

（二）贸易额占比不断提高

随着中蒙经贸关系的不断发展，中蒙贸易额在中国外贸总额中的比重不断提高（见图6-1）。可以看出，中蒙贸易额虽然较小，但发展迅速，在中国对外贸易总额中所占的比重呈上升趋势。

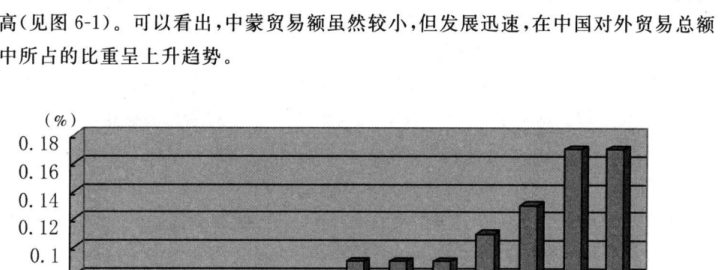

图6-1 2000～2012年中蒙贸易额在中国对外贸易中所占比重
资料来源：根据中国商务部亚洲司资料汇总并核算。

（三）贸易结构互补性强

中蒙间经济互补性是双方贸易发展的基础。蒙古国资源丰富但经济发展落后，而中国工业制造，特别是轻工业制造，发展态势良好，有较强的竞争力，但资源欠缺，中蒙双方贸易互补性较强。根据蒙古国海关部门统计显示，2012 中蒙进出口总额 65.96 亿美元，占蒙古国外贸总额的 59.3%，同比增长 2.5%。其中，中国自蒙古国进口 39.42 亿美元，占蒙古国出口总值的 89.9%，同比增长 6.5%；中国向蒙古国出口 26.53 亿美元，占蒙古国进口总值的 39.4%，同比下降 2.9%。中国连续 14 年成为蒙古国的第一大贸易伙伴国。蒙古国出口中国的主要有煤炭、铜矿石及精粉、铁矿石及精粉、原油等；蒙古国自中国进口的商品主要有钢材、建材、货车等。

三、内蒙古与蒙古国的贸易关系

内蒙古位于中国北部，与俄罗斯、蒙古国接壤，有 4261 公里的边界线，19 个对外开放口岸，其中与蒙古国的边界线长达 3139 公里、有 11 个对接口岸，一条国际铁路（二连浩特被称为第二条欧亚大陆桥的桥头堡），因此，内蒙古与蒙古国贸易关系发展有着得天独厚的地理条件。

从双边经贸发展历程来看，内蒙古与蒙古国贸易关系的发展与中蒙经贸关系的发展保持一致。历史上，中国与蒙古之间经历了相互的选择—放弃—再选择的过程，经贸关系发展也经历了困境、恢复、发展。同样，内蒙古与蒙古国贸易发展也经历了"冷战"时期的"困境"、俄罗斯和蒙古国转轨时期的恢复以及 2000 年以来的迅速发展。

（一）内蒙古与蒙古国的贸易发展现状

基于内蒙古与蒙古国间历史、地缘等因素的影响，两地间的贸易近年来呈现出强劲增长的发展势头。

1. 贸易规模不断扩大，所占比重逐年提高

因两地边境相邻、口岸对接，蒙古国是内蒙古的重要贸易伙伴。特别是 2012 年以来，蒙古国已超过俄罗斯成为全区最大的贸易伙伴。2012 年双边贸易额达到 32.6 亿美元，创历史纪录，同比增长 14.6%，占内蒙古贸易总额的 29.0%，占中蒙贸易的 49.4%（见表 6-2）。

第六章 内蒙古的主要贸易伙伴

表 6-2 内蒙古对外贸易额与蒙古国的贸易总额及所占比重

年份	内蒙古对外贸易额(亿美元)	贸易总额(亿美元)	在内蒙古贸易总额中占比(%)	在中蒙贸易总额中占比(%)
2000	20.36	2.28	11.2	70.6
2003	31.14	2.22	7.1	50.5
2005	51.62	3.67	7.1	42.6
2007	77.45	6.77	8.7	33.5
2010	87.19	17.00	19.5	42.7
2011	119.39	28.45	23.8	44.2
2012	112.57	32.6	29.0	49.4

资料来源：内蒙古商务厅网、中国商务部网。

2. 口岸货运能力不断提高

伴随着内蒙古对蒙古国开放口岸的不断增多①、开发力度不断加大以及各种优惠政策的全面实施，内蒙古对蒙口岸货运量不断增加。2011年，全区口岸进出境货物运量 6172.8 万吨，同比增长 17.7%。其中对蒙古国口岸进出口岸货运量 3222.2 万吨，同比增长 22.9%，占全区货运量的 52.2%。2012年，内蒙古口岸货运 6729.22 万吨，同比增长 9%，其中对蒙古国口岸进出境货物 3472.48 万吨，同比增长 7.8%，占全区货运量的 51.6%。在对蒙古国口岸中，二连浩特作为传统口岸，在对蒙古国货运中发挥着主导作用，策克口岸和甘其毛都口岸近年来货运量增速较快，特别是 2011 年，甘其毛都成为对蒙古国货运量最大的口岸，策克位居第二，体现出强劲的增长态势（见表 6-3）。

表 6-3 2006～2012 年内蒙古与蒙古国主要口岸货物运输情况表 单位：万吨

年份	二连浩特	策克	甘其毛都	珠恩嘎达布其	满都拉
2006	645.11	153.86	64.25	3.00	0.03
2007	559.91	121.09	196.80	15.75	0.08

① 2012 年，国务院新批准 3 个中蒙边境的公路开放口岸，分别是额布都格、阿尔山及满都拉。

续表

年份	二连浩特	策克	甘其毛都	珠恩嘎达布其	满都拉
2008	617.81	193.69	198.47	27.68	0.16
2009	621.31	363.77	291.03	26.72	3.93
2010	862.14	865.88	836.18	31.00	10.51
2011	1030.33	1033.70	1067.90	60.16	16.90
2012	1160.36	902.75	1029.00	105.00	42.20

资料来源：内蒙古自治区商务厅网站。

3. 边境贸易迅速发展

内蒙古与蒙古国贸易关系的恢复始于1986年两地边境贸易的发展，当年完成贸易额66万美元，其中内蒙古出口蒙古国37万美元，从蒙古国进口29万美元。进入20世纪90年代，特别是1991年国家实施沿边开放政策之后，两地边境贸易开始得到发展，1999年，内蒙古与蒙古国的边境贸易首次突破亿美元大关，达到3亿美元（见表6-4）。

表 6-4 1986~1999年内蒙古贸易总额及对蒙古国边境贸易额情况 单位：万美元

年份	内蒙古贸易总额	其中：边境贸易进出口	
		合 计	其中：蒙古国
1986	23937	2516	66
1987	30398	4692	248
1988	37968	11688	944
1989	43312	11538	495
1990	48430	15962	1545
1991	59964	22099	1663
1992	93555	45592	4107
1993	120283	77203	8312
1994	106128	44669	5454
1995	112310	30605	4718

第六章 内蒙古的主要贸易伙伴

续表

年份	内蒙古贸易总额	其中：边境贸易进出口	
		合 计	其中：蒙古国
1996	124981	49602	5352
1997	131027	46710	6526
1998	138581	39110	7791
1999	160786	66401	30050

资料来源：内蒙古商务厅。

2000年以来，随着国家针对沿边地区的各种优惠政策相继出台，边境贸易发展虽有波动，但总体仍呈上升趋势。边境贸易规模从1986年的66万美元，提高到2007年的28100万美元，21年间增加425倍（见图6-2）。2011年，内蒙古边境贸易总额为46.58亿美元，占内蒙古全区贸易总额的39%，其中与蒙古国的边境贸易额为19.5亿美元。2012年，内蒙古贸易总额为112.57亿美元，边境贸易额为47.25亿美元，占全区贸易总额的比重为41.97%。其中与蒙古国的边境贸易额超过20亿美元。

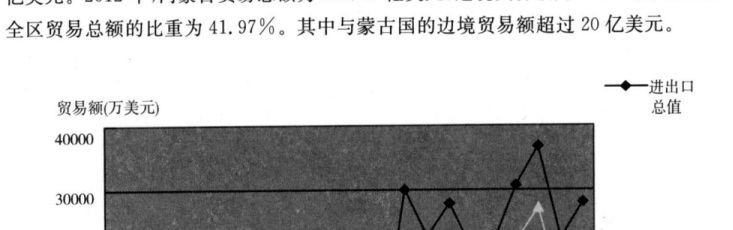

图6-2 1986～2007年内蒙古与蒙古国边境贸易发展规模及趋势
资料来源：内蒙古商务厅。

4. 内蒙古与蒙古国的贸易互补性较强

内蒙古出口到蒙古国商品多为日用消费品及建材等，包括大米、小麦、面粉、马铃薯、棕榈油、水果、蔬菜、食糖、方便面、棉布、化纤布、纸张、丝织品、钢材、电焊条、有色金属、铝材、水泥、建材制品、化工原料、变压器、砂糖、硫化钠、塑料制品、地毯、玻璃制品、钢材、机电、音箱设备等。从蒙古国进口的商品主要包括小麦、冻牛肉、冻羊肉、冻鱼、麦麸、鬃尾、绵羊皮、木材、绒毛地毯、废钢、废铝、生铁、铜精矿砂、铜材、铝材、氯化钾、尿素、煤、马匹、无毛羊绒、山羊绒，特别是煤炭及矿产资源近年来成为内蒙古主要进口产品，以2012年为例，内蒙古全年从蒙古国进口煤炭贸易额为17.5亿美元，约占双边贸易额的47.2%，成为双边贸易发展中的第一大贸易品。

5. 商贸旅游成为内蒙古与蒙古国之间旅游合作的重要方面

自俄罗斯和蒙古国成为我国出境旅游目的地后，内蒙古凭借地缘优势，大力发展边境游，吸引了国内外众多游客。内蒙古的满洲里、二连浩特、策克、阿尔山等口岸抓住有利时机，推出极具地方特色的旅游项目，吸引了大批的国内外游客，如阿尔山冰雪节、策克口岸的胡杨节等都为当地带来了很好的经济效益。

6. 投资合作水平不断提高

蒙古国是内蒙古企业境外投资的主要目的地，内蒙古约有1/3的投资分布在蒙古国。近年来，特别是随着国家"向北开放"、"走出去"战略的实施，内蒙古作为向北开放战略的桥头堡，不断加大在境外的投资力度，取得了明显的成效，而俄罗斯、蒙古国始终成为内蒙古境外投资的主要目的地。2011年，全区全年新批境外投资企业30家，同比增长60%，项目投资总额25.03亿美元，其中全区协议投资总额23.26亿美元，投资额占前三位的是俄罗斯、蒙古国及中国香港，涉及领域为矿产勘探开发、木材加工、电力开发；2012年，全区新批境外投资企业50家，同比增长72.4%，项目投资总额13.22亿美元，全区协议投资总额12.21亿美元，同比下降45.9%，投资额前两位的是蒙古国、俄罗斯，涉及领域与2011年基本相同。

（二）内蒙古与蒙古国贸易关系发展的有利因素

内蒙古与蒙古国有边境相邻、口岸对接的自然基础，源远流长的民族文化等社会基础及内蒙古经济高速发展的物质基础，成为两地贸易发展的有利因素。

1. 边境相邻、口岸对接

内蒙古与蒙古国一衣带水，沿线十余个对蒙开放的口岸，成为双方合作的基础。口岸不仅承担着内蒙古自治区本身与蒙古国的货运和客运任务，还承担着国内其他省市与蒙古国的运输任务，是重要的交通枢纽。随着口岸建设的不断完善，全区口岸及客运和货运量不断增加，在全国的地位不断提升。这是在中蒙合作中任何一个省份都无法复制的优势。

2. 民族文化的趋同性

内蒙古与蒙古国都是蒙古族的集聚地，具有同根同源的特性。据资料显示，蒙古族现有1000万左右人口，散居在世界三大洲的12个国家和地区，中国内蒙古和蒙古国是两个主要集聚地，其中在内蒙古有436万人口（占43.6%），蒙古国有245万人口（占24.5%）。两地的蒙古族曾共同生活在我国北部一望无际的大草原上，他们同为成吉思汗的子孙，有着共同的民族语言、民族文化及风俗习惯，这是两地合作的基础。

3. 要素禀赋的综合性特征

内蒙古与蒙古国的资源禀赋不同于国内其他省份与蒙古国资源禀赋互补性的特征，是既具有相似性，又具有互补性的特征。这种资源禀赋的特征决定了内蒙古与蒙古国在合作过程中可以采取多种经济合作形式。

4. 内蒙古经济发展迅速，成为与蒙古国合作的物质基础

内蒙古凭借资源、区位及政策优势，经济获得了飞速发展。2000～2010年，内蒙古经济总量由1539亿美元增加到11655亿美元，人均生产总值达到7070美元，全区2010年首次跨上全国万亿元GDP的行列。地方财政总收入由111亿元增加到1738亿元。固定资产投资累计完成3.7万亿元。城乡居民收入分别提高了2.5倍和1.7倍，达到17698元和5530亿元，由全国第29位和第22位分别上升到第10位和第16位。

2011年虽然国内外经济形势异常严峻，但全区生产总值仍达到14246亿元，增长14.3%，增速居全国第5位；人均生产总值达到57515元，按年均汇率计算折合8905美元，居全国第6位；地方财政总收入2264亿元，增长30.3%，人均财政一般预算收入5466元，居全国第7位；固定资产投资突破万亿元大关，达到10900亿元，增长21.5%；城乡居民收入分别增长15.3%和20.1%。

2012年，全区生产总值实现15988.34亿元，在全国各省区市中仍排第15位，按可比价格计算，比2011年增长11.7%，高于全国平均增速3.9个百分点。全区人均生产总值达64319元，按年均汇率折算首次超越1万美元，为10189美元，高

于全国平均水平(6091美元)近4000美元,增长11.3%,领先于西部各省(区、市)。

经济的高速发展,加大了政府对基础设施的投资力度,特别是近年来,随着国家向北开放政策的实施,全区加大了对口岸建设资金的投入,完善了口岸的功能,促进了内蒙古与俄罗斯、蒙古国经贸关系的发展,口岸通道和窗口作用明显。

5. 国内外有利的环境因素

从国内环境来看,为促进内蒙古经济又好又快发展,国家把内蒙古作为向北开发的桥头堡。大力实施沿边开放战略,依托重点口岸和合作园区,加快国际通道、对外窗口及沿边开放实验区建设。深化与俄罗斯、蒙古国等国家的交流与合作,发挥内引外联的枢纽作用。伴随着针对内蒙古发展政策的实施,为内蒙古与蒙古国合作带来了新的机遇。从国际来看,相对于中国而言,无论是蒙古的传统伙伴俄罗斯,还是其第三邻国日本、美国等。近年来特别是金融危机爆发以来,美、日、俄等国的经济陷入了长久的低迷,而中国经济持续高速增长,引发了对能源、资源需求的高速增长,为两地间的合作提供了前所未有的机遇。

(三)内蒙古与蒙古国贸易关系发展的制约因素

因中蒙间特殊的历史渊源,使内蒙古与蒙古国在贸易发展中存在若干制约因素。

1. 边界的阻碍作用

边界是主权国家的分界线。在贸易保护主义盛行时期,边界意味着关税和非关税壁垒,它限制了跨边界要素、商品、服务、资本的自由流动。国家为了促进边境地区的经济发展,纷纷开辟一些经济特区,从而降低边界对相邻国家经济交易的阻碍作用,即便如此,边界对相邻国家之间经济交易的阻碍作用仍然显著。内蒙古与蒙古国虽然边界相邻,但因受两国政治、意识等方面的影响,边界成为两地深入发展的障碍因素。

2. 资源禀赋相似性的限制作用

众所周知,中蒙之间经济互补性强,而就内蒙古与蒙古国而言,更多体现出的是资源禀赋的相似性。相似的资源禀赋,使双方合作的基础在于产业的合作,而非贸易。产业合作应当集中在资源、能源的合作开发及加工,但因蒙古国自身的原因及外部力量的干预,双方产业合作规模有限、合作层次较低。

3. 民众心理因素的干扰

伴随着内蒙古经济的高速发展及政府所倡导的惠民政策的实施，牧区居民生活富足，与一线之隔的蒙古国居民窘迫的生活形成了鲜明的对比。一方面，蒙古国政府担心内蒙古富足的生活会引起国内居民对政府的不满，担心本国居民移民中国，凝聚力下降，从而出台一些限制两地经贸往来的政策；另一方面，蒙古国居民对中国及内蒙古地区居民有仇视心理。因此，双方经贸合作掺杂了太多的非经济因素，限制了两地经贸关系的发展。

4. 蒙古国政策多变带来的不稳定性

蒙古国是一个多疑的国家且政策多变，引发了经贸发展的不稳定性。另外，内蒙古与国内其他省份相比，特别是与东北相比，无论是工业基础，还是其他配套服务方面，内蒙古处于不利地位，即内蒙古在与蒙古国合作过程中面临着与国内其他省份竞争的压力。

（四）内蒙古与蒙古国贸易发展存在的问题

在各种有利与不利因素的影响下，内蒙古与蒙古国的贸易发展存在如下问题。

1. 内蒙古与蒙古国的贸易发展逆差居多

落后的贸易结构导致了内蒙古与蒙古国的贸易多为逆差，内蒙古出口到俄罗斯、蒙古国的多为日用品，价格低廉；从俄罗斯、蒙古国进口的多为能源矿产资源、木材等。近年来，矿产资源价格不断上扬，俄罗斯、蒙古国为限制能源、矿产的大量出口，不断提高出口税，使得内蒙古进口金额不断提高。

2. 商品质量良莠不齐、商品结构单一

多年来，内蒙古与蒙古国的边境贸易中存在着许多质量问题，虽然与20世纪90年代相比，质量有了很大的改进，但时至今日，这个问题并没有从根本上扭转。另外，商品结构单一，主要是用我国低附加值的纺织品和食品、机电产品去交换对方的能源、原材料等初级产品，这一问题也是我国与俄罗斯、蒙古国贸易发展中存在的问题。

3. 贸易秩序混乱

边境地区远离国家经济发展中心，且边境贸易的发展是国家赋予边境地区的

一项优惠政策，政策由商务部及海关总署制定，而具体实施则由地方政府来执行。由于与内蒙古相邻的俄罗斯、蒙古国，政府监管不到位，各种不法活动频发，严重干扰了双方正常的经贸活动。

4. 边境贸易合作主体复杂

因边境贸易的特殊性，参与边境贸易的主体，既有边民个体，也有中小企业，经济实力不强，仍存在出口商品质量低和经商人员素质不高等问题，不利于双方合作的长远发展，影响了双方合作规模和水平。

5. 国家对边境贸易优惠政策的取消，影响了内蒙古边境贸易的进一步发展

从事边境贸易的企业多为中小企业甚至是微小企业，税收优惠政策对这些企业相当重要。自2008年11月1国家取消了边境贸易中减半征收进口关税和增值税的优惠政策后，一些边贸企业资金压力加大，严重影响了企业的正常运转，一些企业为了寻求地方优惠政策措施，转移到黑龙江的绥芬河等地，直接影响了全区边境贸易的发展。

6. 在内蒙古与蒙古国经贸合作发展过程中，非经济因素的影响非常大

因历史原因，在经贸发展的各个方面蒙古国对中国人加以排挤和抵制，双方相互抱怨，蒙方指责中方公司违反蒙方政策超额雇用中方人员，而中方抱怨蒙方工人不仅技术差而且酗酒、懒惰，因此中资公司更愿意雇用中国工人。另外，蒙方对中国大公司人驻蒙方时刻保持警惕。在这样一种氛围中，内蒙古与蒙古国的各种经济合作都受到了影响。

7. 经贸合作行业过度集中

内蒙古在蒙古国的投资主要在集中在矿产资源勘探与开发、农业种植以及房地产开发，使双方合作的层次低、稳定性差。

（五）内蒙古与蒙古国贸易发展目标与思路

根据内蒙古与蒙古国贸易发展的实际，作为目前内蒙古最大的贸易伙伴，内蒙古与蒙古国贸易发展要在规模、结构、平衡上下功夫；要在口岸、通道、边贸上做文章；要在投资、贸易及产业合作中求发展。

1. 发展目标

根据我国和自治区对外贸易"十二五"发展规划以及向北开放及"走出去"战略的积极实施，结合全区与蒙古国贸易发展实际，首要任务是要继续扩大与蒙古国的贸易发展规模，力争在"十二五"期间贸易额保持年均增长15%～20%，2015年贸易总额超过40亿美元。在进一步扩大进口贸易规模、优化进口贸易结构的同时，鼓励出口贸易发展，保持贸易发展的平衡、协调和可持续性。

2. 发展思路

基于以上发展目标，内蒙古与蒙古国贸易发展在继续发挥全区传统比较优势的同时，培育新的竞争优势；在继续借助于口岸、通道优势，提高货运、客运能力的同时，发挥边境旅游资源，开发边境旅游项目，增加旅游收入；在继续加大对蒙古国资源勘探与开发，缓解国内资源对经济发展约束的同时，更注重加强产业合作，形成利益共同体；在贸易方式上，要更加注重边境贸易对全区的贡献，更加注重加工贸易的发展，特别是注重边境地区的资源落地加工，提高加工贸易的附加值；要发挥人民币的国际流通作用，注重在与蒙古国贸易发展时加强用人民币结算的使用力度和比例，化解结算风险，要注重市场开拓的方式，特别是通过投资对出口的带动作用，力争建立起新型的与蒙古国合作关系。

第三节 内蒙古与俄罗斯的经贸合作

俄罗斯是内蒙古的重要贸易伙伴。截至2011年，俄罗斯一直是内蒙古最大的贸易伙伴。但内蒙古与俄罗斯的贸易关系深受中俄政治关系的影响，其发展轨迹与中俄经贸关系发展的历程一致。

一、中俄经贸关系的历史回顾

中国与苏联早在1949年就建立了外交关系，但经贸关系的迅速发展是在1999

年之后。在长达60多年的漫长过程中，因各自的利益诉求不同，中俄经贸关系的发展历经波折，目前已进入了历史上最好的时期。

（一）"冷战"时期，中国与苏联经贸关系陷入"困境"

新中国成立初期，由于美国等西方国家对中国实施封锁禁运，苏联成为我国主要的贸易伙伴。进入20世纪60年代，两国政治关系的恶化严重影响了中俄双方贸易关系的发展，双边贸易额急剧下降，直到20世纪70年代末80年代初，随着中美建交及中国改革开放的进行，中国与西方国家关系开始解冻，中苏之间的贸易关系逐渐恢复。到90年代初，双边贸易额达到最高。但随着1991年苏联的解体，双边贸易额再度下滑，其贸易走向类似于大写的字母"M"（见图6-3）。

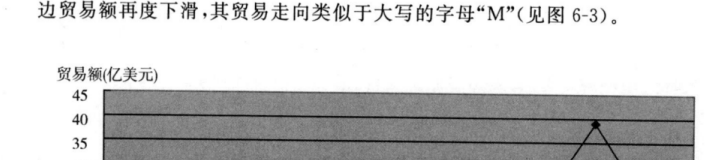

图6-3 1950～1991年中苏贸易走向

资料来源：徐复，刘文华. 中国对外贸易概论[M]. 天津：南开大学出版社，1999.

（二）俄罗斯转轨时期，中俄之间经贸关系开始恢复

20世纪90年代，对于中俄来说是一个体制大变革的年代，苏联在1991年解体，延续多年的计划经济体制在瞬间消失，迅速向市场经济转轨。但是，俄罗斯经济因转轨出现了前所未有的困难。而中国尽管是在1992年正式提出社会主义市场经济的概念，但早在70年代末改革开放政策就开始实施，进入20世纪90年代后经济已开始发展。此时，基于国家利益的考虑，俄罗斯改变了对中国的态度，中俄之间的经贸关系开始得到恢复与发展。

1. 中俄之间互信度不断加深

中俄之间随着1989年5月戈尔巴乔夫访华而解冻，双边关系也从1992年"相互视为友好国家"、1994年建立"建设性伙伴关系"、1996年的"战略协作伙伴关系"，双方政治互信度不断加深，随着中俄之间政治关系的不断推进，中俄之间的经贸关系也获得了恢复与发展

2. 中俄之间贸易关系不断发展

虽然20世纪90年代中俄之间的贸易额不大，在中国外贸总额中所占比例也不高，但在发展趋势上出现了一些新变化，基本保持了60亿美元左右的水平（见表6-5）。

表6-5 1993～1998年中俄之间贸易额

单位：亿美元

年 份	1993	1994	1995	1996	1997	1998
贸易总额	76.6	50.8	54.6	68.4	61.2	54.8
所占比重(%)(在中国)	3.91	2.15	1.94	2.36	1.88	1.69

资料来源：根据中国海关资料计算。

（三）2000年以来，中俄经贸关系发展迅速

1997年亚洲金融危机爆发，虽对许多国家来说是致命的打击，但对中国而言却是获得世界认可的机遇。危机过后，各国开始调整本国经济发展及与其他国家的经贸关系，基于经济互补性基础上的中俄经贸关系也进入了快速发展的新时期。

二、中俄贸易发展现状

中俄间政治关系的顺利发展，也促进了双边贸易的迅速发展，但中俄间贸易依然存在结构不合理、贸易逆差过大等问题。

（一）中俄之间贸易增长速度较快

自2000年以来，中俄间双边贸易进入了快速发展时期，双边贸易额已由2000年

内蒙古自治区对外经济贸易发展报告(2013)

的80亿美元增加到2012年的881.16亿美元,增加了10倍,增速较快(见表6-6)。

表6-6 2000~2012年中国对俄罗斯贸易额

单位:亿美元

年份	2000	2002	2004	2006	2007	2008	2009	2010	2011	2012
总额	80.0	119.3	221.3	333.9	481.7	568.3	388.0	554.5	792.5	881.6
出口额	22.3	35.2	91.0	158.3	284.9	330.1	175.1	296.1	389.0	440.6
进口额	57.7	84.1	121.3	175.6	196.8	238.3	212.8	258.4	403.5	441.0
差额	-35.4	-48.9	-30.3	-17.3	88.1	91.8	-37.7	37.7	-14.5	-0.4

资料来源:中国商务部网站。

(二)中俄之间贸易结构不合理

中俄经贸关系发展10多年来,商品结构并没有发生实质性的改变。中俄两国贸易仍处于以产业垂直分工为主,水平分工为辅的粗放型发展阶段,两国贸易结构需要进一步优化。

据中国海关统计,2012年中国和俄罗斯双边贸易总额为881.6亿美元,同比增长11.2%。其中,中国对俄罗斯出口440.6亿美元,同比增长13.2%;自俄罗斯进口441亿美元,同比增长9.2%。中国对俄罗斯的出口产品主要是电脑及其配件、通信设备、毛皮制品、鞋类、服装、家用电器、机动车辆及其零配件、钢铁产品等,俄罗斯向中国出口的产品主要是能源资源产品(原油、成品油、煤炭、原木、铁矿石及其他金属矿产等)、水产品、化工产品等。

(三)双方相互投资额较低

中俄两国都属于经济转型国家,在转型过程中资金短缺是个普遍问题。因此,对于中俄两国来说,相互投资比相互贸易更为重要,但从目前发展来看,双方相互投资较少,没有充分发挥各自的优势。

截至2012年底,中国对俄罗斯累计非金融类直接投资44.2亿美元,其中2012年对俄罗斯非金融类直接投资达到6.6亿美元,同比增长116.3%。投资主要分布在能源、矿产资源开发、林业、建筑和建材生产、贸易、轻纺、家电、通信、服务等领域。截至2012年底,中国累计实际使用俄罗斯直接投资8.5亿美元。其中2012年,中国实际使用俄罗斯直接投资2992万美元,同比下降3.6%。投资集中在制造业、建筑业、交通运输业等领域。

（四）劳务及工程承包合作成效显著

中俄间在劳动力资源方面互补性较强，有发展劳务合作及工程承包的基础。截至2012年底，中俄双方累计签署工程承包合同金额135.3亿美元，完成营业额90.3亿美元。其中2012年，中俄双方签署工程承包合同金额22.4亿美元，同比增长62.3%，完成营业额16.5亿美元，同比增长17.9%，期末在外劳务人数18822人。劳务合作集中在俄罗斯远东、西伯利亚地区，主要从事农业种植、建筑、森林采伐、木材加工、制衣、医疗及其他服务行业。

（五）中国自俄罗斯技术引进得以初步发展

俄罗斯科技实力雄厚，在许多领域都处于国际领先地位。近年来，随着中俄间政治关系的顺利发展，中国自俄罗斯技术引进也开始发展。2012年，中国自俄罗斯引进民用技术43项，合同金额1.4亿美元，同比下降92%。引进项目主要集中在核电、航空、航天、电子等领域。

（六）中俄间边境贸易稳步发展

中俄间有漫长的边境线，有发展边境贸易的自然基础，随着中俄间经贸关系的不断发展，双方传统的贸易方式——边境贸易也获得了稳步发展。2012年，中俄边境贸易额为103.7亿美元，同比增长10.8%。其中中国对俄罗斯出口39.4亿美元，同比增长16.9%，自俄罗斯进口64.3亿美元，同比增长7.3%。中国对俄罗斯边贸出口商品以轻纺、农产品和小家电为主；中国自俄罗斯进口以原木、原油、化肥、钢材、纸浆等初级产品为主。

三、内蒙古与俄罗斯贸易关系的发展

依靠内蒙古与俄罗斯边境相邻的优势，通过口岸货运、边境贸易、资源进口等经贸活动使内蒙古与俄罗斯间不断加强经贸联系。多年来俄罗斯位居内蒙古第一大贸易伙伴的地位，随着俄罗斯远东地区开发战略的积极推动以及俄罗斯入世，与俄罗斯毗邻的内蒙古区位优势将更加凸显。

内蒙古自治区对外经济贸易发展报告(2013)

（一）贸易发展的总体情况

俄罗斯是内蒙古最重要的贸易伙伴之一，但近年来，两地的贸易总额不仅出现了反复，且双边贸易额在内蒙古贸易总额及中俄贸易总额中也呈不断下降的趋势。

1. 贸易总额波动性较大

2005年，内蒙古与俄罗斯的贸易额达到17.6亿美元，在内蒙古贸易总额中占比为34.1%；2012年，两地贸易额为27.2亿美元，在内蒙古贸易总额中占比24.2%。另外，从两地贸易额在中俄贸易总额中的占比来看，内蒙古已由2005年的6%，下降到2012年的3.1%（见表6-7）。

表6-7 内蒙古与俄罗斯贸易总额及在内蒙古及中俄贸易中所占比重

年份	内蒙古贸易总额（亿美元）	与俄罗斯贸易		
		总额（亿美元）	在内蒙古贸易总额中所占比重（%）	在中俄贸易总额中所占比重（%）
2005	51.6	17.6	34.1	6.0
2007	77.4	29.9	38.6	6.2
2010	87.2	25.0	28.7	4.5
2011	119.4	28.9	24.2	3.7
2012	112.6	27.2	24.2	3.1

资料来源：内蒙古商务厅网、中国商务部网。

2. 贸易结构互补性强

受两地资源禀赋及产业结构的影响，两地贸易结构具有较强的互补性。内蒙古的农产品、轻纺产品、建材及机电产品在俄罗斯很有竞争力；而俄罗斯的木材、煤炭、化肥及石油产品在内蒙古很有市场。

满洲里口岸是中俄间最大的对接口岸，承担着全国60%以上的中俄间的货运任务，本部分以满洲里口岸货物进出口结构为例，间接分析内蒙古与俄罗斯贸易结构互补性问题。

（1）满洲里口岸进口结构分析。经满洲里口岸进口的产品始终以木材、原油、纸浆、化肥、锯材、铁矿砂、合成橡胶等战略性物资为主，其中木材、原油、纸浆、化肥四种商品成为进口大宗商品:2006年四种产品的进口金额总计为53.2亿美元,占满洲里口岸进口总额的85.7%;尤其在2008年四种大宗商品进口总额总计83.4亿美元,占满洲里口岸进口总额的86.9%;2009年虽然四种产品进口额下降到54.5亿美元,但却占满洲里口岸进口总额的89.5%;2010年四种产品进口总额回升到68.1亿美元,但占比下降至76.3%。

2011年满洲里口岸以边境贸易方式自俄罗斯进口原木691.1万立方米,其中内蒙古企业进口688万立方米,占进口总量的96.5%。此外,矿粉、煤炭以及化肥等都是满洲里自俄罗斯进口的主要产品。

2012年满洲里口岸货运量累计完成2817.2万吨,其中木材进口890.1万立方米(712.1万吨),同比下降12.4%;铁矿砂进口517.6万吨,同比增长1.1%;煤炭进口235.3万吨,同比增长30.7倍;化肥进口144.6万吨,同比增长32.4%。

(2)满洲里口岸出口结构。经满洲里口岸出口的产品以农产品及机电产品为主。2011年,出口俄罗斯的主要产品首先是农产品,近8成为果蔬类商品,其中出口水果(即鲜、干水果及坚果)1.1亿美元;出口蔬菜0.8亿美元,两者合计占口岸农产品出口的79.2%;其次是汽车,全年出口汽车1637辆,主要以一般贸易法方式进行,外资企业居首,外资企业出口汽车664辆,占同期关区出口汽车的37.6%;私企出口汽车624辆;国企出口汽车478辆。2012年,满洲里口岸高新技术产品出口大增,全年出口高新技术产品4314.5万美元,76.4%的产品出口俄罗斯,其中内蒙古企业出口356.8万美元,占8.3%。

3. 口岸货运能力不断提高

随着口岸基础设施不断完善,口岸货运能力不断提升,以中俄之间最大的陆路口岸——满洲里口岸为例,口岸过货量从2006年的2165.7万吨提高到2012年的2817.2万吨,但在内蒙古整体货运量中的占比持续下降,已经从2006年的占比71.6%下降到2012年的41.9%(见表6-8)。

表6-8 2006~2012年满洲里口岸货运量及在全区口岸货运量占比

年份	2006	2007	2008	2009	2010	2011	2012
口岸货运总额(万吨)	2165.7	2401.9	2333.6	2421.1	2611.3	2659.6	2817.2
在全区所占比例(%)	71.6	72.3	69.9	64.8	49.8	43.1	41.9

资料来源:内蒙古自治区商务厅数据。

（二）内蒙古与俄罗斯的边境贸易发展

内蒙古与俄罗斯的贸易恢复与发展起始于21世纪80年代的边境贸易，受体制影响，苏联经济发展陷入困境，特别是轻工业品生产难以自给，进入90年代，随着俄罗斯转轨，经济困境进一步加深，边境贸易成为双方经贸关系发展的主要方面。

1. 内蒙古与俄罗斯边境贸易规模不断扩大

内蒙古与俄罗斯的边境贸易始于1983年，当年双边边境贸易额为110万美元，1988年突破亿美元大关，达到1.07亿美元；2001年突破10亿美元，达到12.46亿美元；2005年突破20亿元，达到21.25亿美元。目前，双方边境贸易额已近30亿美元。

2. 边境贸易商品集中在原材料及初级产品

内蒙古出口俄罗斯的主要商品为大米、小麦、面粉、花生仁、冻肉、水果、蔬菜、牛肉罐头、蔬菜罐头、食糖、饮料、奶粉、方便面、茶叶、服装、陶瓷、文化用品、锁具、农药、硫化钠、塑料制品、毛皮衣服及纺织品、陶瓷制品、铁合金、机械设备等。油菜籽、生牛皮、羊皮、木材、羊皮、纸张、钢材、废钢、铜矿、铝材、氯化钾、化工品、塑料原料、化肥、农药、橡胶、硫磺、铁矿石、原油、润滑油、基础油、重洛酸钠、有机化学品、原木、木浆、未漂白牛皮衬纸、变压器、石英、铁道车辆及零件。

（三）边境旅游业发展

满洲里是内蒙古与俄罗斯间边境旅游的集中地，边境旅游收入也成为满洲里旅游收入的主要方面，近年来满洲里边境旅游人数及旅游收入不断增加。

2011年全年边境旅游人数61.4万人次，其中中方出境10.1万人次；俄方入境51.3万人次，均与2010年基本持平（全年出入境旅游人数122万人次，与2010年持平）。国内旅游人数458万人次，增长7.3%。旅游总收入40.2亿元，增长8.3%（含一日游）；旅游创汇2.4亿美元。

2012年全年边境旅游人数62.7万人次，其中中方出境10.1万人次；俄方入境52.6万人次，均与2011年基本持平（全年出入境旅游人数125万人次，增长1.4%）。国内旅游人数481万人次，增长4.9%。旅游总收入41.8亿元，增长3.9%（含一日游）；旅游创汇2.9亿美元。

四、俄罗斯"入世"对内蒙古与俄罗斯经贸关系的影响

俄罗斯早于1993年就提出了"入世"申请，但因俄罗斯与欧美发达国家的利益博弈及俄罗斯国内利益集团间利益纷争，最终使俄罗斯成为世界上"入世"谈判最长的国家。

（一）俄罗斯"入世"历程及"入世"承诺

俄罗斯"入世"历经波折，期间经历了俄格冲突、国内关于俄罗斯"入世"的利弊纷争、与贸易大国的利益博弈以及与107个国家双边谈判等。由于在农业补贴、汽车组装标准、金融和保险市场开放等关键问题上的严重分歧，特别是与美欧关系的起伏变迁等诸多经济和政治因素的掣肘，使得俄罗斯"入世"道路曲折。

1. 俄罗斯"入世"的简要历程

1993年6月，俄罗斯就正式申请加入世界贸易组织前身——关税及贸易总协定，1995年启动"入世"谈判，2011年12月16日在瑞士日内瓦国际会议中心举行的世界贸易组织(WTO)第八次部长级会议上，俄罗斯第一副总理舒瓦洛夫向世界贸易组织总干事拉米递交文件。世界贸易组织正式同意吸纳俄罗斯，俄罗斯结束长达18年的"入世"马拉松。随后，2012年7月10日和7月18日，俄罗斯国家杜马和联邦委员会先后批准俄罗斯加入世界贸易组织的法案。7月21日，俄罗斯总统普京签署有关批准加入世界贸易组织协议的联邦法案。2012年8月22日，俄罗斯正式成为世界贸易组织第156个成员，世界贸易组织由此覆盖98%的国际贸易。俄罗斯也成为历史上入世谈判时间最长的国家。

2. 俄罗斯的"入世"承诺

俄罗斯是以发达国家身份加入世界贸易组织的，总体上其承诺比我国加入世界贸易组织时的承诺要高。在货物贸易方面，俄罗斯将约束其所有产品的关税水平。工业品平均关税水平将从目前的10%降低到7%，俄罗斯承诺38%税目的产品自加入世界贸易组织时起即实施最终约束关税税率，有超过80%税目的产品在"入世"后3年内达到最终约束关税税率。在服务贸易方面，除在金融、保险等领域的并购比例不超过50%之外，其他世界贸易组织定义的12个服务贸易部门几乎将全部对外开放。具体承诺包括：

内蒙古自治区对外经济贸易发展报告(2013)

(1)约1/3的商品从"入世"之日起下调进出口关税,1/4的税目将在三年内调整到位。到2015年,俄罗斯总体关税水平将比目前下降约3.5%,达到约6%,其中农产品关税将从13.2%降至10.8%,制造业商品关税将从9.5%降至7.3%,部分敏感商品的保护期为5~7年。

(2)俄罗斯承诺逐步降低农产品补贴。2012年农产品补贴限制在90亿美元内,尔后逐步削减,到2018年降至44亿美元。

(3)俄罗斯保证,境内生产商和天然气分销商"会依据正常商业模式运营",外国投资在电信产业中不得超过49%的限额将在"入世"4年后取消。

(4)在"入世"协议中,俄罗斯签署了57个货物贸易市场准入双边协议和30个服务贸易市场准入双边协议。除部分商品进口关税和市场准入享受过渡期外,俄罗斯有义务履行世界贸易组织的所有规定。

(二)对中俄贸易的影响

作为中国的近邻,俄罗斯"入世"会对中俄贸易产生重要的影响。中俄贸易的特点是互补性强,俄罗斯以能源、原材料出口为主,中国以制成品出口为主,俄罗斯本身贸易环境改善后,会对中俄贸易有更大促进。中国在机电、纺织服装产品出口方面大有可为。统计数据显示,2011年中俄贸易额达792亿美元,同比增长42.7%,俄罗斯成为中国主要出口国中增长率最高的国家。2012年,中俄贸易额为881.58亿美元,同比增长11.2%,高于全国贸易增长速度6.2%的水平。随着俄罗斯"入世"承诺的进一步落实,中俄贸易将会有更大的突破。

(三)对内蒙古与俄罗斯的贸易促进

内蒙古与俄罗斯毗邻,俄罗斯是内蒙古的重要贸易伙伴,曾多年位居第一,从内蒙古与俄罗斯的贸易结构以及俄罗斯的"入世"承诺看,会对双边贸易产生重要的影响。俄罗斯下调进出口关税,特别是出口关税的调整,会对内蒙古进口俄罗斯的木材、原油等资源性产品的进口产生积极作用。俄罗斯对农业补贴的承诺以及对进口产品关税的降低,将有力促进内蒙古果蔬类产品及机电、纺织品的出口,使双边贸易发展可以在确定的范围内获得长足进展。另外,俄罗斯"入世"将在更大范围内包括双方的投资领域、服务领域、产业合作方面取得积极进展。

五、俄罗斯远东地区开发为内蒙古带来的机遇

俄罗斯远东地区是连接西欧、北美和东亚国家的天然桥梁，有贯通东西的西伯利亚大铁路及贝一阿铁路，有丰富的石油、天然气、各种矿产资源及丰富的港口资源，俄罗斯远东地区开发为毗邻国家和地区带来了合作的机遇。

（一）俄罗斯远东地区开发

俄罗斯对远东地区的关注始于叶利钦时期，早在1996年叶利钦总统就签署了《1996～2005年远东和外贝加尔经济和社会发展专项纲要》；2007年俄罗斯又颁布了《俄罗斯远东及外贝加尔湖地区2013年以前社会发展联邦专项规划》，总投资216亿美元；2009年中俄双方共同批准《中国东北地区同俄罗斯远东及西伯利亚地区合作规划纲要》。2012年7月25日，在俄罗斯国际新闻通讯社举行了《俄罗斯远东：俄罗斯发展的火车头还是中国的"资源地"？》的座谈会，中俄专家认为，俄罗斯意识到了远东地区开发对其在亚太地区的战略意义，远东地区凭借其丰富的资源优势，将成为下一个带动俄罗斯发展的火车头，对与其毗邻的中国而言，既是机遇也是挑战。

俄罗斯政府高层认为，俄罗斯远东和西伯利亚地区的开发不可能"孤立地进行"，其振兴离不开亚太地区的经济一体化。总统梅德韦杰夫早在2009年11月曾表示："俄罗斯远东地区发展落后的主要原因是该地区劳动力缺乏、基础设施发展不平衡，但俄罗斯有发展这一地区的庞大计划。我们要与邻国一起合作来完成这一计划。"同年5月，在远东的哈巴罗夫斯克召开的边境合作会议上，梅德韦杰夫总统对远东各州的地方官员说："必须更加积极地吸引中国对俄罗斯远东地区的投资。"他表示："中国不仅是俄罗斯工业产品的大市场，同时还拥有大量的金融资源可以投入到俄罗斯经济当中。这方面应成为俄罗斯与中国合作的优先方向。"随着俄罗斯高官层对远东地区开发的深入认识以及俄罗斯远东地区开发计划的逐步实施，中俄及内蒙古与俄罗斯的深入合作的新时期即将到来。

（二）俄罗斯远东地区开发为内蒙古带来的发展机遇

内蒙古作为我国向北开放的桥头堡，与俄罗斯边境相连，拥有中俄最大陆路口岸——满洲里，俄罗斯远东地区开发对内蒙古有着重要的现实意义。

1. 人力资源互补性

内蒙古自治区劳动力资源丰富，俄罗斯远东地区人口稀少，远东地区和贝加尔居民总数为1100多万，仅占俄罗斯居民的7.8%，这对于621.59万平方公里的远东地区来说，显然远远不够。虽然俄罗斯政府采取许多优惠政策，鼓励本国居民东迁，但成效并不显著。人力资源欠缺对远东地区开发形成了强大的制约。

2. 能源资源的互补性

能源对俄罗斯经济的拉动作用短期内不可能改变，中国对能源的需求也是一个长期的过程，俄罗斯远东地区资源丰富，石油、煤炭、水利等各种能源资源富集。成为双方合作的重要方面。

3. 基础项目建设的共赢性

远东地区远离俄罗斯经济文化中心，各种基础设施相对落后，而这正是我们的强项，经过30多年经济建设，我们不仅积累了资本，而且在经济建设的各个方面都积累了大量的经验，我们不少企业在向北开放中远赴俄罗斯、蒙古国，开发的许多项目已取得了良好的社会效应，如内蒙古呼伦贝尔天成国际建筑集团公司在俄罗斯布里亚特共和国乌兰乌德市投资开发的"天骄小区"已于2012年9月8日竣工，该项目共24万平方米，包括学校、幼儿园、医院、商业门市及住宅等，总投资12亿元，是我国企业在俄罗斯远东地区开发建设的规模最大、功能最全的房地产项目，这不仅为内蒙古及中国在俄罗斯远东地区开发中的合作积累了经验，而且也树立了良好的企业形象，为双方进一步合作奠定了基础。

第三节

内蒙古与中国香港地区经贸合作

俄罗斯、蒙古国是内蒙古的主要贸易伙伴，但随着内蒙古市场多元化战略的实施，内蒙古的贸易伙伴已多达160多个，尤其是近年来与中国香港地区的经贸关系发展态势良好。

第六章 内蒙古的主要贸易伙伴

一、内蒙古与中国香港地区的经贸发展现状

1. 总体情况

内蒙古自治区与中国香港地区的贸易始于1954年，50余年的发展，与中国香港的经贸发展规模不断扩大，占比不断提高。2010年，内蒙古与中国香港的贸易额达到7.21亿美元，占全区外贸进出口总额的8.3%，香港地区已经成为内蒙古自治区第三大贸易伙伴（仅次于俄罗斯和蒙古国）。2011年，蒙港贸易额近10亿美元，达到9.08亿美元，同比增长了26%，中国香港再一次成为内蒙古自治区仅次于俄罗斯和蒙古国的第三大贸易伙伴。伴随着每年一届的经贸活动周的展开，2012年中国香港依然是内蒙古重要的经贸合作伙伴和主要的外资来源地。

2. 中国香港地区是内蒙古自治区企业最早"走出去"的地区

早在1984年，内蒙古自治区经贸厅就在中国香港成立兴源（香港）有限公司，实质是内蒙古外贸公司驻香港办事处，是内蒙古在境外设立的第一家公司。截至2010年，内蒙古自治区已经核准在中国香港投资设立了15家企业，中方协议投资总额5.5亿美元，占内蒙古自治区对外投资总额的37%，是内蒙古自治区对外直接投资中方协议投资额最多的地区。小肥羊、蒙牛、伊利、鄂尔多斯、伊泰等许多大企业纷纷在港投资、设立公司。包头铝业、蒙牛乳业、小肥羊餐饮国际连锁、瑞金矿业等企业已经相继在香港联交所上市。内蒙古自治区已经成为香港联交所上市公司对外投资进行能源并购、开展新能源、有色金属和新材料投资的热点地区。

3. 中国香港地区已成为内蒙古自治区利用境外投资的主要地区

截至2010年，中国香港在内蒙古自治区累计投资设立外商投资企业1279家，合同外资金额91.87多亿美元，投资额在1000万美元以上的企业达到275家。2010年内蒙古自治区实际利用外资33.85亿美元，是2000年利用外资的30倍，其中中国香港在内蒙古自治区投资设立企业37家，实际到位资金19.67亿美元。中国香港在内蒙古自治区的投资方式主要以独资企业和合资参股企业为主，企业主要分布在呼和浩特、包头、鄂尔多斯。中国香港在内蒙古自治区投资所涉及的行业比较广泛，主要是以煤炭为基础的能源产业和风力发电以及农业、制造业、房地产开发、餐饮业等传统产业。中华煤气、华润电力、蒙古能源、中能控股、国华投资等一大批上市公司相继在内蒙古自治区进行矿产资源开发、谋划大的能源工业产业

链项目。2011年，内蒙古实际利用港资增长了55%，内蒙古的港资企业达到1328家，占全区外资企业的44%。2012年，内蒙古实际利用港资30亿美元，占全区利用外资的77%，有1357家港资企业在内蒙古投资创业。

二、内蒙古与中国香港地区经贸进一步合作的平台

为促进蒙港两地经贸关系的进一步发展，内蒙古与中国香港地区分别于2005年、2011年、2012年、2013年成功举办了四次"内蒙古·香港经贸合作活动周"成为两地合作的新平台。参与经贸活动有政府官员，但更多的是各盟市的工商业界人士，参与的形式是政府搭桥、企业洽商，实现了政府与企业的携手共进、天堂草原与东方之珠的紧密合作。

（1）2011年，两地政府的四个部门分别签署了《关于承接产业转移和品牌发展计划合作框架协议》、《进一步促进双方经贸合作框架协议》、《旅游合作框架协议》、《金融工作谅解备忘录》四个合作协议，为今后的合作打下了坚实的基础。

（2）2011年"内蒙古·香港经贸合作活动周"期间，两地共签订合同投资项目41个，投资总额318亿美元。本次活动周进一步拓展了两地合作空间和领域，把蒙港合作推向了一个新的水平。

（3）2012年"内蒙古·香港经贸合作活动周"期间，蒙港两地企业共签订合同类项目51个，涉及投资总额459.5亿美元；协议类项目40个，涉及投资总额144.3亿美元。

内蒙古自治区各盟市在各自的活动日上，也均筛选出一批突出地区特点的优势项目进行了重点推介，并取得了丰硕的成果。活动周期间还举办了"活动周"开幕仪式、蒙港经贸合作项目推介、内蒙古投资环境介绍、草原英才招聘推介、云计算产业发展专题推介、内蒙古自治区旅游推介、蒙港高层会见、内蒙古盟市经贸合作活动日、香港媒体高层招待会以及内蒙古港澳（台）同乡联谊会等一系列活动，同时通过高层会谈、拜会商会、社团、接触企业界人士，进一步加强内蒙古与香港政府、商会、社团和企业间的相互联系，更好地促进两地经贸合作与交流。

（4）2013年"内蒙古·香港经贸合作活动周"期间，蒙港两地企业共签订项目51个，其中合同类项目33个，协议类项目18个。

此次签订的合同及协议项目覆盖了全区各盟市，重点集中在包头市、呼伦贝尔市等地。乌海市签署了聚氯乙烯生产设备及工艺项目，锡林郭勒盟签署了LNG项目，包头市签署了总额超过20亿美元的节能环保综合利用等9个项目。各盟市不

仅有新项目入库，还注重引进了许多高科技、高附加值、符合内蒙古产业发展方向的项目。

三、内蒙古与中国香港地区经贸进一步发展的条件

1. 区位优势互补

中国香港背靠祖国，面向世界，具有独特的发展优势，是内地企业的重要融资平台和开展国际贸易的窗口。加强同中国香港的经贸合作，是内蒙古实现新的更大发展的战略选择。同时内蒙古是我国向北开放的"桥头堡"，因此两地合作，为双方进一步打开与他国市场打开了方便之门。

2. 要素优势互补

中国香港具有国际贸易中心、金融中心、航运中心的优越地位，其在金融、航运、人才、技术等方面优势明显。另外，中国香港是国际跨国公司、大企业、金融财团总部、办事机构等云集的地方，其集聚优势明显，因此香港是内蒙古企业引资引智的平台、进军海外市场的跳板、实现优势的捷径。而内蒙古一方面商务成本优势明显，土地供应充足，具有成本优势；另一方面资源能源富集，保障度高，资源能源靠近市场，具有物流优势。这种潜在的互补性为进一步加强蒙港两地的合作提供了巨大的潜力和广阔的前景。

3. 政策优势互补

内蒙古政策环境优越，是全国唯一同时享受国家西部大开发和东北振兴及向北开放的优惠政策的实施地区，政策叠加优势明显。特别是2011年6月，国务院出台了《关于进一步促进内蒙古经济社会又好又快发展的若干意见》（以下简称《意见》），明确了内蒙古在国家中的战略定位，赋予内蒙古差别化的产业政策，扶持银行、保险、证券发展的金融政策，倾斜的财税、投资、土地政策等一系列操作性强、含金量高、支持力度大的优惠政策，同时在很多方面赋予内蒙古先行先试的权力。支持力度之大、措施之实、覆盖面之广、含金量之高，为近年来同类文件所少有。这是继西部大开发和振兴东北等老工业基地战略之后，内蒙古迎来的又一历史性机遇。随着《意见》的出台和深入实施，内蒙古的政策优势更加凸显，投资环境更加优越，各方投资者的目光进一步聚焦于内蒙古。而中国香港地区作为国际金融中心、世界最大的自由港和国际贸易中心，两地合作必将带动内蒙古产品走向香港、腾飞世界。

第七章

内蒙古各盟市对外经贸运行情况

内蒙古自治区共有12个地级行政区划单位(其中：9个地级市、3个盟)，分别为包头市、呼和浩特市、鄂尔多斯市、呼伦贝尔市、巴彦淖尔市、赤峰市、通辽市、乌兰察布市、乌海市、阿拉善盟、兴安盟、锡林郭勒盟。满洲里市、二连浩特市为准地级市。各个盟市经济发展结构、对外贸易发展特点各不相同，本章将对各盟市的对外经贸运行情况逐一进行分析。

第二节

包头市对外经贸运行情况

包头市位于内蒙古自治区西部，是国务院首批确定的十三个较大城市之一，是内蒙古自治区最大的工业城市，是国家重要的基础工业基地。包头的矿产资源特别是金属矿产品种丰富，其中稀土矿不仅是包头的优势矿种，而且也是国家矿产资源的瑰宝。包头市对推动全区经济和贸易发展具有重要的作用。

一、包头市经济发展情况

"十一五"期间，包头市政府努力推进经济平稳较快增长，主要经济指标实现重大突破。生产总值从2006年1010.1亿元增加到2010年的2460.8亿元，年均增速19.5%，人均生产总值从41334元提高到93442元，年均增速17.7%，规模以上工业增加值由400.3亿元增加到952.4亿元，社会消费品零售总额由355.5亿元增加到730.8亿元，三次产业比例由2006年的3.5∶54.2∶42.3调整为2010年的2.7∶54.1∶43.2，第三产业占比有所提高（见表7-1）。根据《2011年包头市统计年鉴》，2010年全国西部地区52个城市生产总值排名中包头市位居第4。

表7-1 2006～2012年包头市生产总值情况表

年份	地区生产总值（亿元）	第一产业（亿元）	第二产业（亿元）	第三产业（亿元）	人均地区生产总值（元）
2006	1010.12	35.11	547.53	427.48	41334
2007	1277.20	45.15	657.47	574.58	51564
2008	1760.00	52.08	1003.93	703.99	70004
2009	2168.90	55.34	1175.25	938.31	84979
2010	2460.80	66.48	1331.45	1062.87	93442
2011	3005.40	80.17	1665.18	1260.05	112372
2012	3209.14	89.75	1685.08	1434.31	118320

资料来源：2006～2010年数据来源于历年《包头市统计年鉴》，2011年、2012年数据分别来源于2012年、2013年《内蒙古统计年鉴》。

内蒙古自治区对外经济贸易发展报告(2013)

"十二五"开局之年，包头市经济继续保持快速发展势头。2011年生产总值比2010年增长了22.1%，突破3000亿元大关。2012年生产总值达到3209.14亿元，比2011年增长了6.8%，其中第一产业增长11.9%，第二产业增长1.2%，第三产业增长13.8%。三次产业结构比例为2.8∶52.5∶44.7。

作为内蒙古自治区重要的工业城市，包头市围绕优化工业结构，有效提升产业层次。钢铁、铝业、装备制造等五大支柱产业不断做大做强，2012年装备制造业增加值占规模以上工业的比重达到22%。煤化工、风力发电等战略性新兴产业快速发展，产值已占规模以上工业的11.7%。世界首套煤制烯烃示范项目顺利投产、运营良好，风力发电装机容量达到115.7万千瓦。围绕增强工业经济实力，大力实施"双百亿工程"。营业收入超百亿元企业达到6户，包钢集团成为自治区唯一超500亿元的工业企业；营业收入超百亿的园区达到7个，稀土高新区在自治区率先进入千亿元级园区行列，成为全国首批五个创新型特色园区之一。围绕提升工业竞争力，着力增强自主创新能力。拥有国家级、自治区级工程中心和企业技术中心44个，高新技术企业达到73家。高新技术产业2012年实现产值750亿元，是2007年的2.2倍。大口径厚壁无缝钢管垂直挤压设备研制成功，打破了国外技术垄断；高速百米重轨、大功率自动变速箱、核磁共振成像系统达到国内先进水平；北奔重汽成为我国西部重要的重型汽车生产基地，北方股份矿用车通过引进消化再创新，市场占有率国内领先。服务业活力显著增强。一批国内外知名商业企业入驻包头市，一批本土企业发展壮大。"三基地、六园区、九中心"物流业发展规划出台实施，北方国际工业原料城、润恒物流园等物流重点项目加快建设，现代物流业迅速崛起。区域性商贸中心建设有力推进。房地产业平稳健康发展，2012年直接或间接纳税220多亿元。金融业发展提速，六家股份制银行落户包头市，包商银行不断壮大，金融对地方经济发展的支持力度进一步加大。会展业开始起步，国际会展中心建成运营，稀土论坛的影响力继续扩大，包头市被命名为"稀土之都"。旅游业快速发展，接待人数年均增长13.1%，旅游收入年均增长23.5%。中介、法律、咨询、会计等现代服务业快速推进。现代农牧业长足发展。大力实施"南菜北薯、乳肉并举"战略，蔬菜保护地增加到13.5万亩，年均增长35%；马铃薯等滴灌设施面积达到40万亩，年均增长2.3倍；奶牛、肉羊的养殖规模和水平不断提高。积极推进农牧业产业化，截至2102年，市级以上龙头企业有101家，农畜产品加工转化率由40%提高到50%。农牧业科技装备水平和耕种收综合机械化水平稳步提高。①

---

① 孙炜东. 2013年包头市政府工作报告[EB/OL]. 包头市政府网，2013-01-07，http://www.baotou.gov.cn/html/zfgzbg/2013-01/2013-01-17-10-48-43-55.html.

二、包头市经济在内蒙古自治区的地位

由呼和浩特、包头、鄂尔多斯组成的"呼包鄂"经济圈，对内蒙古自治区的经济发展起到巨大的推动作用。2010年前，包头市生产总值一直居全区之首，但在2010年被鄂尔多斯市赶超。2011年、2012年在全区12个盟市中，包头市生产总值排名第二位，第二产业、第三产业规模均位居全区第二，人均生产总值位居全区第三（见表7-2）。依靠工业产业，包头经济持续稳步增长，在自治区整体经济中具有举足轻重的作用。

表7-2 2012年内蒙古自治区各盟市生产总值

地 区	生产总值（亿元）	第一产业（亿元）	第二产业（亿元）	其中，工业（亿元）	第三产业（亿元）	人均生产总值（元）
包头市	3209.14	89.75	1685.08	1491.30	1434.31	118320
呼和浩特市	2458.74	120.52	802.31	637.56	1535.92	83906
呼伦贝尔市	1335.80	239.14	629.79	546.03	466.88	52649
兴安盟	385.16	114.58	149.24	117.93	121.34	23944
通辽市	1693.19	232.88	1068.54	986.21	391.77	54019
赤峰市	1556.82	237.54	856.35	745.45	462.93	36070
锡林郭勒盟	820.20	81.58	549.76	492.70	188.86	79105
乌兰察布市	778.71	121.52	418.63	373.71	238.56	36525
鄂尔多斯市	3656.80	90.14	2213.13	1971.68	1353.53	182680
巴彦淖尔市	783.34	151.19	448.83	384.43	183.31	47012
乌海市	531.91	4.86	362.54	328.19	164.52	97617
阿拉善盟	425.76	10.77	348.65	330.27	66.34	179608

资料来源：《内蒙古统计年鉴》(2013)。

三、包头市对外经贸运行情况

（一）对外贸易发展情况

1. 对外贸易规模

"十一五"期间，随着满都拉口岸基础设施逐步完善和"无水港"的建立，除2009年受国际金融危机影响之外，包头市贸易规模和出口金额屡创新高，增速迅猛（见表7-3），贸易一直为顺差。"十一五"期间，包头市进出口总额和出口额年均增速分别达到10.0%和6.8%。2012年在国内整体外贸增速放缓的背景下，全区各盟市都出现了贸易规模萎缩的现象，包头市进出口金额比2011年下降24.2%，出口下降36.0%。

表 7-3 2006～2012 年包头对外贸易规模 单位：万美元，%

年 份	进出口总额	占全区比重	出口额	出口增速
2006	121274	20.4	86746	66.0
2007	184120	23.8	119982	38.3
2008	233926	26.2	151301	26.1
2009	128356	19.0	66852	-55.8
2010	195303	22.4	120403	80.1
2011	276915	23.2	181773	51.0
2012	209982	18.7	116358	-36.0

资料来源：根据《包头统计年鉴》(2011)，《内蒙古统计年鉴》(2012)，内蒙古商务厅网提供的数据整理计算得出。

与区内其他盟市对外贸易规模比较，包头市对外贸易具有明显优势，进出口额名列前茅（见表7-4）。

第七章 内蒙古各盟市对外经贸运行情况

表 7-4 2011 年、2012 年内蒙古自治区各盟市对外贸易情况 单位：万美元

地区	进出口总额	位次	出口	位次	进出口总额	位次	出口	位次
	2011年				2012年			
包头市	276915	1	181773	1	209982	2	116358	1
呼和浩特市	202456	3	102370	2	170128	4	83292	3
呼伦贝尔市	256609	2	23644	5	219128	1	27694	4
兴安盟	380	11	367	11	761	12	745	11
通辽市	9329	10	7381	8	10384	9	7288	8
赤峰市	51557	8	21558	6	77531	6	12731	7
锡林郭勒盟	163361	4	65718	3	197485	3	91129	2
乌兰察布市	10369	9	6576	10	5174	10	4298	10
鄂尔多斯市	61500	7	31026	4	42260	8	22903	6
巴彦淖尔市	96034	5	21123	7	127131	5	24640	5
乌海市	378	12	351	12	4618	11	164	12
阿拉善盟	65022	6	6836	9	61085	7	5803	9

资料来源：内蒙古商务厅网。

2. 外贸依存度^①

长期以来，包头市外贸依存度保持较低水平，这也充分说明了包头市非外向型经济这一主体面貌。从"十五"到"十一五"外贸依存度表现为两个阶段性特征：2001～2004 年呈下降趋势，由 2001 年的 6.5%下降至 2004 年的 4.5%，下降了 2 个百分点，而此期间 GDP 从 248.58 亿元上升至 650 亿美元，人均 GDP 达 3000 美元；2005～2008 年跳跃式上升，从 2005 年的 7.9%上升到 2008 年的 9.1%，发展水平几乎是 2004 年的 2 倍，GDP 也从 800.8 亿元上升至 1760 亿元，人均 GDP 突破 7000 美元；2009 年急剧下滑只达到 4.0%^{②}，2010 年上升为 5.3%^{③}。进入"十二

---

① 本书所说外贸依存度为进出口总值与国民生产总值之比。

② "十二五"时期优化进出口产品结构和提升外贸综合竞争力的研究[EB/OL]. 包头市政府网，http://www.baotou.gov.cn/html/zfgzbg/2012-08/2012-08-21-9-43-41-07.html.

③ 该数据是按照 2010 年 12 月 31 日外汇中间价 1 美元兑人民币 6.6227 元计算得出。

五"时期，受到国内外经济环境变化及人民币升值的影响，包头市外贸依存度与贸易规模均呈先升后降的情形，2011年为5.8%^{①}，2012年则为3.9%。^{②}

包头市外贸依存度偏低，表明对外贸易对包头市经济贡献率和拉动力较小，该市整体经济主要属于投资型和能源型的城市，经济发展主要依托国内市场和地区市场。

3. 贸易往来国（地区）

目前与包头市有贸易往来的国家和地区有117个，在巩固亚洲传统市场的基础上，包头企业不断扩大了欧洲、北美洲等市场的贸易往来。包头市进口的国家和地区主要分布于德国、澳大利亚、蒙古国、英国、美国等；出口的国家和地区主要集中于英国、日本、意大利、泰国、韩国、印度等新兴市场。^{③}

2012年澳大利亚为包头市第一大贸易伙伴，双边贸易总值3.5亿美元，同比下降37.2%，欧盟、韩国、美国紧随其后。由于日本的铁合金以及稀土合金市场需求低迷，导致出口值锐减，包头市与日本双边贸易总值仅1.3亿美元，同比下降68.7%，为包头市贸易伙伴的第五位。以上五国（地区），占同期包头市对外贸易值的68%。^{④}

4. 贸易方式

包头市的对外贸易方式以一般贸易为主。2012年，包头市一般贸易进出口总值实现20亿美元，同比下降24.8%，占进出口总值的95%，所占比重同比下降1.6个百分点。包头市地处内陆边疆，经济社会发展比较落后，一定程度上制约了加工贸易的发展。2012年，加工贸易进出口总值实现845.8万美元，同比下降85.7%，占进出口总值4%，与全国加工贸易总值占外贸总值"半壁江山"的格局形成较大反差。此外，2012年保税仓库进口总值实现7942.6万美元，同比增长172.9%。这三种贸易方式之和占全市进出口总值的99.7%。^{⑤}

---

①该数据是按照2011年12月30日外汇中间价1美元兑人民币6.3009元计算得出。

②该数据是按照2012年12月31日外汇中间价1美元兑人民币6.2855元计算得出。

③"十二五"时期优化进出口产品结构和提升外贸综合竞争力的研究[EB/OL].包头市政府网，http://www.baotou.gov.cn/html/zfgzbg/2012-08/2012-08-21-9-43-41-07.html.

④⑤郭建.去年全市进出口总值21亿美元[N].包头日报,2013-02-19.

第七章 内蒙古各盟市对外经贸运行情况

5. 商品结构

资源类产品是包头市传统的出口产品，但随着包头市工业产业的调整，出口产品结构不断优化，附加值较高的重轨、石油钻具、工程机械、铝箔等出口产品显著增加。受到国际钢材、稀土贸易环境的影响，2012年，包头市出口额下降了36%。其中，全市累计出口钢材6.5亿美元，同比增长0.4%，占出口总值的56%；出口机电产品2.2亿美元，同比下降47.5%，占出口总值的18.9%；出口稀土及其制品7865.4万美元，同比下降75.6%，占出口总值的6.8%①。2013年2月，经包头检验检疫局检验合格，由包头北方创业股份有限公司生产的价值5.65万美元的两辆铁路货车首次出口埃塞俄比亚。

随着加工贸易政策的调整，包头市原有用于加工贸易的氧化铝、皮毛、染料等商品的进口虽然已停止，但从包头市主要进口企业包钢集团国际经济贸易有限公司、内蒙古北方重型汽车股份有限公司、包头华鼎铜业发展有限公司等几家企业来看，包头市主要进口商品仍然集中在铁矿石、铜精矿和矿用车零部件等，用于技术改造和新建项目进口的机电设备和高新技术的进口相对较少。2012年，包头市铁矿砂及其精矿进口总值下跌明显，机电产品进口总值快速增长，煤进口总量及均价均大幅上涨，致使其进口总值激增。该市全年累计进口机电产品4.7亿美元，同比增长55.1%，占进口总值的50%；进口铁矿砂及其精矿2.7亿美元，同比下降50.9%，占进口总值的28.7%；进口煤1.3亿美元，同比增长546.6%，占进口总值的13.8%②。

（二）旅游服务贸易

"十一五"期间，包头市共接待入境游客85647人次，年均增长4.8%，创汇4007万美元，年均增速12.7%。2011年，两项指标分别比2010年增长8.3%，下降3.9%（见表7-5）。根据2011年数据，在全区12盟市中，包头市入境游人数排名第8，外汇收入排名第9。2012年，包头市旅游收入再创新高，其中入境旅游人数2.65万人次，增长30.4%；旅游外汇收入1475万美元，比2011年增长45.0%。

表7-5 2006~2012年包头市入境游人数及旅游外汇收入

年份	出境资格旅行社（个）	入境旅游人数（人次）	国际旅游外汇收入（万美元）
2006	1	14800	583

①②郭建. 去年全市进出口总值21亿美元[N]. 包头时报，2013-02-19.

续表

年份	出境资格旅行社(个)	入境旅游人数(人次)	国际旅游外汇收入(万美元)
2007	4	16387	647
2008	4	17641	941
2009	2	18077	778
2010	2	18742	1058
2011	—	20297	1017
2012	—	26473	1475

资料来源：2006～2010年数据来源于《包头统计年鉴》(2011)，2011年，2012年数据来源于《内蒙古统计年鉴》(2012～2013)。

近年来，包头市相继制定并实施了《包头市旅游条例》、《希拉穆仁景区控制性详规》等专项法规，为旅游业发展提供法律保障。为了更好地宣传包头旅游业，在全市旅游窗口单位和星级饭店放置了《包头旅游》杂志，通过组织多种活动，成功打造了"包头旅游文化节"。2011年10月，包头市被国际节庆协会(IFEA)、中国民族节庆峰会评为"最具魅力节庆城市"，这为包头市进一步发展旅游服务贸易提供了良好条件。

(三)利用外资情况

作为自治区重要的工业基地，包头市一直是全区外资主要的流入城市之一。"十一五"期间，外资流入从5.4亿美元增长到11亿美元，共实际利用外资40.3亿美元，年均增速15.3%。"十二五"开局之年，2011年包头市实际利用外资12.4亿美元，同比增长12.7%(见表7-6)。2012年实际利用外资到位金额13.7亿美元，比2011年增长10.5%。以2010年为例，外商主要投资领域为制造业、能源业、批发和零售贸易餐营业等(见表7-7)。

表7-6 2006～2012年包头市实际利用外资金额 单位：万美元

年份	2006	2007	2008	2009	2010	2011	2012
金额	54000	61557	81500	94900	110000	124000	137000

资料来源：2006～2010年数据来源于《包头市统计年鉴》(2011)，2011年，2012年数据分别来源于《包头市2011年国民经济和社会发展统计公报》、《包头市2012年国民经济和社会发展统计公报》。

第七章 内蒙古各盟市对外经贸运行情况

表 7-7 2010 年包头市外商投资企业行业分布情况

	企业数（户）	投资总额（万美元）	注册资本（万美元）	
			中方	外方
农、林、牧、渔业	3	2464	1024	1024
采掘业	1	470	235	235
制造业	75	148119	70677	36763
电力、煤气及水的生产和供应业	2	40611	20053	16113
建筑业	3	5063	1747	519
批发和零售贸易餐饮业	73	23004	11404	10726
房地产业	5	1883	1768	959
社会服务业	170	9415	4744	3038
总计	332	231029	111652	69377

资料来源：《包头市统计年鉴》(2011)。

（四）对外经济技术合作

自 1996 年开始，随着对外开放的不断深入，包头市对外经济技术合作不断加强。截至 2010 年 10 月，包头市共有对外投资企业 26 家，境外投资总额 9175 万美元，其中小肥羊、小尾羊、包钢、鹿王几家企业均在境外投资了多家分公司。"十一五"期间包头市共设立境外投资企业 17 家，境外投资额 7071 万美元，是 1997 年第一家境外投资企业设立至 2005 年境外投资总额的 3.4 倍。包头市共签订对外经济技术合作合同早已超过 50 个，累计外派劳务几千人，业务扩展到沙特阿拉伯、印度、蒙古国、越南、韩国等国家。包头钢铁设计研究总院等 5 家具有对外承包工程资质的钢铁建筑施工企业，承包工程业务量逐年增加。2010 年 1～10 月，包头企业共实施对外承包工程项目 10 项，完成营业额 776.053 万美元。①

---

①2010 年 1—10 月份包头市商务及口岸经济运行情况[EB/OL]，中华人民共和国商务部网，2011—01—04，http://www.mofcom.gov.cn/aarticle/weihurenyuan/fuhua/201101/20110107346449.html.

第二节

呼和浩特市对外经贸运行情况

呼和浩特市位于内蒙古自治区中心地带，是内蒙古自治区首府，也是自治区政治、经济、文化中心。进入21世纪以来，呼和浩特市无论是在经济发展，还是在城市建设、文化事业发展等多个方面都取得了令人瞩目的成绩。同时，呼和浩特出口加工区于2002年6月21日经国务院批准设立，位于呼和浩特市西郊，规划面积2.2平方公里，是自治区唯一的国家级出口加工区，2007年7月31日经国家九部委联合验收通过，并于当年12月28日正式封关运作。呼和浩特出口加工区设立为呼和浩特对外贸易及经济发展注入了新的活力。

一、呼和浩特市经济发展情况

"十一五"期间，呼和浩特市经济实现了跨越式发展，生产总值从2006的926.79亿元增加到2010年的1865.71亿元，按可比价计算，年均实际增长超过15%，人均地区生产总值年均实际增长13.4%。"十二五"开局之年，呼和浩特特生产总值突破2000亿元，2012年继续稳步增长，实现地区生产总值2458.74亿元，按可比价格计算，比2011年增长了12.9%（见表7-8）。2010年，在全国26个省会城市生产总值排名中，位于第18位，优先于南宁、乌鲁木齐、银川、兰州、太原等中西部省会城市。根据《包头市统计年鉴》（2011），2010年，全国西部地区52个城市生产总值排名，呼和浩特位居第6。

表7-8 2006～2012年呼和浩特市生产总值情况表

年份	地区生产总值（亿元）	第一产业（亿元）	第二产业（亿元）	第三产业（亿元）	人均地区生产总值（元）
2006	926.79	51.26	350.24	525.29	34875
2007	1128.73	62.14	415.50	651.09	41836
2008	1403.67	75.16	506.41	822.10	51154

续表

年份	地区生产总值（亿元）	第一产业（亿元）	第二产业（亿元）	第三产业（亿元）	人均地区生产总值(元)
2009	1643.99	78.09	593.25	972.65	58798
2010	1865.71	91.33	678.95	1095.43	65518
2011	2177.27	109.44	789.99	1277.84	75266
2012	2458.74	120.52	802.31	1535.92	83906

资料来源：2006～2010年数据来源于《呼和浩特市经济统计年鉴》(2011)，2011年，2012年数据来源于《内蒙古统计年鉴》(2012～2013)。

"十一五"时期，呼和浩特市三次产业全面快速发展，产业格局不断优化，现已形成以第三产业为主导的产业模式，三次产业的比例由2006年的5.5∶37.8∶56.7调整到2010年的4.9∶36.4∶58.7，经济增长主要依靠服务业和工业协同带动。2012年第一产业完成增加值120.52亿元，比2011年增长10.1%；第二产业完成增加值802.31亿元，比2011年增长1.6%；第三产业完成增加值1525.92亿元，比2011年增长20.2%。三次产业结构之比为4.9∶32.6∶62.5。

目前，呼和浩特正在形成以奶牛规模化养殖、设施蔬菜种植为主的现代农牧业，奶牛规模化养殖率由不足20%提高到70%，蔬菜保护地建成面积由1.2万亩增加到6.5万亩。现代工业体系建设取得新进展，乳业、电力、石化、冶金、化工、生物发酵等优势特色产业得到进一步巩固和提升，光伏、电子信息、新材料等新兴产业加快发展，初步构建起多极支撑、多元发展的工业体系。商贸流通、餐饮住宿、交通运输等传统服务业全面提升，云计算、现代物流、金融保险、会展、旅游、中介等现代服务业快速发展，拉动增长、辐射周边、服务全区的能力明显增强。①

二、呼和浩特市经济在内蒙古自治区的地位

按照2012年生产总值，呼和浩特市在全区经济中继鄂尔多斯市、包头市之后，排名第3位。按照2012年人均生产总值计算，呼和浩特市排名第5位，位居鄂尔多斯市、阿拉善盟、包头市、乌海市之后（见表7-9）。虽然在整体排名中，呼和浩特

①秦义.2013年呼和浩特政府工作报告[EB/OL].呼和浩特政府网，2013－01－10，http://www.huhhot.gov.cn/zw/text.asp? id=53405&class=1107.

内蒙古自治区对外经济贸易发展报告(2013)

排位并不十分突出,但是从三次产业比例来看,在全自治区12个盟市中,只有呼和浩特第三产业占比最高,超过第一、第二产业占比,第三产业规模居全区之首(见表7-10)。

表7-9 2012年内蒙古自治区各盟市生产总值

地 区	生产总值(亿元)	第一产业(亿元)	第二产业(亿元)	其中,工业(亿元)	第三产业(亿元)	人均生产总值(元)
呼和浩特市	2458.74	120.52	802.31	637.56	1535.92	83906
包头市	3209.14	89.75	1685.08	1491.30	1434.31	118320
呼伦贝尔市	1335.80	239.14	629.79	546.03	466.88	52649
兴安盟	385.16	114.58	149.24	117.93	121.34	23944
通辽市	1693.19	232.88	1068.54	986.21	391.77	54019
赤峰市	1556.82	237.54	856.35	745.45	462.93	36070
锡林郭勒盟	820.20	81.58	549.76	492.70	188.86	79105
乌兰察布市	778.71	121.52	418.63	373.71	238.56	36525
鄂尔多斯市	3656.80	90.14	2213.13	1971.68	1353.53	182680
巴彦淖尔市	783.34	151.19	448.83	384.43	183.31	47012
乌海市	531.91	4.86	362.54	328.19	164.52	97617
阿拉善盟	425.76	10.77	348.65	330.27	66.34	179608

资料来源:《内蒙古统计年鉴》(2013)。

表7-10 2012年内蒙古自治区各盟市三次产业比例

地 区	三次产业比例
呼和浩特市	4.9∶32.6∶62.5
包头市	2.8∶52.5∶44.7
呼伦贝尔市	17.9∶47.1∶35.0
兴安盟	29.7∶38.7∶31.5
通辽市	13.8∶63.1∶23.1
赤峰市	15.3∶55.0∶29.7

续表

地 区	三次产业比例
锡林郭勒盟	9.9∶67.0∶23.0
乌兰察布市	15.6∶53.8∶30.6
鄂尔多斯市	2.5∶60.5∶37.0
巴彦淖尔市	19.3;∶57.3∶23.4
乌海市	0.9∶68.2∶30.9
阿拉善盟	2.5∶81.9∶15.6

资料来源：根据表7-9数据计算得出。

三、呼和浩特市对外经贸运行情况

（一）对外贸易发展情况

1. 对外贸易规模

"十一五"期间，呼和浩特市对外贸易从2006年的7.4亿美元增加到2010年的15.1亿美元，年均增速15.3%。呼和浩特对外贸易在内蒙古自治区整体对外贸易中所占比重在"十一五"未实现快速提高，显示出呼和浩特在自治区对外贸易中的重要性在提升。"十二五"时期前两年，贸易规模较"十一五"均有所增长，但由于受到国际、国内等多方因素影响，2006～2012年呼和浩特进出口总额及出口额呈现较大波动。整体来看，呼和浩特对外贸易以顺差为主，除了2009年及2012年出现小规模逆差外，其余年份均为顺差（见表7-11）。

表7-11 2006～2012年呼和浩特市对外贸易规模 单位：万美元、%

年份	进出口总额	占全区比重	出口额	出口增速
2006	73994	12.4	45810	−22.9
2007	93952	12.1	63612	38.9
2008	89657	10.0	49012	−23.0
2009	70656	10.4	34733	−29.1

续表

年份	进出口总额	占全区比重	出口额	出口增速
2010	150604	17.3	75912	118.6
2011	202456	17.0	102370	34.9
2012	170128	15.1	83292	-18.6

资料来源：根据《呼和浩特经济统计年鉴》(2011)、《内蒙古统计年鉴》(2012)及内蒙古商务厅网站数据整理计算得出。

2. 与其他省会城市对外贸易规模比较

受到地理位置及经济发展条件限制，呼和浩特市对外贸易在全国26个省会城市总排名23位，仅位于兰州、银川、西宁之前，对外贸易竞争力较中东部省会城市较弱（见表7-12）。

表7-12 2010年各省会城市进出口总值及出口总值统计　　　　单位：亿美元

城市	进出口总值	位次	同比(%)	位次	出口总值	位次	同比(%)	位次
呼和浩特	15.06	23	113.2	2	7.59	24	118.6	2
南 宁	22.13	22	-20.6	26	15.93	20	-33.1	26
乌鲁木齐	59.85	16	60.2	5	44.37	11	47.3	10
银 川	9.98	25	49.9	11	6.75	25	43.7	12
西 安	103.82	9	43.2	14	53.17	10	59.5	7
兰 州	10.60	24	117.2	1	8.70	23	184.3	1
西 宁	6.67	26	50.2	10	2.71	26	18.1	23
成 都	246.78	4	38.7	15	138.74	5	32.1	18
贵 阳	22.75	21	25.7	22	14.41	21	14.1	25
昆 明	101.09	10	79.4	4	53.27	9	79.2	4
石家庄	109.74	8	99.3	3	57.94	7	34.6	16
太 原	79.12	12	33.6	19	31.38	17	61.4	6
沈 阳	78.60	13	19.5	23	40.80	12	15.7	24
长 春	132.20	7	54.7	8	20.00	18	85.4	3
合 肥	99.58	11	54.9	7	56.26	8	26.5	22

第七章 内蒙古各盟市对外经贸运行情况

续表

城 市	进出口总值	位次	同比(%)	位次	出口总值	位次	同比(%)	位次
福 州	245.99	5	37.8	16	163.14	4	35.8	13
南 昌	53.04	17	52.4	9	36.74	14	72.5	5
济 南	74.11	14	31.0	20	40.55	13	33.1	17
郑 州	51.60	18	43.3	13	34.60	16	57.2	8
长 沙	60.89	15	47.9	12	35.51	15	45.2	11
武 汉	180.50	6	57.6	6	87.54	6	50.3	9
广 州	1037.76	1	35.3	17	483.80	1	29.3	21
杭 州	523.55	2	29.5	21	353.37	2	30.0	20
南 京	456.01	3	35.1	18	248.85	3	34.8	15
哈尔滨	44.00	19	18.5	24	20.00	19	34.9	14
海 口	39.45	20	3.6	25	13.07	22	30.9	19

资料来源:《呼和浩特经济统计年鉴》(2011)。

3.与区内其他盟市对外贸易规模比较

根据2011年、2012年区内各盟市进出口总额及出口额的比较,呼和浩特市对外贸易在全区排名位于前列,特别是出口规模,位于12盟市前三名,与其他盟市相比具有一定的贸易竞争优势(见表7-13)。

表7-13 2011年、2012年内蒙古自治区各盟市对外贸易情况 单位:万美元

地区	进出口总额	位次	出口	位次	进出口总额	位次	出口	位次
	2011年				2012年			
呼和浩特市	202456	3	102370	2	170128	4	83292	3
包头市	276915	1	181773	1	209982	2	116358	1
呼伦贝尔市	256609	2	23644	5	219128	1	27694	4
兴安盟	380	11	367	11	761	12	745	11
通辽市	9329	10	7381	8	10384	9	7288	8

内蒙古自治区对外经济贸易发展报告(2013)

续表

地区	2011年			2012年		
	进出口总额	位次	出口	位次	进出口总额	位次	出口	位次
赤峰市	51557	8	21558	6	77531	6	12731	7
锡林郭勒盟	163361	4	65718	3	197485	3	91129	2
乌兰察布市	10369	9	6576	10	5174	10	4298	10
鄂尔多斯市	61500	7	31026	4	42260	8	22903	6
巴彦淖尔市	96034	5	21123	7	127131	5	24640	5
乌海市	378	12	351	12	4618	11	164	12
阿拉善盟	65022	6	6836	9	61085	7	5803	9

资料来源：根据内蒙古商务厅网提供数据整理。

4. 外贸依存度

表7-14 2006~2012年呼和浩特市外贸依存度

年份	生产总值(亿元)	进出口总额(万美元)	当年最后一个交易日外汇中间价	外贸依存度(%)
2006	926.79	73994	7.8087	6.2
2007	1128.73	93952	7.3046	6.1
2008	1403.67	89657	6.8346	4.4
2009	1643.99	70656	6.8282	2.9
2010	1865.71	150604	6.6227	5.3
2011	2177.27	202456	6.3009	5.9
2012	2458.74	170128	6.2855	4.3

资料来源：根据表7-8与表7-11数据计算得出。

依据7-14表得出，呼和浩特对外贸易对本市经济的贡献作用有限，外贸依存度较低。特别是2009年，受到国际金融危机影响，贸易规模萎缩，外贸依存度降至近7年最低，为2.9%。2010年之后，随着国际经济环境的好转，外贸规模稳步扩大，外贸依存度虽仍有波动，但相对较稳定。

5. 贸易方式

2012年呼和浩特市进出口总值170128万美元。其中，一般贸易实现90026万美元，同比增长17.2%。加工贸易实现80102万美元，相比2011年的125666万美元同比下降36.3%，特别是占加工贸易98.9%的内蒙古佳艺博贸易有限公司的黄金加工实现 79236 万美元，同比下降了 36.4%。加工贸易的大幅下降是导致 2012 年该市进出口出现负增长的主要原因。①

6. 对外贸易发展的特点

经过多年发展，除了贸易规模稳中有升外，呼和浩特对外贸易还呈现以下特点：①出口商品技术含量明显提高。生物制药、通信器材及配件、化工产品、矿用机械、羊绒及制品为代表的出口商品结构不断优化。②进口商品质量和结构有所改善。主要是包装制品、机电产品及配件等政策鼓励类技术和产品。③新兴市场贸易增加明显。在巩固俄罗斯、蒙古国等传统市场的基础上，欧盟、美国、日本、中国香港、东盟等新的贸易伙伴也成为呼和浩特市对外贸易增长的新兴市场。②

（二）旅游服务贸易

呼和浩特市有着悠久的历史和光辉灿烂的文化遗产，是华夏文明的发祥地之一，是国家历史文化名城、中国优秀旅游城市。近年来，市政府大力发展旅游业，启动了大青山生态综合保护、哈素海文化旅游区、托县黄河湿地、清水河老牛湾国家地质公园等大型生态旅游项目。同时，加大对旅游业基础设施的投入，不断改善提升旅游环境。"十一五"期间，呼和浩特共接待入境游客 40.24 万人次，年均增长 9.8%，外汇收入 2.5 亿美元，年均增速 19.9%。2012 年入境旅游人数 110082 人次，同比增长 7.6%，外汇收入 9280 万美元，同比增长 7.9%（见表 7-15）。根据 2012 年的数据，在内蒙古 12 个盟市中，呼和浩特入境游人次及旅游外汇收入均排名第 3，位居呼伦贝尔市和锡林郭勒盟之后。

表 7-15 2006～2012 年呼和浩特市入境旅游人数及国际旅游外汇收入

年 份	2006	2007	2008	2009	2010	2011	2012
入境旅游人数（人次）	59031	83153	80693	85496	94041	102343	110082
旅游外汇收入（万美元）	2781.79	4362.93	5259.20	5489.91	6881.85	8603.86	9280.00

资料来源：《内蒙古统计年鉴》（2007～2013）。

①2012 年我市对外贸易实现 17 亿美元[EB/OL]. 呼和浩特市商务局网，2013－01－17，http://www. hhhtswj.gov.cn/news/news_view.asp? newsid＝1468.

②2011 年我市对外贸易保持快速增长态势[EB/OL]. 呼和浩特市商务局网站，2012－01－19，http:// www.hhhtswj.gov.cn/news/news_view.asp? newsid＝1173.

内蒙古自治区对外经济贸易发展报告(2013)

作为内蒙古自治区入境游的集散地，呼和浩特吸引了大批海外游客，主要客源为日本、美国、新加坡、澳大利亚、英国及港澳台同胞。由于受到金融危机影响，欧美国家深陷经济困境，导致来自欧美的游客近几年有所下降，但港澳台游客人数则有所上升(见表7-16)。

表7-16 2006～2010年呼和浩特市入境旅游客源国

单位：人次

旅游国家或地区	2006	2007	2008	2009	2010
日本	7788	11535	10669	10618	9085
美国	5015	7774	7239	7720	6956
新加坡	1298	2507	1355	2214	2045
澳大利亚	1829	4012	4122	3180	1889
英国	1888	4347	4637	3180	2885
港澳台游客	2596	3678	3099	9306	12587

资料来源：《呼和浩特经济统计年鉴》(2011)。

(三)利用外资情况

随着呼和浩特城市投资环境的改善，以及工业、服务业呈现出快速增长的态势，"十一五"期间，全市共实际利用外资34.1亿美元，年均增速11.6%。2011年比2010年增长了5.8%，2012年吸引外资6.2亿美元，比2011年下降了30.3%(见表7-17)。

外商投资以独资方式为主，主要投资领域为农牧业、制造业、煤气(天然气)供应业、餐饮业、信息传输计算机服务和软件业等，主要投资国(地区)为中国香港、英国、美国、丹麦及其他国家。

表7-17 2006～2012年呼和浩特市引进外资金额

单位：万美元

年份	2006	2007	2008	2009	2010	2011	2012
金额	48323	60322	70744	77576	83676	88559	61694

资料来源：《呼和浩特国民经济和社会发展统计公报》(2006～2012)。

第七章 内蒙古各盟市对外经贸运行情况

2013年呼和浩特市外商投资企业经济运行稳定，大企业大项目创利水平较高，投资效果明显。2013年1~6月，全市外商投资企业实现利润10.87亿元，同比增长28.3%。从投资方式看，合资企业利润4.04亿元，合作企业0.23亿元，独资企业6.61亿元，利润比重依次为18∶1∶29；从地区分组看，亚洲投资企业实现利润6.51亿元，北美洲3.39亿元，占全部实现利润的91.0%。①

（四）对外经济技术合作

目前，呼和浩特市对外经济合作仍处在起步阶段，近两年呈现出稳步增长态势。截至2011年底，对外投资项目历年累计35个，对外直接投资32155.23万美元。仅2011年前11个月，呼和浩特就对外投资15991万美元，相当于该市历年对外投资的总和。②

2012年，全市有14家企业办理了对外投资事项，投资总额为16764.22万美元。③ 其中内蒙古中蒙煤炭有限责任公司收购蒙古国奇华奥奇有限责任公司，是该市企业首个通过并购方式在境外设立企业。内蒙古第二建设股份有限公司成功申请A级援外成套项目施工资格，为今后呼和浩特建筑企业"走出去"奠定了基础。目前，呼和浩特市未有劳务企业在境外开展业务，但是内蒙古信恰对外交流有限公司对外劳务合作经营资格已通过商务部年审，填补了呼和浩特市近两年没有对外劳务输出资质企业的空白。

2012年呼和浩特市政府部门共为企业申请对外经济技术合作类项目资金769.3万元人民币，落实项目资金470万元人民币，为企业"走出去"提供了有力的支持。④2012年呼和浩特市外经济技术合作与交流方式有了突破性发展，由原来在境外新设企业的单一投资模式发展成为并购、对外承包工程、对外劳务输出和带料加工等多元化投资方式，经营范围由单一的矿产资源开发拓展到国际贸易、有线电视网络服务、图文设计制作、文化交流、信息咨询等方面，为呼和浩特市企业走向海外提供了全新的探索。

---

①上半年呼市外商投资企业利润达10.87亿元[EB/OL].呼和浩特政府网，2013－08－01，http://www.huhhot.gov.cn/home/search_text.asp? id=58433&class=h_11.

②我市对外投资猛增一家民营企业进军澳大利亚红酒产业[EB/OL].呼和浩特政府网，2011－12－21，http://www.huhhot.gov.cn/home/search_text.asp? id=58433&class=h_10.

③④2012年呼和浩特市对外经济合作稳步发展[EB/OL].内蒙古政府网，2013－02－17，http://www.nmg.gov.cn/main/nmg/zfxxgk/jrnmg/msqxdt/2013－01－29/2_241902/default.shtml.

第三节 鄂尔多斯市对外经贸运行情况

鄂尔多斯位于内蒙古自治区西南部。其境内有储量丰厚的能源矿产资源，目前已经发现的具有工业开采价值的重要矿产资源有12类35种。全市已探明煤炭储量1496亿吨，约占全国总储量的1/6，是我国主要的煤炭输出地之一。鄂尔多斯羊绒制品产量约占全国的1/3，世界的1/4，已经成为中国绒城，世界羊绒产业中心。此外，鄂尔多斯市还拥有多个"第一"：拥有我国最大的世界级整装气田——苏里格气田；世界第一条煤直接液化生产线；世界规模最大的煤制二甲醚项目；世界规模最大的井工煤矿；世界规模最大的全生物降解塑料中试生产线；世界首家利用沙生灌木平茬生物进行直燃发电项目；世界规模最大的阿维菌素生产项目；国内最大的硅电联产项目；国内最大的天然碱生产企业；等等。建立在能源、化工产业基础上的鄂尔多斯市，近些年经济快速发展，创造出多个经济奇迹。

一、鄂尔多斯市经济发展情况

"十一五"期间，鄂尔多斯经济高速发展，2010年生产总值比2006年增长了3倍以上，年均增速27.0%，人均生产总值年均增速21.0%，超过自治区平均增速，在全国也位于前列。根据《包头市统计年鉴》(2011)，2010年，全国西部地区52个城市生产总值排名，鄂尔多斯排名第3。三次产业比例由5.4∶55.0∶39.6调整为2.7∶58.7∶38.6，结构进一步优化。2011年和2012年，鄂尔多斯经济继续保持稳定增长，综合经济实力由全国地级以上城市第60位跃升至第35位，进入中西部地区经济强市前列。2012年鄂尔多斯市地区生产总值完成3656.8亿元，比2011年增长13.6%。分产业看，第一产业完成增加值90.14亿元，增长8.4%，第二产业完成增加值2213.13亿元，增长14.5%。第三产业完成增加值1353.53亿元，增长12.6%（见表7-18)。三次产业增加值比例调整为2.5∶60.5∶37.0。

第七章 内蒙古各盟市对外经贸运行情况

表7-18 2006~2012年鄂尔多斯市生产总值情况表

年份	地区生产总值（亿元）	第一产业（亿元）	第二产业（亿元）	第三产业（亿元）	人均地区生产总值（元）
2006	800.01	43.08	439.64	317.28	53166
2007	1148.71	47.78	633.10	467.83	75021
2008	1603.00	57.65	931.43	613.92	102128
2009	2161.00	60.61	1260.49	839.90	134361
2010	2643.20	70.81	1551.43	1020.98	138109
2011	3218.50	83.16	1933.68	1201.70	163014
2012	3656.80	90.14	2213.13	1353.53	182680

资料来源:《内蒙古统计年鉴》(2007~2013)。

过去，鄂尔多斯市经济发展主要依靠当地煤炭及其他矿产资源的开发和销售，产品技术含量低，产业结构单一。为了推进当地经济和环境的可持续发展，近几年，鄂尔多斯市政府大力实施煤炭资源整合和企业兼并重组，积极推进资源深度加工转化，建成了一批煤转电、煤制油、煤制醇等重大项目，延长了煤炭产业链，在提高产能的同时，实现了产业结构升级。2012年新增煤炭产量4亿吨、电力装机392万千瓦、煤化工产能432万吨，总量分别达到6.3亿吨、1302万千瓦和524万吨，已经成为国家重要的能源化工基地。除煤炭产业外，装备制造、电子信息、陶瓷等非煤产业也快速成长，已占当地全部工业增加值的比重30%，多元化发展的产业体系初步建立。依托沿黄沿线经济带和"双百亿工程"建设加快推进，鄂尔多斯市工业集中发展布局基本形成。与此同时，第一产业得到快速发展，2012年产业总值是2006年的两倍多，截至2012年，鄂尔多斯已建成现代农业基地227万亩，粮食产量实现"五连增"，达到15亿千克，牲畜头数稳定在1200万头只左右。① 鄂尔多斯政府长期重视地区文化建设，多次举办了具有国际和国内影响力的会展、文体比赛等，在政策鼓励下，文化、旅游、金融、商贸、物流等现代服务业快速发展，2012年三产增加值占到地区生产总值的36.9%。

① 康素.2013年鄂尔多斯市政府工作报告[EB/OL].鄂尔多斯市人民政府网站，2013-01-06，http://www.ordos.gov.cn/xxgk/ghih/zfgzbg/201301/t20130121_795917.html.

二、鄂尔多斯市在内蒙古自治区的地位

鄂尔多斯市在推动内蒙古自治区经济发展中起着重要的作用，在全区各盟市经济排名中一直位于前列，特别是2010年后，居于12盟市之首（见表7-19）。2011年，鄂尔多斯市的生产总值、第二产业增加值（包括工业）均位于自治区首位，人均生产总值也位居前列（见表7-20）。

表7-19 2006～2012年鄂尔多斯市生产总值在全区排名

年份	2006	2007	2008	2009	2010	2011	2012
位次	3	2	2	2	1	1	1

表7-20 2012年内蒙古自治区各盟市生产总值

地区	生产总值（亿元）	第一产业（亿元）	第二产业（亿元）	其中，工业（亿元）	第三产业（亿元）	人均生产总值（元）
鄂尔多斯市	3656.80	90.14	2213.13	1971.68	1353.53	182680
呼和浩特市	2458.74	120.52	802.31	637.56	1535.92	83906
包头市	3209.14	89.75	1685.08	1491.30	1434.31	118320
呼伦贝尔市	1335.80	239.14	629.79	546.03	466.88	52649
兴安盟	385.16	114.58	149.24	117.93	121.34	23944
通辽市	1693.19	232.88	1068.54	986.21	391.77	54019
赤峰市	1556.82	237.54	856.35	745.45	462.93	36070
锡林郭勒盟	820.20	81.58	549.76	492.70	188.86	79105
乌兰察布市	778.71	121.52	418.63	373.71	238.56	36525
巴彦淖尔市	783.34	151.19	448.83	384.43	183.31	47012
乌海市	531.91	4.86	362.54	328.19	164.52	97617
阿拉善盟	425.76	10.77	348.65	330.27	66.34	179608

资料来源：《内蒙古统计年鉴》（2013）。

三、鄂尔多斯市对外经贸运行情况

（一）对外贸易发展情况

鄂尔多斯市对外贸易规模在全区对外贸易中比重较低，特别是2009年金融危机之后的几年里，在全区所占比例逐年下降。2011年、2012年出口规模较"十一五"时期出现较大幅度下滑（见表7-21）。整体来说，鄂尔多斯市外贸规模不大，但大多数年份仍然保持贸易顺差。

表7-21 2006～2012年鄂尔多斯对外贸易规模　　　　单位：万美元、%

年份	进出口总额	占全区比重	出口额	出口增速
2006	48693	8.2	37037	68.4
2007	60168	7.8	52401	41.5
2008	83000	9.3	67000	27.9
2009	44768	6.6	22298	-66.7
2010	43068	4.9	31668	42.0
2011	61500	5.2	31026	-2.0
2012	42260	3.8	22903	-26.2

资料来源：根据《鄂尔多斯统计年鉴》（2011）、《国民经济和社会发展统计公报》（2007～2010）、内蒙古商务厅网提供的数据整理计算得出。

以2011年、2012年自治区各盟市进出口总额及出口额为例，与其他盟市对外贸易规模比较，鄂尔多斯市对外贸易与包头市、呼和浩特市、呼伦贝尔市、锡林郭勒盟存在较大差距，全区排名居中（见表7-22）。

表7-22 2011年、2012年内蒙古自治区各盟市对外贸易情况　　　单位：万美元

地区	2011年				2012年			
	进出口总额	位次	出口	位次	进出口总额	位次	出口	位次
鄂尔多斯市	61500	7	31026	4	42260	8	22903	6

内蒙古自治区对外经济贸易发展报告(2013)

续表

地区	2011年				2012年			
	进出口总额	位次	出口	位次	进出口总额	位次	出口	位次
包头市	276915	1	181773	1	209982	2	116358	1
呼和浩特市	202456	3	102370	2	170128	4	83292	3
呼伦贝尔市	256609	2	23644	5	219128	1	27694	4
兴安盟	380	11	367	11	761	12	745	11
通辽市	9329	10	7381	8	10384	9	7288	8
赤峰市	51557	8	21558	6	77531	6	12731	7
锡林郭勒盟	163361	4	65718	3	197485	3	91129	2
乌兰察布市	10369	9	6576	10	5174	10	4298	10
巴彦淖尔市	96034	5	21123	7	127131	5	24640	5
乌海市	378	12	351	12	4618	11	164	12
阿拉善盟	65022	6	6836	9	61085	7	5803	9

资料来源：内蒙古商务厅网。

表7-23 2006~2012年鄂尔多斯市外贸依存度

年份	生产总值(亿元)	进出口总额(万美元)	当年最后一个交易日美元兑人民币外汇中间价	外贸依存度(%)
2006	800.01	48693	7.8087	4.8
2007	1148.71	60168	7.3046	3.8
2008	1603.00	83000	6.8346	3.5
2009	2161.00	44768	6.8282	1.4
2010	2643.20	43068	6.6227	1.1
2011	3218.50	61500	6.3009	1.2
2012	3656.80	42260	6.2855	0.7

资料来源：根据表7-18与表7-21数据计算得出。

虽然鄂尔多斯市国民生产总值在全区各盟市中位列前茅，但是其对外贸易规模相对较小，因此外贸依存度指数偏低，自2009年之后，外贸依存度呈逐年下降趋势，2012年甚至不到1%。

根据2012年上半年数据，鄂尔多斯市对外贸易发展呈以下特点：

（1）以一般贸易为主。2012年上半年，全市一般贸易进出口总值1.97亿美元，占进出口总值的99.57%，几乎占据了全部的贸易总值。加工贸易、补偿贸易等其他贸易方式发展滞后。

（2）贸易伙伴结构定。鄂尔多斯市与欧洲、美洲、亚洲和非洲的41个国家和地区均有贸易往来。2012年上半年对印度尼西亚贸易总值为3639.1万美元，约占鄂尔多斯市进出口总值的1/5，其次为美国、日本、俄罗斯、南非、法国、中国香港等。

（3）进出口商品结构集中单一。2012年上半年，鄂尔多斯市进口商品集中在大宗商品煤、矿砂及装备制造机械上，进口大宗商品煤52.64万吨，进口总值5146.3万美元，进口总值同比增长32.91%；矿砂及其精矿1468.4万美元，同比减少61.08%；进口机电产品2167.3万美元，同比下降7.64%。出口商品以铁合金与纺织原料及纺织制品为主，铁合金出口4765.4万美元，同比下降39.51%；服装及衣着附件出口1803.2万美元，同比下降22.55%；山羊绒出口928.7万美元，同比增长604.49%。①

（二）旅游服务贸易

鄂尔多斯地貌类型多样，既有芳草如茵的美丽草原，又有开阔坦荡的波状高原；全市境内有五大类型地貌：平原约占总土地面积的4.33%、丘陵山区约占总土地面积的18.91%、波状高原约占总土地面积的28.81%、毛乌素沙地约占总土地面积的28.78%、库布其沙漠约占总土地面积的19.17%。鄂尔多斯文化艺术璀璨，是世界蒙古族传统礼仪保存最为完整的地区，其中"鄂尔多斯婚礼"和"成吉思汗祭祀"以其独特的魅力载入国家级非物质文化遗产名录。鄂尔多斯市先后被评为中国优秀旅游城市、中国最佳民族风情旅游城市、中国最佳生态旅游城市。

"十一五"期间，鄂尔多斯市共接待入境游客76241人次，年均增长13.5%，创汇4310.62万美元，年均增速16.0%。2011年，两项指标分别比2010年增长41.3%和46.0%，2012年继续保持稳定增长（见表7-24）。根据2012年数据，在全区12盟市中，鄂尔多斯入境游人数和外汇收入均排名第6位。

---

① 2012年上半年对外贸易分析[EB/OL].鄂尔多斯市商务局，2012－09－04，http://www.ordosswj.gov.cn/tjsj/201209/t20120904_675679.html.

内蒙古自治区对外经济贸易发展报告(2013)

表 7-24 2006～2012 年鄂尔多斯市入境旅游人数、国际旅游外汇收入

年份	2006	2007	2008	2009	2010	2011	2012
入境旅游人数(人次)	11860	12056	13225	16800	22300	31500	34315
旅游外汇收入(万美元)	550.69	631.69	895.00	1077.94	1155.30	1686.76	1912.00

资料来源:《内蒙古统计年鉴》(2007～2013)。

(三)利用外资情况

鄂尔多斯市是全区主要的外商投资目的地之一,位居区内各盟市实际利用外资之首。"十一五"期间,实际利用外资从 2006 年的 5.0 亿美元增长到 2010 年的 10.8 亿美元,5 年间共实际利用外资 41.2 亿美元。"十二五"开局之年,2011 年鄂尔多斯市实际利用外资 12.7 亿美元,同比增长 17.6%。据《鄂尔多斯市 2012 年国民经济和社会发展统计公报》显示,2012 年新批准外商投资企业 5 家,利用外资新签项目数达 13 个,实际使用外商直接投资 15.2 亿美元,同比增长 19.7%(见表 7-25)。2012 年末全市工商部门注册的"三资"企业数达 89 家。外商在鄂尔多斯市的主要投资领域为制造业、能源业等。

表 7-25 2006～2012 年鄂尔多斯实际利用外资额 单位:万美元

年份	2006	2007	2008	2009	2010	2011	2012
金额	50102	69789	84233	100000	108000	127000	152000

资料来源:《鄂尔多斯市国民经济和社会发展统计公报》(2006～2012)。

(四)对外经济技术合作

近年来,鄂尔多斯市企业积极响应落实国家"走出去"战略,纷纷开拓国际市场。截至 2009 年 11 月,全市境外投资企业累计达到 22 家。鄂尔多斯羊绒集团是当地较早开始境外投资的公司,目前已在美国、德国、日本、英国、蒙古国、马达加斯加、意大利、瑞士等国家建立了销售公司或专卖店。此外,2011 年由内蒙古鄂尔多斯投资控股集团投资建设的柬埔寨西哈努克港燃煤电厂项目获得国家发展和改革委员会核准,该项目是柬埔寨境内首个火电项目,也是自治区对外投资的重要项目,对促进我国劳务输出和设备出口、巩固我国与柬埔寨紧密的经济合作关系和推动我国东盟战略的实施具有积极的意义。

第四节 二连浩特市对外经贸运行情况

二连浩特市（以下简称二连）位于自治区正北部，与蒙古国扎门乌德市隔界相望，两市相距9公里，是我国对蒙古国开放的最大公路、铁路口岸，也是实施向北开放战略的重要支点。二连历来是我国北方的通商要道，是晋商贩运茶叶、丝绸途经蒙古国首都乌兰巴托到俄罗斯恰克图的必经之路，久负"茶叶之路"和北方"丝绸之路"盛名。二连是我国最早载入国际古生物史册的恐龙化石产地，是世界闻名的"恐龙之乡"，恐龙化石埋藏丰富，其中"二连巨盗龙"的出土被美国《时代》周刊评为2007年世界十大发现之一，开发恐龙旅游资源前景广阔。

一、二连浩特市经济发展情况

"十一五"以来，二连认真贯彻落实国家相关政策，始终坚持富民与强市并重、富民优先"一个原则"，依托国家重点开发开放试验区和陆桥经济合作走廊建设"两个载体"，加快建设国家贸易和物流、进出口加工、边境特色旅游"三大基地"，着力化解基础设施建设滞后、向北开放亟待深化、市场主体培育不足、社会事业管理水平不高"四个突出矛盾"，全力以赴加快建设国家向北开放排头兵和西部地区特色鲜明一流口岸城市。

（一）口岸和城市基础设施日臻完善

至2012年底，累计投入近20亿元用于口岸基础设施建设。完成机场及公路口岸货运新通道、二连至扎门乌德铁路联络线和公路货运专用线、西城区疏港公路一期工程等项目，公路口岸旅检通道改扩建完成主体工程，锡二线铁路开工建设，公路口岸集装箱检测设备启用，口岸疏运条件得到有效改善。重新修订完善城市总体规划、控制性详规等，开发西城区13平方公里，建成区面积扩大到27平方公里。累计投入近17亿元建成第二水源、城市污水、垃圾处理以及4项输变电工程，

内蒙古自治区对外经济贸易发展报告(2013)

实施了建市以来最大规模的给排水、供热等地下管网改造和绿化、美化、亮化工程，建成城市景观大道和陆桥公园、奥林匹克文化公园等公共服务设施，城市功能日趋完善，口岸魅力进一步彰显。集中供热覆盖率、污水集中处理率和绿化覆盖率分别达到84%、81%和35%，比2007年分别提高了24%、81%和19%。地方金融体系逐步完善。引进和成立金融机构22家，金融机构存贷款余额年均分别递增17.2%和42.5%，存贷比由36.1%提高到了96%。

（二）口岸物流业快速发展

实施"大通关"工程，开辟果蔬粮油出口"绿色通道"，开展中蒙海关载货清单业务，口岸通关效率显著提高。贸易主体不断壮大，全市外贸企业由2007年的188家增至2012年的576家，其中贸易额超千万美元的企业达到50多家。以打造区域性国际物流枢纽为目标，扎实推进物流基础设施建设，目前，全市共有物流园8个，建成面积达到254万平方米，口岸物流业发展的基础条件不断完善。以建设面向蒙古国乃至俄罗斯西伯利亚地区购物首选地为目标，加强专业市场规模建设，5年新建各类专业市场3个，新增专业市场面积15万平方米，口岸市场建设的规模化、专业化水平明显提升。

（三）加工业稳步发展

二连口岸每年从蒙古国、俄罗斯进口400多万吨铁矿石、50多万吨铜矿粉、300多万立方米的木材，经二连出口的建材、日用品等占蒙古国份额的80%左右，且二连辖区土地资源丰富，地价低廉，电力供应充足，发展进出口加工业具有明显比较优势。以节水环保为前提，依托蒙古国、俄罗斯资源，大力发展以黑色金属、有色金属、萤石、煤炭、木材为主的进口资源加工业；面向蒙古国、俄罗斯市场，积极发展以水泥、家装材料、日用品和电子、机械产品后道工序组装为主的出口产品加工业。截至2012年，已形成年加工150万立方米木材、190万吨金属选矿、10万吨萤石选矿、360万吨水泥、30万吨建材、1万吨食品的生产能力。与"十五"期末的2005年相比，到2010年，规模以上工业企业由8家增至27家，工业总产值由4.8亿元增加到32亿元，年均递增46.1%；工业增加值由1.64亿元增加到13.5亿元，年均递增52.4%；工业经济占地区生产总值的比重由10.9%提高到27%。2011年，全市工业增加值完成17亿元，同比增长12%；2012年工业增加值达到21亿元，是2005年的12.8倍。

（四）对外贸易日趋活跃

商品种类和数量不断增加，口岸过货量实现恢复性增长和历史性突破。铁矿石、煤炭等大宗矿产品进口量增长较快，机电、建材等出口商品比重稳步提升，进出口商品结构趋于多元化。以专业市场、星级酒店、特色餐饮为主的商贸流通业快速发展。物流基础设施条件明显改善，运输网络不断优化完善，启用保税物流仓库，拓展了"公铁联运"、"陆海联运"，区域性国际物流中心雏形逐步显现。以恐龙文化、驿站文化、边关文化为特色的旅游业发展步伐明显加快。

与此同时，二连向北开放和区域交流合作进一步深化，向构建"京津环渤海区域一二连浩特一乌兰巴托一伊尔库茨克"经济合作走廊迈出新步伐。"走出去"战略深入实施，二连口岸对蒙古国、俄罗斯影响力逐步提升。继续发挥中蒙边境区域协调联络机制作用，及时解决口岸通关、经贸合作等问题。多次成功举办中蒙俄经贸论坛、中蒙俄文化交流等系列活动，促进了中、蒙、俄的多领域交流与合作。积极融入环渤海经济圈、呼包银经济带，拓展与天津港、锦州港、曹妃甸等港口联运业务，开放互动、合作互促格局初步形成。积极为国内企业赴蒙古国、俄罗斯投资"搭平台、当向导、搞服务"，全力推进二连浩特国家重点开发开放试验区建设，编制完成《试验区建设实施方案》，2013年11月8日经国家发展和改革委员会主任会签后上报国务院，力争尽快获得国务院批准。成功举办"二连浩特·蒙古国东戈壁省文化周"活动，先后协助自治区有关部门承办了第三届发展中国家草原生态建设体系研究培训班、蒙古国防沙治沙技术研修班、蒙古国汉语教师培训班，举办了三期国际青少年夏令营活动，对外交往合作领域不断得到拓展。

二、二连浩特市对外经贸运行情况

（一）对外贸易情况

近年来，二连的物流基础设施条件明显改善，运输网络不断优化完善，为该口岸的对外贸易提供了有利条件。对外贸易额由2005年的224192万美元增加到2012年的400059万美元；进口额由183350万美元增加到225343万美元；出口额由40842万美元增加到174716万美元（见表7-26）。总体来看，对外贸易呈现出波动性增长，2007年、2009年进出口额较2006年、2008年均有所回落，但2005～2012年二连进出口总额整体趋势不断增长。出口总额增长趋势明显，但进口总额波动较大，2007年、2008年、2009年持续下降，2010开始呈现增长，2012年虽有小幅下降，但相对保持稳定（见图7-1）。

表7-26 2005～2012年二连浩特市进出口额

单位：万美元，%

年份	进出口总额	同比增减	进口总额	同比增减	出口总额	同比增减
2005	224192	—	183350	—	40842	—
2006	259419	15.71	219465	19.70	39954	-2.17
2007	246312	-5.05	171443	-21.88	74869	87.39
2008	271270	10.13	166817	-2.70	104453	39.51
2009	242499	-10.61	139214	-16.55	103285	-1.12
2010	328410	35.43	186288	33.81	142122	37.60
2011	369272	12.44	226693	23.23	142579	38.42
2012	400059	8.34	225343	-0.60	174716	22.54

资料来源：《统计手册》(2008～2012)，二连浩特市统计局。

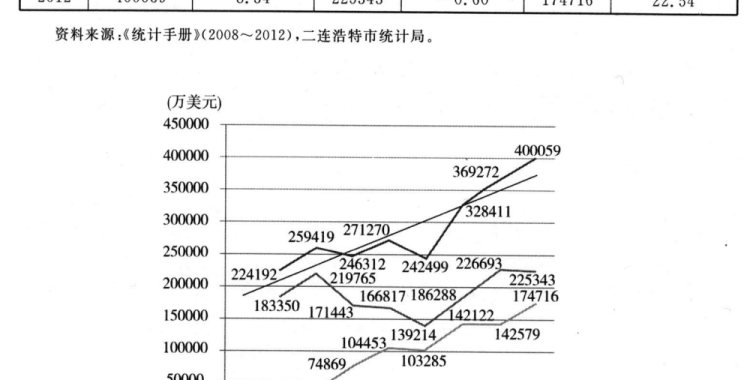

图7-1 2005～2012年二连浩特进出口趋势

资料来源：《统计手册》(2008～2012)，二连浩特市统计局。

二连边境贸易在进出口总额中占较大比重。2010年5月5日，自治区政府下发了《关于同意设立二连浩特市边民互市贸易区的批复》(内政字[2010]84号)，正式同意二连浩特市设立边民互市贸易区，由此极大地促进了边境贸易的繁荣与发展。2011年口岸边境小额贸易进出口额完成11.56亿美元，同比增长31.66%。进口额完成10.21亿美元,同比增长38.35%;出口额完成1.35亿美元,同比下降3.57%。边境小额贸易进出口总额占口岸进出口贸易总额的31.3%。

二连作为区内重要的进出口集散地之一,进出口商品种类和数量不断增加。铁矿石、煤炭等大宗矿产品进口量增长较快,机电、建材等出口商品比重稳步提升,进出口商品结构趋于多元化。二连口岸进口铁矿石成为拉动进口货运量和贸易额增长的引擎。据统计,2012年1～10月,二连浩特口岸铁矿石申报进口量达到408.5万吨,价值4.28亿美元,海关开征税款4.61亿元人民币,同比分别增长了17.18%、23.5%和20.1%。

（二）口岸货运量情况

二连浩特作为欧亚大陆的"桥头堡",公路、铁路口岸年吞吐能力达到1600万吨。不但承担着中蒙贸易70%以上的运输任务,而且承担着中俄、中欧贸易转关跨境运输任务。二连浩特口岸服务功能齐全,已建成公路口岸联检通道、铁路H986货运列车查验系统、口岸电子信息平台和世界最大的换轮库,公路口岸货运新通道和铁路国际物流中心正在筹建中。公路口岸实行每周7天通关,铁路口岸部分业务实现24小时通关,并且开辟了果蔬、粮油、食品出口"绿色通道"。启动中蒙海关载货清单联合监管试点,公用保税仓库和危化物品换装库投入使用。加强与蒙古国、俄罗斯有关地区的交流合作,深入实施"大通关"工程,积极推行便利化、人性化通关服务,不断改进口岸通关查验模式,口岸通关效率得到进一步提高。

"十一五"期间,二连浩特口岸进出口货运量由2006年的685.35万吨增加到2010年的862.14万吨,增长了25.80%。2011年、2012年均达千万吨,并保持稳定增长。二连浩特口岸大宗货物以铁路运输为主,公路运输为辅。其中铁路运输完成货运量由2006年的637.97万吨增加到2012年的937.59万吨,增长了46.96%;公路运输完成货运量由2006年的47.38万吨增加到2012年的222.77万吨,增长了470.18%(见表7-27)。整体呈现逐渐增长趋势(见图7-2)。

表7-27 2006～2012年二连浩特市进出口货运量

单位：万吨

年份	进出口货运总量	进口货运量	出口货运量	铁路运输	公路运输
2006	685.35	560.34	125.04	637.97	47.38
2007	619.49	448.64	170.85	537.43	82.06
2008	617.81	414.41	203.40	520.51	97.30
2009	621.31	476.85	144.46	537.37	83.94

续表

年份	进出口货运总量	进口货运量	出口货运量	铁路运输	公路运输
2010	862.14	651.87	210.27	743.93	118.21
2011	1030.33	757.42	272.91	846.14	184.19
2012	1160.33	826.57	333.79	937.59	222.77

资料来源:《统计手册》(2008~2012),《"十一五"期间二连浩特市主要经济指标一览表》,二连浩特市统计局。

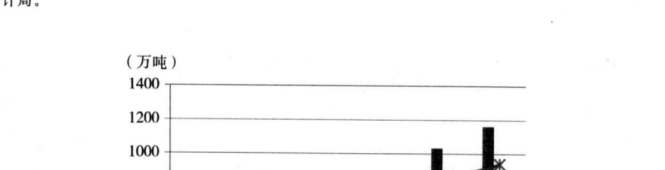

图7-2 2006~2012年二连浩特市进出口货运量

(三)招商引资情况

"十一五"期间,二连浩特全年招商引资实际到位资金呈曲折增长。2006年招商引资实际到位资金8.63亿元。2007年、2008年招商引资得到大幅度增长,2008年招商引资实际到位资金14.9亿元,实际利用外资4213.6万美元。2010年招商引资实际到位资金11.71亿元,实际使用外资77万美元。2009年和2010年,因受金融危机影响招商引资出现下滑。2011年、2012年再次实现大幅增长,2012年招商引资到位资金27.4亿元,当年实际到账外资1500万美元(见表7-28)。从其线性趋势图可以看出,2007~2012年二连浩特的招商引资规模是逐年稳步扩大的(见图7-3)。

表 7-28 2006~2012 年二连浩特招商引资情况

年份	全年招商引资实际到位资金(亿元)	同比增减(%)
2006	8.63	—
2007	10.16	17.73
2008	14.90	46.70
2009	10.68	-28.30
2010	11.71	9.64
2011	20.90	21.20
2012	27.40	31.10

资料来源:《二连浩特市年国民经济和社会发展统计公报》(2007~2012)。

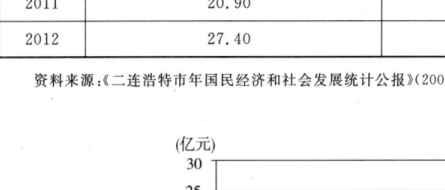

图 7-3 2006~2012 年二连浩特招商引资情况

(四)旅游服务贸易

二连浩特依托中、蒙、俄三国旅游资源,提出建设跨境旅游基地目标,不断拓展三国旅游市场,着力打造恐龙文化、边境旅游、跨境旅游"三大特色旅游品牌",全力提高旅游接待服务水平,口岸旅游业得到快速发展,并逐步形成了包括旅游交通、旅行社、饭店业、餐饮业、娱乐业、旅游景区(点)和旅游商品购物在内的综合产业体系。"十一五"期间,二连的国际旅游创汇收入由 2006 年的 1.5 亿美元增加到 2010 年的 2.54 亿美元,增长了 69.33%;旅游接待人数由 2006 年的 80.93 万人次增加到 2010 年的 124.38 万人次,增长了 53.69%。2011 年,2012 年国际旅游创汇收入

内蒙古自治区对外经济贸易发展报告(2013)

与旅游接待人数保持了稳步增长,旅游业总收入也实现了逐年增长,进一步提高了二连的对外开放水平。

表7-29 2006~2012年国际旅游创汇收入与旅游接待人数

年份	国际旅游创汇收入(亿美元)	同比增减(%)	旅游接待人数(万人次)	同比增减(%)
2006	1.50	—	80.93	—
2007	2.16	44.00	98.50	21.71
2008	2.31	6.90	106.72	9.00
2009	2.01	-6.90	107.79	1.01
2010	2.54	26.30	124.38	15.40
2011	2.78	9.40	142.50	14.60
2012	2.82	1.44	156.00	9.47

资料来源:《统计手册》(2008~2012),《二连浩特市年国民经济和社会发展统计公报》(2007~2012),二连浩特市统计局。

(五)与俄罗斯、蒙古国的经贸合作情况

二连积极发挥口岸桥梁纽带作用,主动加强与蒙古国、俄罗斯在经济、政治文化等各个领域的友好交往,全方位扩大对外开放,积极为国内企业"走出去"搭平台、当向导、搞服务。经二连浩特口岸开展的中蒙、中俄官方和企业互访达900人次。先后与蒙古国乌兰巴托市、色楞格省、东戈壁省签订了友好合作协议,与蒙古国乌兰巴托市罕乌拉区、纳莱赫区、额尔登特市、苏赫巴托市、扎门乌德市以及俄罗斯乌兰乌德市等多个城市建立了友好城区关系,经贸、文化等方面的交流日趋频繁。近年来,二连浩特口岸对蒙货物运量一直占中蒙货运总量的30%左右,最高达到46%;对蒙古国贸易额一直占中蒙贸易总额的64%左右,最高达到90%。约有70%以上的蒙古国人来过二连,在二连就读的蒙古国学生累计达到3000多人,每年来二连就医的蒙古国患者在5000人左右,长期定居二连的蒙古国人约有600多人。

二连面对的蒙古国、俄罗斯地广人稀、资源富集,被誉为"21世纪人类自然资源的宝库"。蒙古国畜产品和矿产资源丰富,现已探明80多种矿产资源和3000多个矿点;俄罗斯森林资源居世界第一。每年经二连进口大量的木材、矿产品等重要战略物资。利用丰富的进口资源,发展木材加工、矿产品初选加工、畜产品加工、能

源综合利用等特色产业优势明显。目前，已有22家企业通过二连口岸"走出去"，在蒙古国、俄罗斯取得18处矿产品、煤炭等资源开采权，取得矿权的铁矿储量14.6亿吨、煤炭1.4亿吨、锌矿2000万吨、钨锡矿16万吨。10多家企业与俄方合作在境外建立木材加工基地，形成300多万立方米的年加工板材能力。

中、蒙、俄区域性地方合作取得新进展。2009年12月，举办了首届二连浩特经贸论坛，推动中、蒙、俄三国沿线9个地区共同签署《二连浩特共识》，与蒙古国、俄罗斯政界、工商界、企业界签订资源合作开发、木材加工、跨境旅游、进出口物流、马产业合作等多个领域的三方合作协议，协议金额超20亿元，"发展陆桥经济、构建合作走廊"的战略构想开始破题，并取得实质进展。其后，2010年、2011年陆续成功举办了第二、第三届二连浩特经贸论坛，大力推动了中、蒙、俄经贸合作与发展。围绕发展陆桥经济、构建合作走廊的主题，连续成功举办四届"二洽会"，并升格为自治区级展会，成立天津矿权交易所二连矿产交易平台，开通二连浩特中、蒙、俄商品交易网站。组团赴蒙古国、俄罗斯陆桥沿线地区进行考察，推动落实"二洽会"各项合作协议，引导国内企业参与蒙古国扎门乌德至乌兰巴托载重公路和扎门乌德基础设施建设。

第五节

呼伦贝尔市对外经贸运行情况

呼伦贝尔市位于内蒙古自治区的东北部，总面积25.3万平方公里，西北与西南分别同俄罗斯、蒙古国交界，边境线总长1732.82公里（中俄边界1048公里、中蒙边界675.82公里），有7个对外开放口岸：分别是对俄罗斯开放的满洲里铁路、公路口岸，黑山头、室韦口岸；对蒙古国开放的阿日哈沙特口岸、额布都格口岸以及海拉尔航空口岸。以满洲里口岸为龙头，黑山头、室韦、阿日哈沙特、额布都格口岸为两翼，海拉尔航空口岸为中心，形成布局合理的沿边开放带和水、陆、空立体交叉全方位对外开放的格局，使呼伦贝尔市具备了成为国家向北开放前沿阵地的基础条件，为打造中俄、蒙"金三角"区域战略构想奠定了基础。

几年来，依托丰富的资源，特别是矿产资源和水、生态、口岸等可持续发展资源，呼伦贝尔市经济社会发展走上了快车道，正逐步成为内蒙古自治区新的经济增长点。同时，呼伦贝尔被国家确定为新型能源重化工基地、有色金属开采冶炼加工基地、绿色农畜产品生产加工基地和生态安全保障区，这个昔日"幽静的历史后院"，已成为祖国北疆改革的前沿。

一、呼伦贝尔市经济发展情况

"十一五"时期，呼伦贝尔市以科学发展观统领经济社会发展全局，坚持美丽与发展双赢战略，着力推进经济发展方式转变和经济结构调整，实现了全市经济持续快速发展，社会事业稳步推进，社会经济发展水平跃上新台阶。

（一）经济实力进一步提高，经济增长动力增强

"十一五"时期，呼伦贝尔市地区生产总值由2005年的322.35亿元增长到2010年的932.01亿元，年均增长23.7%，人均GDP由2005年的11907元增加到2010年的36652元，年均增长25.2%。三次产业结构由2005年的27.5∶30.5∶42.0调整为2010年的19.6∶42.1∶38.3，第一产业比重持续降低，第二产业所占比重迅速增加，产业结构调整的效果明显。从各产业增加值看，第一产业由2005年的88.64亿元增长到2010年的182.39亿元，年均增长15.5%；第二产业由98.25亿元增长到392.60亿元，年均增长31.9%；第三产业由135.46亿元增长到352.02亿元，年均增长21.4%。财政收入大幅提高，地方财政一般预算内收入由2005年的17.41亿元增长到2010年的55.98亿元，年均增长26.3%。地方财政一般预算内支出由2005年的56.68亿元增长到2010年的207.92亿元，年均增长29.7%，财政对发展经济、改善民生、加强基础设施建设的支持力度明显增强。"十一五"时期，金融机构存贷款金额均比"十五"时期有大幅增长，金融业对经济发展起到了积极的支持作用。"十一五"期末，金融机构存款余额是"十五"期末2.3倍，达到762.31亿元，平均每年增长18.5%；金融机构贷款余额也由2005年的157.53亿元增长到2010年的430.54亿元，平均每年增长22.3%。

（二）工业企业数量增加、效益提升，工业发展势头强劲

呼伦贝尔市规模以上工业企业由2005年的167户增加到2010年的447户，工业总产值也由129.81亿元增加到727.36亿元，年均增加41.2%。2010年，实现利税总额101.4亿元，是2005年的3.3倍，年均增长33.6%。"十一五"时期，煤矿开采业、石油开采业、黑色和有色金属采选业、电力生产业成为呼伦贝尔市工业经济的支柱性产业，并先后引进神华、华能、鲁能、中国黄金、香港金新、瑞士雀巢、华润等知名企业，形成了以能源重化工为基础的新型工业发展格局。国有工业比

重逐年下降，私营企业发展迅速，对工业经济的贡献提高。其中，规模以上私营企业数量由2005年的29个增加到2009年的164个，年均增加27个；所占比重由2005年的17.4%提高到2010年的36.7%，提高了19.3%，而国有经济的比重为10.7%，比2005年下降了6.3%。

（三）消费品市场繁荣活跃，零售市场持续火爆

"十一五"时期，呼伦贝尔市全面贯彻落实"扩内需、调结构、保增长"的政策，先后出台了一系列拉动内需、促进消费的措施，积极开拓城乡市场，为确保内外贸易增长起到了明显的促进作用。社会消费品零售总额由2005年的108.12亿元上升到2010年的294.6亿元，年均增长22.2%。限额以上批发零售贸易业商品销售总额由2005年的61.43亿元上升到2010年的251.66亿元，年均增长32.6%。同时，限额以上批发零售企业数(法人数)由2005年59个增加到2010年229个，年均增加34个。近年来，呼伦贝尔市消费品市场呈现出持续快速发展态势，消费亮点交替出现，批发、零售、住宿、餐饮消费热点接踵而来，零售额总量一直保持在全区第5位。

（四）固定资产投资规模不断扩大，拉动经济快速发展

"十一五"时期是呼伦贝尔市投资增长速度最快的时期，也是投资拉动经济发展最为显著的时期。全社会固定资产投资从2005年的189.32亿元连续突破了200亿元、300亿元、500亿元、600亿元，达到了2010年的641.7亿元，年均增长27.8%。五年投资总量累计完成2035.42亿元，比"十五"时期增长了2.7倍。房地产开发投资额增长到2010年的49.79亿元，是2005年的3.2倍，年均增长26.4%。2010年，全市工业固定资产投资完成299.7亿元，比2005年增长了2.4倍，年均增长27.8%。随着一大批工业项目、基础设施工程项目投资的完成，加快了全市产业结构调整的步伐，为经济的持续健康发展奠定了良好基础，带动了全市经济平稳较快发展。①

2011年，呼伦贝尔市以科学发展观为指导，坚定实施"美丽发展、科学崛起、共享繁荣"发展战略，努力克服经济运行中的诸多困难，继续保持经济快速发展、民生持续改善、社会和谐稳定，实现了"十二五"良好开局。2011年，全市实现生产总值1145.31亿元，按可比价计算增长了14.4%。其中，第一产业增加值214.60亿元，增长了5.8%；第二产业增加值509.95亿元，增长了20.4%，其中全部工业增加值

①呼伦贝尔市统计信息网。

内蒙古自治区对外经济贸易发展报告(2013)

441.11亿元,增长了21.4%,建筑业增加值68.84亿元,增长了14.4%;第三产业增加值420.76亿元,增长了12.1%。三次产业结构比例由2010年的19.6∶42.1∶38.3调整为18.7∶44.5∶36.8。全市社会消费品零售总额完成349亿元,增长了18.5%。批发零售企业商品销售额622.9亿元,增长了24.2%,其中,批发业311亿元,增长了26.2%;零售业311.9亿元,增长了22.2%。住宿餐饮企业营业额69.6亿元,增长了23.7%,其中,住宿业13.6亿元,增长了29.3%;餐饮业56.0亿元,增长了22.4%。

2012年是全面实施"十二五"规划的重要一年,呼伦贝尔市紧紧围绕"美丽发展、科学崛起、共享繁荣"发展战略,按照"调结构、扩总量、惠民生、强基础"的总要求和稳中求进的工作总基调,攻坚克难、锐意进取,社会各项事业取得了新的进展,为全面建成小康社会奠定了良好基础。2012年,全市地区生产总值(GDP)达到1335.82亿元,按可比价计算增长了13.5%,人均地区生产总值(GDP)52649元,可比价增长了13.8%。其中第一产业增加值239.14亿元,增长了7%;第二产业增加值629.79亿元,增长了20.85,其中全部工业增加值546.03亿元,增长了20.9%,建筑业增加值83.75亿元,增长了20.5%;第三产业增加值466.89亿元,增长了8%。三次产业结构比例由2011年的18.7∶44.5∶36.8调整为17.9∶47.1∶35.0。全市社会消费品零售总额完成398.8亿元(不含其他项),增长了16%。批发零售企业商品销售额739.1亿元,增长了18%,其中批发业369.7亿元,增长了19%;零售业369.4亿元,增长了17%。住宿餐饮企业营业额81.1亿元,增长了19%,其中住宿业14.8亿元,增长了15.9%;餐饮业66.3亿元,增长了19.8%。如表7-30所示。

表7-30 2006~2012年呼伦贝尔市生产总值

年份	生产总值(亿元)	第一产业(亿元)	第二产业(亿元)	第三产业(亿元)	人均生产总值(元)
2006	395.06	97.39	127.13	170.54	14628
2007	505.04	123.37	167.22	214.45	18687
2008	632.66	144.01	230.45	258.20	23413
2009	779.27	154.69	304.16	320.42	28889
2010	932.01	182.39	392.6	357.02	36552
2011	1145.31	214.60	509.95	420.76	45039
2012	1335.82	239.14	629.79	466.89	45038

资料来源:2006~2011年数据来源于历年《内蒙古统计年鉴》;2012年数据来源于呼伦贝尔市统计信网。

二、呼伦贝尔市对外经贸运行情况

（一）对外贸易发展情况

呼伦贝尔市对外贸易规模在全区位于前列，对外贸易以进口为主，进口商品主要以木材、纸浆、化肥、铁矿砂为主，出口商品主要有木制品、纺纱织线、织物、蔬菜水果、乳制品、钢材等。"十一五"时期，呼伦贝尔市依托口岸优势积极发展外向型经济，货物进出口额大幅增加。货物进口额由 2005 年的 15.23 亿美元增长到 2010 年的 21.27 亿美元；出口额由 2005 年的 0.77 亿美元增长到 2010 年的 1.99 亿美元，增长 1.6 倍。2011 年，呼伦贝尔市进出口总额完成 25.66 亿美元，其中出口 2.36 亿美元，进口 23.30 亿美元，贸易逆差 20.94 亿美元。2012 年，受进口下降影响，外贸经济持续下降，全市进出口总额完成 21.9 亿美元，其中进口 19.14 亿美元，出口 2.77 亿美元（见图 7-4）。

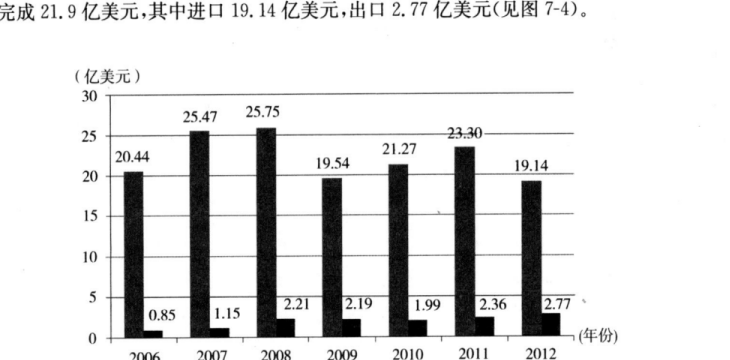

图 7-4 2006～2012 年呼伦贝尔市对外贸易额

资料来源：呼伦贝尔市统计信息网。

基于国家政策支持，呼伦贝尔市对外贸易企业规模不断扩大，实力不断增强，对外贸易市场呈现多元化发展，有贸易往来的国家和地区由 2005 年末的 78 个增加到 2010 年的 105 个。口岸经济发展迅速，其中蒙阿日哈沙特口岸作为国家一类口岸，"十一五"期间，累计完成客运量 20.4 万人次，同比增长 41%；累计输送交通运输工具 4.7 万辆次，同比增长 34%；累计完成货运量 41 万吨，同比增长 191%；累计完成进出口贸易成交额 2.2 亿美元，同比增长 850%。

（二）旅游服务贸易

呼伦贝尔市拥有丰富的旅游资源，"大冰雪、大森林、大湿地"资源得天独厚，"大农业、大工业"资源全国仅有。此外，在"大边界、大界河、大界湖"及红色旅游方面，呼伦贝尔市的资源优势都十分显著。呼伦贝尔市是国家旅游局认定的中国六大重点旅游开发区、中国旅游二十胜景之一及国家级草原旅游重点开发区。市境内的呼伦贝尔草原是世界四大草原之一，入选美国《时代》杂志评选的25个"真正的亚洲体验"，被描述为"远离城市喧嚣的天堂草原"。近10年来，伴随着经济社会的快速发展和城市影响力的不断扩大，呼伦贝尔市的旅游业得到突飞猛进的发展。

随着旅游产业规模逐步壮大，呼伦贝尔市旅游经济持续快速增长，旅游基础设施不断完善，综合服务功能逐渐增强，旅游接待能力明显提高。"十一五"期间，全市旅游人数总额达3239.83万人次，是"十五"期间的1.8倍，年均增幅23.90%；接待旅游者从2006年的415.81万人次增加到2010年的980.77万人次；旅游收入从53.81亿元增长到2010年143.01亿元；"十一五"期间旅游收入总额达480.25亿元，同比增长282.24%，年均增幅28.12%（见表7-31）。

2011年全年，共接待旅游者1165万人次，增长了18.8%，其中过夜海外旅游者53.8万人次，增长了2.1%，国内旅游者1111.20万人次，增长了19.7%；国际旅游创汇2.84亿美元，增长了7.6%，国内旅游收入155.11亿元，增长了24.0%，旅游业总收入173亿元，增长了21.0%。2012年，共接待旅游者（包括一日游）1433万人次，增长了23%，其中过夜海外旅游者58.84万人次，增长了9.4%，国内旅游者1374.16万人次，增长了23.7%；国际旅游创汇3.55亿美元，增长了25%，旅游业总收入215亿元，增长了24.3%。①

表7-31 呼伦贝尔市2006~2012年旅游服务贸易发展情况

年份	全年接待旅游者（万人）	过夜海外旅游者（万人）	国内旅游者（万人）	国际旅游创汇（美元）	国内旅游收入（亿元）	旅游业总收入（亿元）
2006	415.81	55.07	360.74	1.81	39.67	53.81
2007	481.62	62.76	418.86	3.29	53.13	69.82
2008	610.69	63.70	546.99	2.43	76.53	93.12

①呼伦贝尔市商务局。

第七章 内蒙古各盟市对外经贸运行情况

续表

年份	全年接待旅游者（万人）	过夜海外旅游者（万人）	国内旅游者（万人）	国际旅游创汇（美元）	国内旅游收入（亿元）	旅游业总收入（亿元）
2009	751.70	41.46	710.24	1.97	104.89	118.32
2010	980.77	52.69	928.08	2.64	125.54	143.01
2011	1165.00	53.80	1111.20	2.84	155.11	173.00
2012	1433.00	58.84	1374.16	3.55	192.50	215.00

资料来源：呼伦贝尔市2006～2012年国民经济和社会发展统计公报。

（三）利用外资情况

"十一五"期间，呼伦贝尔市累计利用外资3.1亿美元，总体呈现上升态势。按行业分布情况来看，主要有制造业、电力煤气及水的生产和供应业、信息传输计算机服务和软件业、租赁和商务服务业以及科学研究技术服务和地质勘测业。2006年，呼伦贝尔市新批外资企业13户，合同外资金额5174万美元，实际使用外商直接投资额3661万美元，增长52.0%。2007年，新批外资投资企业12户，合同外资金额8866万美元，实际使用外商直接投资额4924万美元，增长34.5%。2008年，新批外商投资企业5户，合同外资金额2.36亿美元，实际使用外商直接投资额0.58亿美元，增长17.0%。2009年，实际使用外商直接投资额0.83亿美元，增长了44.3%。2010年，实际使用外商直接投资额8450万美元，增长了4.0%。2011年，实际使用外商直接投资额9729万美元，增长了15.1%。2012年，呼伦贝尔市外商投资企业运行总体比较平稳，外商投资企业为22户，实际使用外商直接投资额10752万美元，增长了10.5%。①

（四）对外经济合作

"十一五"期间，呼伦贝尔市对外经济合作总体稳步增长。与俄罗斯开发合作领域主要在农业种植、建筑工程承包、矿产资源开发及生产服务行业，其中包括额尔古纳宝金矿业有限公司俄罗斯诺水达拉果铅锌矿项目、呼伦贝尔广电网络有限公司俄罗斯乌兰乌德市有线电视网络项目、海拉尔蒙西水泥有限公司赤塔水泥生产项目等。在与蒙古国合作方面，由于毗邻的蒙古国东部地区社会经济发展滞后，

①呼伦贝尔市2006～2012年国民经济和社会发展统计公报。

内蒙古自治区对外经济贸易发展报告（2013）

毗邻地区的贸易合作多来自民间的边境贸易，规模不大，如新右旗新鑫矿业有限公司东方省乌兰铅锌矿项目。

2006年，呼伦贝尔市共备案国外工程承包、劳务合作合同76个，合同总金额3693万美元，实现营业额2622万美元，增长了15.0%，外派劳务4279人次，下降了4.8%。2007年共备案国外工程承包、劳务合作合同72个，合同总金额0.53亿美元，增长了42.0%，实现营业额0.25亿美元，下降了0.5%，外派劳务4300人次，增长了0.5%。2008年共备案国外工程承包、劳务合作合同107个，合同总金额0.93亿美元，增长了77.2%，实现营业额0.29亿美元，增长了18.3%，外派劳务4200人次，下降了2.3%。2009年共备案国外工程承包、劳务合作合同38个，合同总金额0.24亿美元，下降了73.9%，实现营业额0.24亿美元，下降了18.7%，外派劳务4563人次，增长了8.6%。2010年共备案国外工程承包、劳务合作合同9个，合同总金额280万美元，下降了84.0%，实现营业额1471万美元，下降了15.0%，外派劳务1055人次，下降了44.0%（见表7-32）。

"十二五"期间，国家、自治区对"走出去"企业政策扶持力度加大，为"走出去"企业提供了宽松的政策环境，提升了企业对外投资的信心，使得呼伦贝尔市对外经济技术合作情况有较大幅度的增长。2011年，全市共备案国外工程承包、劳务合作合同13个，合同总金额21022万美元，增长了74倍，增长幅度创历史新高。营业额1651万美元，增长了12.2%，外派劳务1198人次，增长了14%。2012年，全市对外承包工程、劳务合作合同36个，合同总金额68725万美元，增长了226%，完成营业额6093万美元，增长了318%；外派劳务2595人次，增长了117%；全市对外投资项目（含大庆、西洋）累计完成投资11.82亿美元，与2011年同期相比略有增长。

表7-32 呼伦贝尔市2006～2012年对外经济合作发展情况统计

指标	2006	2007	2008	2009	2010	2011	2012
实际利用外资额（万美元）	3661	4924	5800	8310	8450	9729	10752
备案国外工程承包、劳务合作合同（个）	76	72	107	38	9	13	36
合同金额（万美元）	3693	5300	9300	2400	280	21022	68725
营业额（万美元）	2622	2500	2900	2400	1471	1651	6093
外派劳务（人次）	4279	4300	4200	4563	1055	1198	2595

资料来源：呼伦贝尔市2006～2012年国民经济和社会发展统计公报。

第六节 满洲里市对外经贸运行情况

满洲里市位于内蒙古呼伦贝尔大草原的腹地，东依兴安岭，南濒呼伦湖，西邻蒙古国，北接俄罗斯，是我国最大的沿边陆路口岸。全市总面积732平方公里，总人口30万，居住着蒙、汉、回、朝鲜、鄂温克、鄂伦春、俄罗斯等20多个民族，是一座独领中俄、蒙三国风情、中西文化交融的口岸城市，素有"东亚之窗"的美誉。满洲里市是自治区计划单列市、准地级市，下辖国家大型煤炭能源基地——扎赉诺尔区，两个国家级开发区——中俄互市贸易区和边境经济技术合作区，一个出口创汇农业区——东湖区。

满洲里口岸地处亚欧第一大陆桥的交通要冲，是我国环渤海港口通往俄罗斯等独联体国家和欧洲的最便捷、最经济、最重要的陆海联运大通道，承担着中俄贸易70%以上的陆路运输任务。1992年，满洲里被国务院批准为首批沿边开放城市后，经济和社会各项事业均实现了历史性跨越。边境贸易持续健康发展，与俄罗斯、波兰、匈牙利、日本、新加坡等40多个国家和地区建立了广泛的贸易关系；形成了贸易、金融、运输、仓储等综合发展的对外贸易和经济技术合作体系；构建起了易货贸易、现汇贸易、旅游贸易、转口贸易并存的对外贸易格局。口岸基础设施建设不断加强，铁路、公路、管道和航空并举的立体化运输体系日臻完善。旅游产业独具特色，异域风情游、跨国商务游、自然生态游并重的旅游产业框架正在形成。现在的满洲里正以中国改革的缩影、向北开放的窗口、亚欧陆桥的枢纽的崭新形象屹立于祖国北疆。

一、满洲里市经济发展情况

"十一五"期间，满洲里市全面落实科学发展观，坚持率先发展、科学发展、和谐发展，统筹推进改革发展稳定的各项工作，国民经济呈现持续、快速、健康发展态势。生产总值从2006年641539万元增加到2010年的1273119万元，人均生产总值从32025元增加到70400元，全社会固定资产投资由310000万元增加到

内蒙古自治区对外经济贸易发展报告(2013)

1000243万元,社会消费品零售总额由296236万元增加到846578万元,三次产业结构比例由2∶31∶67调整为2∶28∶70,第三产业占比有所提高。①

2011年,满洲里市以科学发展观为统领,以国家重点开发开放试验区建设为抓手,加大发展方式转变力度,加快经济结构调整步伐,全市经济发展呈现质量升、增势稳、活力强的显著特点,在金融危机之后,实现了"十二五"的良好开局。2011年,全市实现地区生产总值154.1亿元,增长了21.1%。拉动GDP增长的前三位行业分别是工业、商贸及交通运输业,增加值对GDP的贡献率分别达到29.1%、26.1%和8.6%,分别占GDP总量的26%、27.6%和14%。满洲里市确立2011年为"项目建设年",通过一系列举措加大对投资经济的工作倾斜,全年地方固定资产投资突破百亿元大关,增长了220.5%,实现翻番。满洲里市社会消费品零售总额始终高居呼伦贝尔市榜首,占呼伦贝尔市的比重为1/4,是呼伦贝尔市商业经济最为繁荣、发达的地区之一。2011年,满洲里市社会消费品零售总额突破80亿元,达到84.6亿元。多年来,满洲里市财政收入的排名始终位列呼伦贝尔市前三甲,2006~2009年,满洲里市财政总收入连续4年排名呼伦贝尔市第一位。2011年,满洲里市财政总收入完成154.08亿元,年均增长了21.1%。2012年,全市生产总值达175.9亿元,增长了11%。其中,第一产业增加值完成3.4亿元,增长了4.4%;第二产业增加值完成48.8亿元,增长了6.2%;第三产业增加值完成123.7亿元,增长了13%,三次产业结构比例为2∶28∶70。全市人均地区生产总值达7.04万元,增长了14.2%②(见表7-33)。

表7-33 2006~2012年满洲里市生产总值情况统计

指标	2006	2007	2008	2009	2010	2011	2012
生产总值(万元)	641539	796410	1001493	1203938	1273119	1540830	1759000
第一产业(万元)	13184	15242	23548	25100	27801	31210	34000
第二产业(万元)	198568	254632	315437	332690	350448	451257	488000
第三产业(万元)	429787	526536	662508	846148	894870	1058363	1237000
人均生产总值(元)	32025	36200	43422	48000	50925	61633	70400

资料来源:2006~2011年数据来源于历年《内蒙古统计年鉴》;2012年数据来源于满洲里市2012年国民经济和社会发展统计公报。

①②满洲里市2006~2012年国民经济和社会发展统计公报。

二、满洲里市对外经贸运行情况

（一）贸易方式多样化，口岸经济实力不断增强

经过多年发展与夯实，满洲里市外贸经济发展特点显著，贸易方式呈现多样化，由过去单一的边境小额贸易方式变为现在的边境小额贸易、一般贸易、来料加工贸易、保税仓库、外商投资等多样化的贸易方式。贸易市场全球化，目前，满洲里市与俄罗斯、伊朗、乌克兰、美国、加拿大、韩国、印度、智利、马来西亚、瑞士、印度尼西亚、阿尔及利亚、菲律宾、中国香港等40多个国家和地区建立了贸易关系。贸易产品日益优化，由原来零散的木材、原油、化肥、纸类、化工产品、废钢、石油焦、蔬菜、日用轻工产品等逐步形成了汽车、木材加工等科技含量高的进出口产品深加工体系的新格局。同时，满洲里市对外贸易的主体也呈现多元化的发展格局，国有、民营、私营企业均有参与。尤其是资金充足、机制灵活的私营企业，体现出了更加强劲的活力和更加迅猛的发展势头，为满洲里市的经济发展做出了较大贡献。

"十一五"时期，满洲里市不断加大沿边开放开发的力度，贸易总量实现稳步增长。在口岸经济最为活跃的2008年，满洲里口岸外贸进出口总值突破百亿美元大关，达到108亿美元，为国家创造了92.7亿元的关税收入。在2007年和2008年的两年里，满洲里市外贸企业数超过500家，成为外贸经济活跃发展的主体。在口岸经济带动下，满洲里市外贸经济迎来高速发展期。2011年，满洲里口岸外贸进出口总值在逆境中完成63.3亿美元，创造48.4亿元的关税收入。2012年，满洲里口岸外贸进出口总值完成56.6亿美元，较2011年下降了10.60%，上缴关税及代征税27.3亿元，下降了30.4%（见表7-34）。

表7-34 2008～2012年满洲里口岸对外贸易进出口额　　　　单位：亿美元，%

年份	进出口总额	进出口增速	进口额	进口增速	出口额	出口增速
2008	108	28.60	96.0	27.60	12.0	19.80
2009	66.7	-38.20	60.9	-36.40	5.8	-53.30
2010	97.6	46.30	89.3	46.60	8.3	43.10
2011	63.3	-35.20	50.4	-43.80	12.9	54.80
2012	56.6	-10.60	41.5	-17.70	15.2	17.30

资料来源：满洲里市2006～2012年国民经济和社会发展统计公报。

(二)立体化、现代化的疏运体系，为外贸经济铸辉煌

"十一五"时期，满洲里市按照"以服务促效能、以吨位树地位"的思路，不断加大对口岸基础设施建设的投入，显著提高了口岸通关能力和通关效率，形成了公路、铁路、航空齐备的立体化交通格局，为扩大进出口贸易和加强国际经济技术合作奠定了良好的基础。

随着中俄两国经贸关系的不断升温和旅游业的快速发展，满洲里公路口岸进出境人员不断上升。为此，满洲里市在加大铁路口岸通关力度的同时，对公路口岸旅检通关大楼进行了改扩建，并于2009年建成投入使用。投入使用后，口岸年通过能力达到人员1200万人次，车辆120万辆次，货物600万吨。2011年，满洲里市还在旅检通关大楼内投资4130万元建设实施电子口岸工程，这些都为促进公路口岸信息化发展和提升口岸通关效率奠定了坚实的基础。与此同时，满洲里市积极获取各类航空资源，加大立体化通关网络的构建。2011年6月底，航空口岸正式启动运行，先后开通了满洲里一赤塔、伊尔库茨克、乌兰乌德、克拉斯诺亚尔斯克等多条国际航线，这些航线的开通为中俄友好往来和跨境旅游提供了更加便利的交通条件，同时也标志着满洲里市公路、铁路、空航齐备的立体化国际口岸正式形成。

2006~2011年，满洲里口岸基础设施建设总投资达到38.5亿元，口岸通过能力大幅提高，口岸客货运量持续增长(见表7-35)。截至2011年末，航空口岸吞吐量为50941人次；铁路口岸日均接俄罗斯重车最高达20列1345车，年综合换装能力3000万吨，通过能力1.2亿吨；公路口岸年通过能力达到1200万人次，车辆120万辆次，货物600万吨，居全国沿边口岸之首。随着20多年来沿边口岸城市的建设和发展，满洲里口岸为国家输运进一大批资源，为我国能源平衡和内陆能源城市经济建设起到了重要的支持作用。仅2007~2011年，满洲里口岸累计进口原油3668万吨、原木及锯材4718万立方米、铁矿砂及其精矿1091万吨和431万吨的肥料等重要物资。2012年，满洲里市更是克服原油进口订单取消的不利影响，全年口岸过货量达到2817.2万吨，继续保持全国最大陆路口岸地位。^{①}

---

①满洲里市统计信息网。

表 7-35 2006～2012 年满洲里口岸过货量

单位：万吨，%

年份	过货总量	增速	铁路口岸	增速	公路口岸	增速
2006	2171	23.90	2119	25.50	52	-18.20
2007	2402	10.60	2326	9.80	74	18.20
2008	2411	0.40	2335	0.30	76	2.70
2009	2421	0.40	2368	1.40	53	-29.70
2010	2611	8.10	2528	8.00	83	9.20
2011	2659.6	1.80	2593.8	1.70	65.8	7.60
2012	2817.2	5.90	2717.5	4.80	99.7	37.90

资料来源：满洲里市 2006～2012 年国民经济和社会发展统计公报。

（三）旅游业发展实现大跨步

满洲里市的旅游资源得天独厚，被誉为"北疆明珠"。拥有包括满洲里国门、呼伦湖、二子湖、查干湖景区、俄罗斯套娃景区、中俄互市贸易旅游区、欧式旅游观光婚礼宫和扎赉诺尔国家矿山公园等独具特色的旅游观光景点。伴随着口岸经济的发展，满洲里市旅游业从沿边开放以来单纯的"贸易游"逐渐形成贸易、休闲和度假等多种方式相结合的边境旅游经济产业。满洲里市通过城市形象定位和城市软环境建设，异域风情与民俗民风相结合的发展模式将近几年来不断壮大的国内旅游形成规模化发展。

截至 2011 年末，全市共有旅行社 25 家，其中国际旅行社 10 家，星级宾馆 15 家，特别是近五年来，满洲里市不断引进国内外知名高档宾馆酒店，有效地提升了满洲里市旅游软环境建设。同时，旅游景区建设规模和服务质量不断提升，国家 AAAA 级景区达到 3 个。满洲里市旅游基础设施逐步完善，旅游经济效益日益显现，2006～2012 年全市旅游业稳步发展。

"贸游立市"始终是满洲里市发展的主旋律，通过"CCTV 中国最具魅力城市"、"中俄蒙三国交界地区旅游节"、中俄蒙三国交界地区、选美大赛暨国际冰雪节等一系列活动，满洲里市努力打造以中俄蒙三国风情为主色调的旅游主题形象，树立匠心独具的口岸旅游品牌，2006 年满洲里市被评为"全国十佳魅力城市"。

(四)"三外联动"促进产业结构调整

20多年的沿边开放，边贸已经成为满洲里市经济的主要牵动力，外贸、对外经济技术合作、利用外资"三外"联动的局面已经形成。

自中国加入世界贸易组织以来，满洲里市把发展对俄经贸和科技合作作为拉动全市经济增长的重点工作，实施专项推进，每年与俄罗斯红石市、赤塔州、布里亚特共和国、伊尔库茨克州等开展互访与合作交流活动。经济合作领域包括森林采伐加工、农业种植、铁路换装和建筑工程等多个合作领域，经济合作辐射到俄罗斯赤塔、伊尔库茨克、乌兰乌德等地区。2007年，共实施对外经济技术合作项目140项，引进市外资金突破50亿元，达到503785万元，增长了25%，其中引进呼伦贝尔市外项目69项，引进资金301953万元，增长了50%。按照"政府搭台，企业联姻"的工作思路，满洲里市举办多种形式的进出口贸易洽谈会、经济技术合作项目展销会和博览会。组织民营企业夏阳服装有限公司、海峰电器有限公司在赤塔市、外贝加尔斯克区投资建商厦、办工厂，并建设诸如赤塔华商园区、外贝加尔杜埃特电器组装加工区等境外经济贸易合作区。以消化进口资源、原料深加工为主的边境经济合作区和以出产品、做出口为主的互市贸易区的项目工程已经启动。所有这些活动都促使满洲里市对外经贸发展不断迈上新台阶。

满洲里市充分利用两个市场，加快发展境外投资。积极鼓励具有比较优势的企业到毗邻的俄罗斯地区投资设厂，开展境外加工装配业务，建立生产基地和营销网络。充分发挥满洲里市夏阳服装有限公司、海峰电器有限公司在境外享有良好信誉的优势，引资合作，形成上下游一体、关联程度高、带动和辐射能力强的境外加工贸易聚集区。同时，进一步提高利用外资的规模和质量，在引大联强上实现新突破。加强与世界500强企业的联系，建立满洲里市利用外资项目库，积极向外推介10～15个总投资上亿元人民币的大项目(见表7-36)。"十一五"时期，满洲里市外贸进出口值由2006年的26.16亿美元增长到2010年的32亿美元；外贸企业进出口总值由19.06亿美元(进口18.46亿美元，出口0.6亿美元)增长到22.7亿美元(进口21亿美元，出口1.7亿美元)；加工贸易进出口额由2006年的1882万美元增加到2010年的7868万美元。2011年，全市外贸进出口总值35亿美元，增长了9.4%；外贸企业进出口总值25亿美元，增长了9.6%，其中进口23亿美元，增长了9.6%，出口2亿美元，增长了14.2%。2012年，全市外贸进出口总值38亿美元，增长了8.6%；外贸企业进出口总值21.3亿美元，下降了11.9%，其中进口18.8亿美元，下降了15.2%，出口2.5亿美元，增长了24%。

表7-36 满洲里市2006~2011年外商投资企业情况

单位：万元

年份 指标	2006	2007	2008	2009	2010	2011
外商及港澳台商投资企业（登记注册）	3481	22210	693	2330	6515	100120
港澳台商投资企业（规模以上）	10103	18100	27160	5534	7239	10461
外商投资企业（规模以上）	987	4803	7623	53380	74258	90085

资料来源：《内蒙古统计年鉴》（2006~2011）。

第七节

巴彦淖尔市对外经贸运行情况

巴彦淖尔是内蒙古自治区西部的一个新兴城市，位于河套平原和乌拉特草原上，东接包头市，西邻阿拉善盟，南隔黄河与鄂尔多斯市相望，北与蒙古国接壤。交通便利，气候干燥，气温偏低，自然资源丰富，旅游资源独具特色，是中国恐龙的故乡，被誉为"塞上江南，黄河明珠，北方新城，西部热土"。

巴彦淖尔市甘其毛都口岸位于巴彦淖尔市乌拉特中旗境内，与蒙古国南戈壁省汉博格德县的嘎顺苏海图口岸毗邻，是国务院批准常年开放的路陆口岸之一，口岸相距蒙古国最近的人口聚集区22公里。口岸毗邻的蒙古国南戈壁省蕴藏有丰富的矿产资源，目前已探明的有塔本陶勒盖煤矿和奥云陶勒盖铜矿。该口岸主要以煤炭运输为主，全部由我国车辆承运。只有少数蒙古国货运车辆通过该口岸从事日用品、水果蔬菜等物品的运输。

一、巴彦淖尔市经济运行情况

2008~2012年，巴彦淖尔市综合经济实力得到大幅提升。地区生产总值由2007年的341.6亿元增加到2012年的812亿元，年均增长14.8%。地方财政总收入由45.5亿元增加到90.4亿元，年均增长14.7%。累计完成固定资产投资2798亿元，年均增长20.9%。社会消费品零售总额由72.7亿元增加到169亿元，年均增长18.4%。城镇居民人均可支配收入由10360元增加到18823元，年均增

内蒙古自治区对外经济贸易发展报告(2013)

长12.7%。农牧民人均纯收入由5435元增加到10716元,年均增长14.5%。

2007~2012年,巴彦淖尔市产业转型实现重大突破。三次产业结构由22:49:29演进为18:59:23,工业比重由40.8%提高到50.4%,实现了农牧业主导型经济向工业引领型经济的重大转变。优势特色产业进一步巩固,新型煤化工、氯碱化工破题起步,新能源、装备制造等新兴产业发展迅速。培育和引进了河套酒业、巴运、紫金、神华、联邦、包钢等一批大企业,4个工业园区跨入百亿园区行列。粮食总产量达到58.6亿斤,牲畜饲养量突破1700万头(只),巴美肉羊等农畜产品通过国家地理标志保护登记。第三产业增加值达到187亿元,年均增长12.2%。

二、巴彦淖尔市对外经贸运行情况

1. 外贸规模不断扩大,外贸增长速度较快

2010~2012年,巴彦淖尔市全年对外贸易进出口额分别为53.270万美元、96.034万美元和127.131万美元,同比增长分别为51.1%、80.2%和32.6%,其中出口分别为15.973万美元、21.123万美元和24.640万美元,进口分别为37.297万美元、74.911万美元和102.491万美元。在全区外贸进出口额十二盟市排名中,持续居于前六位。

2. 进口份额较大,呈现逆差状态

随着今年我国对煤炭和铜需求的大幅增加,依托于甘其毛都口岸,巴彦淖尔市成为国内外开发利用蒙古国资源的最佳出口通道,使得外贸呈进口份额所占比重较大的逆差状态。2010~2012年,巴彦淖尔市进口份额占当年外贸进出口总额比重分别为70.0%、78.0%和80.6%。

第八节

赤峰市对外经贸运行情况

赤峰市地处蒙、冀、辽三省交汇处,是环渤海经济圈的重要组成部分,同时也受东北经济圈的辐射,距北京、沈阳等大城市均在500公里左右,距锦州、秦皇岛等港

口不足300公里,是内蒙古自治区距离出海口岸最近的城市。特别是近年来,赤大白铁路、赤峰至大板高速公路、赤峰至通辽高速公路以及军民合用机场等陆续投入使用,与周边大城市形成了便捷的交通网络。红山物流园区的建成,成为赤峰市通往口岸的内陆干港,为实现资源流通和区域通关提供了有利条件。

一、赤峰市经济运行情况

2008~2012年,赤峰市综合经济实力实现了新跨越。地区生产总值由2007年的638.2亿元增加到2012年的1568亿元,年均增长16%。人均生产总值由14432元增加到37000元,接近全国平均水平。三次产业比重由19∶45∶36演进为15∶56∶29。地方财政总收入由57.2亿元增加到139.4亿元,年均增长19.4%。地方公共财政预算支出由118亿元提高到300亿元以上,年均增长20.5%。累计完成50万元以上项目固定资产投资4412亿元,年均增长26%。社会消费品零售总额由196.3亿元增加到473亿元,年均增长19.2%。城镇居民人均可支配收入由10032元增加到18880元,农牧民人均纯收入由3681元增加到7060元,年均分别增长13.5%和13.9%。

二、赤峰市对外经贸运行情况

1. 外贸规模较小,发展速度较快

2010~2012年,赤峰市全年对外贸易进出口额分别为32360万美元、51557万美元和77531万美元,同比增长分别为-38.4%、56.6%和50.9%,其中出口分别为13802万美元、21558万美元和12731万美元,进口分别为18558万美元、29999万美元和64800万美元。在全区十二盟市外贸进出口排名中,维持在第七、八位左右。

2. 外贸呈持续逆差状态

从全国来看,赤峰市属于经济欠发达地区,生产能力落后,产品质量落后,出口的产品主要以农畜产品、杂粮产品等低附加值产品为主,而进口产品多围绕着煤炭、有色金属等本市主要支柱产业发展所需能源、原材料为主,进口需求大,价格高,致使赤峰市的外贸呈持续逆差状态。2010~2012年,进口额占全年进出口总额比重分别为57.3%、58.2%和83.6%。

3. 出口商品集中于农牧产品

截至2012年，赤峰市的产业结构为15∶56∶29，赤峰市进口商品集中于能源原材料等工业产业，出口产品集中农牧业等农业产业。第三产业对进出口的贡献率较小。近几年，依托于特定的地理环境和自然条件，赤峰市已经成为内蒙古东部地区最主要的出口食品原料基地。2011年全市共有出口食品原料种植场10余块，种植面积1万余亩、涉及出口企业6家，分布在宁城县、喀喇沁旗、松山区、翁牛特旗等地，种植品种包括甘蓝、胡萝卜、桔梗、圆葱、蘑菇等，产品满足日本、韩国等国际市场需求。其中赤峰地区生产的脱水甘蓝、脱水胡萝卜色泽好、口味正，深受国外客户喜爱，现已成为世界最大的方便面生产厂商之一的日清食品株式会社的专用配料，这标志着赤峰地区生产的脱水蔬菜已成功进入世界脱水蔬菜的高端市场。

第九节

通辽市对外经贸运行情况

通辽市位于内蒙古自治区东部，总面积59535平方公里，南北长约418公里，东西宽约370公里。东靠吉林省、西接赤峰市、南依辽宁省、西北和北边分别与锡林郭勒盟、兴安盟为邻，是东北地区和华北地区的交汇处。

一、通辽市经济运行情况

2008～2012年，通辽市通过转方式、调结构，综合实力和发展后劲得到不断增强。2012年，地区生产总值达到1700亿元，是2007年的近3倍；财政总收入138.1亿元，是2007年的3倍；社会消费品零售总额340亿元，是2007年的2.5倍；完成固定资产投资1320亿元，五年累计完成4120亿元。三次产业比由2007年的20.8∶45.7∶33.5调整为14∶60∶26。煤电铝及铝后加工、玉米生物科技、高技术煤化工、农畜产品加工等优势特色产业具备了一定的市场竞争优势和行业影响力。非资源产业占全部工业的比重达到90%。规模以上企业达到631户，销售收入超百亿元的企业2户、工业园区7个。农牧业生产加快向质量效益型转变，新建节水高产高效粮食功能区306万亩，全市粮食产量首次突破200亿斤，实现九连增。肉牛存栏达228万头，畜牧业比重提高了5个百分点。农牧业综合机械化水平达到75.2%，农牧业科技贡献率达到50%。服务业发展能力增强，物流、金融、电子商务迅速兴起，被评为全国流通领域现代物流示范城市和中国金融生态示范城市。城乡一体化进程不断加快，城乡基础设施和公共服务功能不断完善，新增城镇建成区面积60平方公里，城镇化率由35%提高到了43.5%。

二、通辽市对外经贸运行情况

1. 外贸规模较小，出口份额较大

2010～2012年，通辽市全年对外贸易进出口额分别为17498万美元、9329万美元和10384万美元，同比增长分别为73.3%、-46.7%和11.3%，其中出口分别为8719万美元、7381万美元和7288万美元，进口分别为8779万美元、1948万美元和3096万美元。

2. 从贸易方式上看，以一般贸易为主

从贸易方式上看，以一般贸易为主，加工贸易少。自2006年取消氧化铝加工贸易出口以来，一般贸易出口额连续超过加工贸易。2012年全市一般贸易累计出口6581万美元，高于加工贸易出口5874万美元，同比增长2.2倍，占全市外贸出口总额的90.3%。民营企业在全市出口中发挥着重要作用，2012年累计出口6734万美元，占全市外贸出口总额的92.4%。其中高新技术类民营企业，如内蒙古玉王生物科技有限公司、内蒙古立中霍煤车轮制造有限公司和内蒙古霍煤鸿骏高精铝业有限公司成为带动全市出口平稳增长的主力军，累计出口额1707万美元，占全市出口总额的23.4%。外商投资企业出口累计554万美元，同比增长20.5%。

3. 出口市场主要集中于日本和东盟，出口产品以农畜产品为主

通辽市的自然条件和社会条件为农畜产品的生产创造了优越的条件，使得农畜产品成为通辽市的优势出口产品。而这些农畜产品恰好可以极大地满足日本和东盟国家的需求。以2011年为例，通辽市对亚洲市场出口5325万美元，同比增长55.2%，占全市出口总额的72.1%，其中，对日本出口3230万美元，同比增长23.1%；对东盟国家出口850万美元，同比增长15.7%。农畜产品逆势增长，出口额为4932万美元，占全市出口

总额的66.9%，同比增长62.1%。特色产品如杂粮杂豆出口1553万美元，同比增长19.5%；活牛出口8138头，出口额为1274万美元，同比增长50%。

4. 招商引资主要定位于区外国内范围

受自然条件和经济基础限制，通辽市的招商引资主要着眼于国内区外的范围，国际范围的招商引资还存在诸多限制和障碍。招商引资走先国内后国际的步伐，可以为更好、更多地吸引国际资金提供经验和办法。

第四节

乌兰察布市对外经贸运行情况

乌兰察布市地处中国正北方，内蒙古自治区中部，东西长458公里，南北宽442公里，总面积5.4万平方公里。乌兰察布市东部与河北省接壤，东北部与内蒙古锡林郭勒盟相邻，南部与山西省相连，西南部与自治区首府呼和浩特毗连，西北部与包头市相接，北部与蒙古国交界，国境线长100多公里。

一、乌兰察布市经济运行情况

2008～2012年，乌兰察布市经济总量实现翻番，综合实力显著增强。投资规模强劲扩张，累计完成固定资产投资1846亿元，年均递增27%，增速位居全区前列。实施亿元以上项目644项，完成投资1585亿元，占全部固定资产投资的86%。2012年地区生产总值780亿元，是2007年的2.3倍，年均递增17.6%；规模以上工业增加值315亿元，是2007年的2.6倍，年均递增21.3%；财政收入66亿元，是2007年的1.8倍，年均递增15%；社会消费品零售总额211亿元，是2007年的2.3倍，年均递增18%。

二、乌兰察布市对外经贸运行情况

1. 外贸规模较小且全区排名靠后

2010～2012年，乌兰察布市全年对外贸易进出口额分别为8220万美元、

10369 万美元和 5174 万美元，同比增长分别为 51.1%、26.2%和-50.1%，其中出口分别为 5295 万美元、6576 万美元和 4298 万美元，进口分别为 2925 万美元、3793 万美元和 876 万美元，外贸进出口总额在全区十二盟市排名中，始终处于第 10 位左右。

2. 由于自然条件和经济基础的限制，外贸行业发展缓慢

乌兰察布市经济总量相对较小，物质基础相对薄弱，经济发展水平相对落后，从事外贸进出口的企业数量有限，规模有限，出口增长乏力。农副产品仍然以劳动密集型、粗放加工型、低附加值产品为主，缺乏完整的产业链和科技含量，出口增长乏力；出口企业产品较为单一，抗击风险能力较差。

乌海市对外经贸运行情况

乌海市是内蒙古自治区西部的新兴工业城市，地处黄河上游，东邻鄂尔多斯高原，南与宁夏石嘴山市隔河相望，西接阿拉善草原，北靠肥沃的河套平原。乌海市是华北与西北的接合部，同时也是"宁蒙陕甘"经济区的结合部和沿黄经济带的中心区域。

一、乌海市经济运行情况

2008～2012 年，乌海市综合实力大幅提升，经济结构调整取得重要进展。2012 年地区生产总值完成 560 亿元，同比增长 14%，是 2007 年的 2.9 倍，年均增长 18%；固定资产投资累计完成 1167 亿元，是 2003～2007 年的 3.4 倍；地方财政总收入完成 94.5 亿元，同比增长 14%，是 2007 年的 3 倍，年均增长 25%；社会消费品零售总额突破 100 亿元，同比增长 17%，是 2007 年的 2.5 倍，年均增长 20%。三次产业结构从 1.2∶65.5∶33.3 调整为 1∶73.7∶25.3，能源、化工、建材和冶金四大主导产业占工业经济比重达到 95%，非煤产业占工业增加值的比重达到 50.8%，形成了新兴产业多元发展、多极支撑的良好格局。

二、乌海市对外经贸运行情况

1. 外贸发展规模较小且发展速度变化剧烈

2010~2012年,乌海市全年对外贸易进出口额分别为555万美元、378万美元和4618万美元,同比增长分别为-25.2%、-31.9%和1122.8%,其中出口分别为349万美元、351万美元和164万美元;进口分别为206万美元、27万美元和4454万美元。在全区十二盟市进出口额排名中,持续处于倒数第一、第二位。

2. 进出口商品结构不均衡

乌海市的支柱产业是能源、化工、建材和冶金。在这些领域,乌海市走在自治区乃至全国的前列。支撑乌海市支柱产业的能源、原材料一部分要靠进口,使得乌海市的进口商品多集中于此。乌海市的出口产品数量较少,且主要集中于粮油、日用百货、服装、建材、农牧机具等低附加值的日常消费品领域。自2011年开始,中国光伏产业先后遭遇欧美"双反"调查,多晶硅作为乌海市的主要优势产品,作为光伏产业的主要原材料,多晶硅领域也受到冲击,致使乌海市出口产品范围和领域进一步缩小。

第十三节 阿拉善盟对外经贸运行情况

阿拉善盟地处内蒙古自治区最西端,西与甘肃省酒泉市、张掖市、金昌市、武威市、白银市相连,东南隔贺兰山与宁夏回族自治区中卫市、吴忠市、银川市、石嘴山市相望,东北与巴彦淖尔市、乌海市、鄂尔多斯市接壤,北与蒙古国交界。

阿拉善盟的策克口岸位于额济纳旗政府所在地以北77公里处,与蒙古国西伯库伦口岸相对应,2004年被国务院批准为双边性常年开放口岸,2009年1月12日正式常年开放。该口岸辐射蒙古国南戈壁省、巴音洪格尔等五个矿产资源及畜产品富集的省区,同时也是陕西、甘肃、宁夏、青海四省（自治区）和全区唯一共有的路陆口岸。目前，该口岸已形成以煤炭运输为主、其他货物运输为辅的新兴口岸，我国企业主要以煤炭运输为主，蒙古国企业主要以日用品、水果蔬菜等物品为主。

一、阿拉善盟经济运行情况

2008~2012年，阿拉善盟阿拉善左旗改革开放和经济社会发展取得了显著成就。2012年，全旗地区生产总值突破150亿大关，达到154.8亿元，是2007年的3.7倍，年均增长29.7%；财政收入连续突破10亿、20亿大关，达到25.8亿元，是2007年的3.2倍，年均增长26.7%；社会固定资产投资迈上新台阶，突破百亿大关，完成102.5亿元，是2007年的3.4倍，年均增长27.4%；城镇居民人均可支配收入24288.1元，是2007年的2倍，年均增长14.4%；农牧民人均纯收入9541元，是2007年的2.1倍，年均增长16.1%；社会消费品零售总额达到32.2亿元，是2007年的2.1倍，年均增长15.6%。各项主要指标增速始终位居全盟前列。三次产业结构由2007年的6.6∶61.4∶32调整为3.6∶78.5∶17.9。综合经济实力连续五年位居全国西部百强县之列，由2007年的第34位提升到第27位，跻身中国西部最具投资潜力百县（市）第10位，全旗经济步入了健康快速的发展轨道。

二、阿拉善盟对外经贸运行情况

1. 外贸规模较小，近三年外贸增速回落

2010~2012年，阿拉善盟全年对外贸易进出口额分别为43897万美元、65022万美元和61085万美元，同比增长分别为135.6%、48.2%和-6.1%，其中出口分别为4543万美元、6836万美元和5803万美元；进口分别为39354万美元、58186万美元和55282万美元。在全区十二个盟市进出口额排名中，居于第6位左右。

2. 进口份额所占比重较大

2010~2012年，阿拉善盟进口额占全年进出口总额比重分别为89.7%、89.5%和90.5%。进口商品主要以原煤、有色金属为主，中国国内需求大，价格较高，导致进口额较大；出口商品主要以粮油、日用百货、服装、建材、农牧机具产品为主，蒙古国需求相对较小，中国对其供给充足，价格较低，导致中国对蒙古国出口额较小，呈区域性逆差状态。阿拉善盟的策克口岸为中蒙贸易的重要通道。2009年以来，阿盟额济纳旗抓住策克一西伯库伦口岸正式实现中蒙双边性常年开通的有利时机，进一步深化和落实"口岸兴旗"发展战略，不断加强口岸基础设施建设，吸引了更多区内外企业涉足口岸经商。目前，在策克口岸注册入驻企业超过30家，其中以专经营煤炭进口企业为主。

第十三节

兴安盟对外经贸运行情况

兴安盟位于内蒙古自治区的东北部。兴安盟南北长380公里，东西宽320公里，总面积近6万平方公里。兴安盟在国内处于东北经济区，在国际上处于东北经济圈，地理位置优越。兴安盟内与吉林省白城市、黑龙江省齐齐哈尔市和呼伦贝尔市、通辽市、锡林郭勒盟接壤，外与蒙古国毗邻。阿尔山口岸是沟通俄罗斯和蒙古国、连接欧亚大陆的重要通道，是中国图们江区域合作开发规划的中蒙大通道的关键节点，是国家东北振兴规划确定的向俄罗斯和蒙古国开放的重要通道，联合国开发计划署规划的新的欧亚大陆桥的桥头堡，是蒙古国最近出海口的重要节点，也是长吉图开发开放先导区的关键一环，是连接东北亚地区的重要枢纽，是兴安盟的北大门和向北开放的唯一出口。

一、兴安盟经济运行情况

2008~2012年，兴安盟经济结构不断优化，综合实力明显增强。2012年兴安盟政府所在地乌兰浩特市，地区生产总值完成130亿元，是2007年的2.8倍，年均增长23%；三次产业增加值完成分别为9亿元、58亿元、63亿元，年均增长分别为16.1%、25.6%和22%，第二产业拉动作用进一步增强；财政收入完成25.5亿元，比2007年翻两番，年均增长33%；财政支出完成21.1亿元，是2007年的3.7倍，年均增长30.1%；全社会固定资产投资完成92亿元，是2007年的6.6倍，年均增长45.9%；城镇居民人均可支配收入和农民人均纯收入达到16890元和7440元，年均分别增长12.6%和11.5%。

2008~2012年，兴安盟阿尔山市经济综合实力显著增强。2012年，全市地区生产总值达到12.70亿元，是2007年的2.5倍，年均增长20.7%，实现五年翻一番；地方财政收入首次突破亿元大关，达到1.17亿元，是2007年的4.2倍，年均增长33.2%，实现五年翻两番，在全区财政收入排名中实现进位；财政支出达到11.30亿元，是2007年的9.6倍，年均增长57.1%，实现五年翻三番；全社会固定资产投资达到36.20亿元，是2007年的9倍，年均增长55.2%，实现五年翻三番；社会消费品零售总额达到4.98亿元，是2007年的1.4倍，年均增长6.0%；城镇居民人均可支配收入达到15200元，是2007年的1.8倍，年均增长13.0%。

兴安盟经济总量小，仅仅相当于全区经济总量的2%左右，大型工业项目数量较少，自我发展能力薄弱，主导产业不明显，基础设施建设相对滞后，社会发展水平较低，公共服务质量有待提高，不能满足对外经贸以及区域经济发展的要求。

二、兴安盟对外经贸运行情况

兴安盟外贸规模较小，全区排名靠后。2010～2012年，兴安盟全年对外贸易进出口额分别为295万美元、380万美元和761万美元，同比增长分别为73.7%、29.0%和100.1%，其中出口分别为267万美元、367万美元和745万美元，进口分别为28万美元、13万美元和16万美元。外贸进出口总额在全区12个盟市中持续居于末位或者接近末位，出口额和进口额严重不均衡，进口额微乎其微。

第十四节 锡林郭勒盟对外经贸运行情况

锡林郭勒盟位于中国的正北方，内蒙古自治区的中部，驻地锡林浩特市。这里既是国家重要的畜产品基地，又是西部大开发的前沿，是距京津唐地区最近的草原牧区。北与蒙古国接壤，南邻河北省张家口、承德地区，西连乌兰察布市，东接赤峰市、兴安盟和通辽市，是东北、华北、西北交汇地带，具有对外贯通欧亚、区内连接东西、北开南联的重要作用。

锡林郭勒盟二连浩特口岸位于内蒙古自治区锡林郭勒盟西南部，与蒙古国最大的口岸城市扎门乌德市相隔9公里，是中国对蒙古国开放的最大公路、铁路口岸，边境线长68.29公里，国际国内交通十分便利。二连是距首都北京最近的陆路

内蒙古自治区对外经济贸易发展报告(2013)

口岸，也是陆路连接欧亚最便捷的通道。二连面对蒙古国、俄罗斯及欧洲国际市场，背靠京津唐环渤海经济圈和呼包鄂经济带，是中国向北开放的前沿阵地，也是中国重要的商品进出口集散地。二连浩特口岸拥有亚洲最大的散堆装货场、换轮库和先进的H986火车检验系统。该口岸常年以进口原油、木材、铜矿粉、铁矿石、钼矿粉为主。出口以果蔬和日用品为主。蒙古国70%的果蔬和日用品经由该口岸运入。

锡林郭勒盟的珠恩嘎达布其口岸位于内蒙古自治区锡林郭勒盟东乌珠穆沁旗嘎达布其镇境内，中蒙边境1046号界标处，与蒙古国苏赫巴托省毕其格图口岸相对应，珠恩嘎达布其口岸对内辐射东北、华北，具有连接东西、纵贯南北的地缘区位优势，对外辐射矿产和动植物资源极为丰富的蒙古国苏赫巴托省、东方省、肯特省，是蒙古国、俄罗斯等内陆国家便捷的出海口之一，也是京津唐地区通往俄罗斯、蒙古国最便捷的通道。该口岸对东乌旗及周边的赤峰市、通辽市、兴安盟、锡林郭勒盟等盟、市、旗的内引外联起到了推动作用，为当地经济和社会发展注入了新的活力，促进了地方经济和社会各项事业的发展。

一、锡林郭勒盟经济运行情况

2008~2012年，锡林郭勒盟经济实力显著提升。锡林郭勒盟政府所在地锡林浩特市，坚持发展第一要务不动摇，加快推进新型工业化、城镇化和农牧业现代化，紧抓重点工作和薄弱环节不放松，经济发展步入快车道。2012年，预计地区生产总值完成209亿元，年均增长19%，是2007年的3倍。地方财政总收入35亿元，年均增长27.7%，其中一般预算收入16亿元，年均增长28.3%，是2007年的3倍。五年累计完成固定资产投资640亿元，年均增长25.3%，是前五年总和的4倍。三次产业比重由5.9∶64.9∶29.2演进为4.4∶64.5∶31.1，经济结构调整趋于合理，发展速度和质量同步提升。城镇居民人均可支配收入和牧民人均纯收入分别由2007年的11785元、5815元提高到24219元和14117元，年均增长15.5%和19.4%，城乡居民收入快速提高，牧民收入增速持续高于城镇居民收入增速。

2008~2012年，二连综合经济实力稳步提升。与2007年相比，到2012年底，全市地区生产总值由25.5亿元增加到70亿元，年均递增18.8%；地方财政总收入由2.5亿元增加到5.4亿元，年均递增13.3%；全社会固定资产投资由15.1亿元增加到40亿元，年均递增18%；社会消费品零售总额由9.2亿元增加到23.5亿元，年均递增17%；三次产业结构由0.7∶30.5∶68.8演进为0.7∶35.7∶63.6。

二、锡林郭勒盟对外经贸运行情况

（一）对外贸易发展情况

1. 外贸规模不断扩大，全区排名保持靠前

2010～2012 年，锡林郭勒盟对外贸易进出口额分别为 94214 万美元、163361 万美元和 197485 万美元，同比增长分别为－0.3%、73.4%和 20.9%，其中出口分别为 36640 万美元、65718 万美元和 91129 万美元，进口分别为 57574 万美元、97643 万美元和 106365 万美元。锡林郭勒盟对外贸易规模较大，且进出口额呈增长态势，2012 年在全区进出口贸易总额中排名第三，其中出口额和进口额均排名第二。2013 年 1～2 月进出口总额实现 3.06 亿美元，居全区第 2 位，同比增长 38.8%。增幅高于全区平均水平 32.9 个百分点，居全区首位。其中，进口总额实现 2.27 亿美元，同比增长 22.1%；出口总额实现 7914 万美元，同比增长 128.3%。2008 年全球金融危机爆发之后，世界经济贸易陷入了持续低迷状态，在这种国际经济贸易的大背景之下，锡林郭勒盟的对外贸易规模不断扩大，在全区排名保持在前 4 位。

2. 进出口商品结构不断优化，外贸增长方式转变加快

随着对外开放水平的不断提高，锡林郭勒盟培育出一批具有竞争优势的外向型产业和地方特色农畜产品、矿产品，培育出经营进出口的企业超过 500 家。其中，以肉食品生产加工企业为主。这些企业主要以牛、羊冷鲜和部位肉出口为主，年冷鲜肉出口超过 5000 吨。活羊出口是锡林郭勒盟出口的支柱产品之一。自 2004 年恢复向中东市场出口活羊后，活羊出口规模不断扩大，主要销往约旦、科威特、沙特阿拉伯等国家。在矿产品方面，锡林郭勒盟已经发现的矿产达 80 余种，探明储量的达 30 余种。石油、煤炭、天然碱等均属大型矿，金、银、钨、锗、铜、铬、锰等金属矿产和其他非金属矿产也较为丰富。其中锡林郭勒盟通力锗业有限责任公司经营的锗煤露天矿市场前景十分看好，近年出口交货值不断提高。

3. 边境贸易是锡林郭勒盟实现进出口贸易的主要途径

锡林郭勒盟边境贸易的主要国别是蒙古国和俄罗斯。对俄贸易主要由二连浩

特口岸承担，进口商品主要有原木、润滑油、化肥等，出口商品主要有石油焦、硅、沥青焦等。对蒙古国贸易中，进口商品有蒙古国的畜产品、矿产品等资源性商品，出口商品是针对蒙古国市场所需的机电产品、建材类商品、日用百货、农副产品等涉及蒙古国的各消费领域。

（二）利用外资情况

锡林郭勒盟引进外资的数量、质量和速度持续提升，以2011年为例，2011年引进国内（盟外）资金48023亿元，比2010年增长5.4%，其中区外资金117.34亿元，全盟外商投资企业10户，全年实现销售收入138264万元，比2010年增长了2.4%；实现利润11738万元，增长了1.3倍；资产292125万元，增长了17.8%；从业人员2077人，增长了3.3%。

在产业结构政策引导下，外商把投资目光逐步转向锡林郭勒盟加快发展的行业和领域。外商投资规模不断扩大，投资领域逐步拓宽，销售收入快速增长。近年来，农畜产品深加工、能源化工、科学研究技术服务等重点发展的产业在直接利用外资方面都取得了突出成绩。投资总额前两位行业为采矿业、制造业，促进了全盟工业化的进程，并对提升产业层次，推动产业结构调整和优化起到了积极的作用。

（三）对外经济合作情况

锡林郭勒盟在实施"走出去"战略的背景下，鼓励和支持有条件的各种所有制企业向与毗邻的蒙古国、俄罗斯开展投资及贸易活动，主动参与各种形式的国际经济技术合作。通过"走出去"，锡林郭勒盟企业在境外形成了矿产资源、木材资源和皮张、绒毛等产品资源的稳定基地，有力地推动了全盟对外经济合作，成效显著。

1. 全方位、宽领域的"走出去"格局形成

劳务合作业务形成多元化格局。经济合作拓展到小型工业制造、建筑建材、装饰装潢、养殖、种植、采矿、冶炼、食品加工、公路修建等行业，广泛涉及国民经济诸多领域如医疗卫生、旅游餐饮、文化艺术、科技教育等。北部的旗县及口岸地区"走出去"优势相对明显，南部旗县步伐逐年加快。

2. 合作方式和水平逐步提高，经营主体队伍壮大

合作方式和水平逐步提高，向境外投资项目的技术含量日益提高。对外劳务已经从简单、小规模的体力劳动向技术工人、医护人员、农林、生物、食品加工和机

械制造等行业的高级工程技术劳务转变。经营主体队伍壮大，民营企业作用明显。非公有制企业逐步成为"走出去"的主力军，盟内部分企业正在发展成为集境内外研发、生产、销售、服务于一体的"跨国"集团。

3."走出去"战略对促进国民经济的作用日益增强

为实施"走出去"战略，在国家、自治区宏观政策指导下，锡林郭勒盟在财税、信贷、保险、外汇、国家导向等方面制定了一系列政策措施。特别是国家制定出台的资源类境外投资和对外经济合作项目的前期费用扶持、贷款贴息等政策，极大地增强了盟内企业向境外投资的信心。

第八章

内蒙古对外经贸前景分析

面对当前错综复杂的国内外形势，基于内蒙古对外经贸发展的现实基础，本章对2014年内蒙古对外经贸发展前景做出分析。

第❷节

内蒙古对外经贸形势判断

一、世界经济继续缓慢复苏，稳定外需难度较大

2014年全球经济形势依然复杂严峻，世界经济将延续缓慢复苏态势，面临的不确定因素依然较多。美国受失业率高企、财政紧缩压力、欧元区和新兴市场需求不振等因素的影响，经济缓慢增长态势很难根本改变。受欧债危机拖累，欧元区重债国经济仍将继续衰退，德国和法国经济难以摆脱疲弱态势，欧元区经济很可能继续在衰退边缘徘徊。日本经济增长的内外环境都存在较大的不确定性，内需不振和出口受阻将制约日本经济的复苏。主要新兴经济体陆续推出财政刺激计划，巴西、印度等国央行继续放宽货币政策，其成效将在2015年逐步显现，出口形势也有望好转。但总体看，新兴经济体面临形势依然严峻。发达国家经济疲弱、新兴经济体增长乏力，我国面临的出口环境仍较严峻，稳定外需难度较大（见表8-1）。

表8-1 2011～2014年世界经济增长趋势

单位：%

年份	2011	2012	2013	2014
世界经济	4.0	3.2	3.3	4.0
发达国家	1.6	1.2	1.2	2.2
美国	1.8	2.2	1.9	3.0
欧元区	1.4	-0.6	-0.3	1.1
日本	-0.6	2.0	1.6	1.4
新兴市场和发展中国家	6.4	5.1	5.3	5.7

注：2013年和2014年数据为预测值。

资料来源：商务部. 中国对外贸易形势报告(2013年春季)[R]. 2013.

二、国际贸易竞争加剧，贸易保护主义呈蔓延趋势

近年来，随着金融危机的发生和世界经济增长的放缓，国际贸易竞争加剧，新一轮贸易保护主义呈蔓延趋势。一些国家和地区在扩大内需受阻的情况下，纷纷通过扩大出口来促进经济尽快复苏，甚至通过本币大幅贬值、增加各种形式补贴等手段提高本国产品的竞争力，争夺国际市场，国际贸易竞争进一步加剧。这将使中国在中高端产品领域面对发达国家的直接竞争，在传统优势产品领域面对发展中国家更多的挑战。在发达国家相继出台量化宽松政策的情况下，人民币升值压力加大，进一步挤压企业利润空间，影响企业出口接单的积极性。同时，主要发达经济体经济低迷造成国内需求下降，导致失业率增高；为保护国内企业、增加就业，就会实行贸易保护，对其他国家商品提高进口门槛。2012年，21个国家对中国产品发起77起贸易救济调查，涉案金额277亿美元，分别比2011年增长了11.6%和369%。其中欧盟对中国光伏产品发起的反倾销反补贴调查，金额高达204亿美元。2013年以来，中国出口产品面临的贸易摩擦进一步增多，第一季度共有12个国家对中国发起22起贸易救济调查，同比增长22.2%。各国对国内市场保护力度的加强，使我国面临的贸易摩擦增多。

三、国内政策调整将对出口起到进一步支撑作用

为应对国际经济形势变化对中国进出口贸易的影响，缓解企业经营压力，从2008年国家陆续出台了相关政策措施，稳定出口。未来中国将保持外贸政策的连续性和稳定性，继续落实稳定外贸增长的各项政策措施。在此基础上，着眼长远，加快外贸发展方式转变和结构调整，鼓励企业加大技术创新投入，提升产品质量档次，建立国际营销网络，积极开拓新兴市场，促进加工贸易转型升级和梯度转移。同时，进一步扩大进口推动对外贸易平衡发展。这些政策措施有利于进一步增强我国企业的信心，改善企业经营的外部环境。

四、向北开放呈现好形势

一是"十八大"报告以及国务院印发的有关文件和制定的优惠政策措施，为内

蒙古合作开发俄罗斯、蒙古国资源、发展外向型经济带来机遇。二是内蒙古历来高度重视与蒙古国、俄罗斯在政治、经济、文化等领域的交流与合作，随着中蒙、中俄国家间经贸合作的持续升温，内蒙古与蒙古国、俄罗斯的交流与合作不断深化，区域性经贸往来越来越密切，俄罗斯、蒙古国已分别成为内蒙古的第一大、第二大对外贸易伙伴和对外工程承包及劳务输出的主要国家。内蒙古与俄罗斯、蒙古国的区域性经贸往来已经成为中俄、中蒙国家间贸易往来的重要组成部分。三是蒙古国和俄罗斯西伯利亚地区与内蒙古有着强烈的合作愿望。近年来，双边领导互访为双方在更宽领域、更深层次上开展对外贸易和扩大开放，提供了前所未有的机遇。

综合分析，未来一段时间内蒙古对外贸易发展机遇与挑战并存。既要看到内蒙古外贸发展的积极变化和有利条件，进一步增强发展的信心，也要充分估计形势的复杂性、严峻性和不确定性，把各方面的困难和风险考虑得更充分一些，把应对各种挑战的工作做得更扎实一些，进一步落实和完善支持对外贸易发展的政策措施，提高政策的针对性和有效性。广大企业要加强自身管理，加快科技创新步伐，进一步优化进出口商品结构，努力推动外贸发展方式转变，促进对外贸易健康稳定发展。

第三节

内蒙古对外经贸发展前景分析

内蒙古作为国家向北开放的桥头堡，面对错综复杂的国内外形势依托地缘区位、口岸等优势，对外经贸发展前景总体乐观。

一、对外贸易总体将保持平稳发展态势

（1）从内蒙古对外贸易发展的趋势来看，除2012年出现低谷外，其余年份基本都处于上升的阶段，特别是2013年，国内外形势虽然复杂，但内蒙古仍以6.5%的增长速度，使贸易额达到了119.93亿美元，超过了历史最高值的2011年（贸易额119.39亿美元），内蒙古对外贸易发展已度过了"萧条期"，将迎来一个稳步发

展期。

(2)从内蒙古自身的经济基础来看,虽然在2013年全区面临复杂的国内外形势和市场需求下降,企业效益下滑,财政增收放缓的严峻挑战,但全年完成生产总值1.68万亿元,保持了9%的增速。同时伴随着五大基地建设的积极推进,全区经济结构调整取得了新的进展,科技能力稳步提升,可持续发展能力明显增强,为全区2014年经济发展奠定了物质基础。

(3)从对开放的实施力度来看,随着我国向北开放桥头堡的建设,内蒙古"8337"发展思路的进一步落实以及充满活力的沿边经济带的构建,内蒙古将不断提升与俄罗斯、蒙古国经贸关系的发展。同时通过蒙粤科技活动周、蒙港澳经贸合作周活动的开展,进一步拓展了内蒙古对外经贸关系的发展,成为内蒙古未来对外贸易发展的"不竭动力"。

二、对外贸易不平衡问题依然突出

内蒙古对外贸易发展的不平衡表现在贸易方向、对外贸易结构、对外贸易差额等诸多方面。从内蒙古对外贸易发展的轨迹来看,未来内蒙古对外贸易发展不平衡问题依然会存在。

(1)对外贸易地理方向。依托于内蒙古的区位优势及沿边开放、向北开放及"8337"发展思路等各种优惠叠加政策的实施,俄罗斯、蒙古国将继续保持内蒙古最重要的两个贸易伙伴地位。虽然从2013年数据来看,对蒙古国贸易下降了3.2%,对俄罗斯贸易下降了3.8%,但贸易额降幅在缩小,蒙俄在内蒙古对外贸易中依然占到48.2%。因此俄罗斯、蒙古国在内蒙古的贸易地位不会动摇。

(2)对外贸易结构。贸易结构失衡表现在货物贸易与服务贸易间的失衡以及贸易内部结构的失衡,从内蒙古目前对外贸易发展的情况来看,这两方面都比较突出。特别是货物贸易内部结构方面,内蒙古资源进口占进口总额约70%,而内蒙古更多承担的是通道的作用,大部分资源进口通过内蒙古转口到东南亚或中国内地省份,而出口的产品科技含量较低,更多是一些附加值较低的建材、服装、日用家电及蔬菜水果等。在未来几年,这一现象将继续保持,但长期看,随着俄罗斯、蒙古国对资源类产品出口限制不断加强,资源进口将会下降。

(3)贸易逆差的现象将继续保持。基于贸易结构的实际,内蒙古对外贸易逆差现象将继续保持,短期内不会改变,但长期随着俄罗斯、蒙古国对资源类产品出口限制的不断加强以及全区产业结构转型升级、企业科技实力的不断提升，这一现象将得到根本性的扭转。

三、利用外资规模将进一步扩大

2014年是深入贯彻落实中共十八届三中全会精神、全面深化改革的开局之年，也是内蒙古"8337"发展思路贯彻落实的一年，内蒙古将进一步拓展思路、深化改革、改善投资环境，以优良的服务、优惠的政策、完备的投资环境以及创新的引资方式吸引区内外、国内外的投资者扎根内蒙古、服务内蒙古，特别是中国香港地区，将继续成为全区引资的最大伙伴。

四、"走出去"前景不明朗

从目前内蒙古"走出去"的方向来看，主要是俄罗斯、蒙古国，在境外主要从事资源勘探与开发、森林采伐、木材加工等项目，而这些项目都属于俄罗斯、蒙古国政府管制、保护及限制的项目，俄罗斯、蒙古国政府的政策变动频繁，这对境外投资者来说难有长远规划，"走出去"的成效完全依赖于投资东道国的政策是否稳定和有利。从内蒙古"走出去"的发展轨迹来看，"走出去"的成效并不稳定，在2013年，境外投资企业数量金额、对外承包工程等同时下降。而2014年国际环境依然复杂严峻、区内经济下行压力很大，因此面对国内外不确定环境，初步判断企业"走出去"前景不太明朗。

五、口岸货运量将稳步提升

口岸货运是内蒙古口岸经济发展的主要方面，内蒙古依托19个对外开放口岸，口岸货运不断提升，2013年全年货运量达到6798.9万吨，同比增长1%。特别是随着2013年10月3日首列"苏满欧"（14天）开通，苏州周边大量电子产品经过满洲里直达欧洲（波兰华沙），不仅使满洲里口岸成为我国东南沿海地区产品直通欧洲市场的中转站，也使满洲里成为承接长三角、珠三角地区加工贸易产业转移的桥梁。目前，满洲里还在积极争取"郑满欧"、"广满欧"的开通，届时满洲里将成为联系我国中部、南部地区即东部地区与欧洲的重要桥梁，使口岸货运大幅度提高。

此外，2014年内蒙古将大力发展口岸经济，加快推进满洲里国家重点开发开放试验区和呼伦贝尔口岸中、俄、蒙合作先导区规划建设，积极争取国家批准实施二连浩特国家重点开发开放试验区方案，探索设立边境自由贸易区、跨境经济合作区，尽快启动满洲里、二连浩特申报申建自由贸易区（园）工作。因此，可以预计内蒙古口岸货运量将稳步提升。

参考文献

[1]王胜今. 蒙古国经济发展与东北亚国际区域合作[M]. 长春：长春出版社，2009.

[2]葛尚公. 当代国际政治与跨界民族研究[M]. 北京：民族出版社，2006.

[3]李铁立. 边界效应与跨边界次区域经合作研究[M]. 北京：中国金融出版社，2005.

[4]张兴堂. 跨界民族与我国周边外交[M]. 北京：中央民族大学出版社，2009.

[5]戚文海，赵传君. 东北亚经贸合作全方位研究[M]. 北京：社会科学文献出版社，2005.

[6]刘清才，高科. 东北亚地缘政治与中国地缘战略[M]. 天津：天津人民出版社，2007.

[7]魏景赋，邱成利. 大湄公河区域经济研究[M]. 上海：文汇出版社，2010.

[8]吴恩远，吴宏伟. 上海合作组织发展报告[M]. 北京：社会科学文献出版社，2010.

[9]那颖. 西部地区边境贸易研究[M]. 兰州：甘肃人民出版社，2010.

[10]阿木尔吉力根. 我国边境贸易的发展研究[M]. 北京：民族出版社，2010.

[11]涂裕春. 中国西部的对外开放[M]. 北京：民族出版社，2001.

[12]杨清震. 西部大开发与民族地区经济发展[M]. 北京：民族出版社，2004.

[13]杨清震. 中国边境贸易概论[M]. 北京：中国商务出版社，2005.

[14]王德清. 中国少数民族地区开发的战略意义及政策保障研究[M]. 重庆：西南民族大学出版社，2003.

[15]叶剑. 有效监管 方便进出——新中国口岸建设60年简要回顾[M]. 北京：中国海关出版社，2010.

[16]梁双陆. 边疆经济学：国际区域经济一体化与中国边疆经济发展[M]. 北京：人民出版社，2009.

[17]王劲松. 开放条件下的新经济增长理论[M]. 北京：人民出版社，2008.

[18]张丽君，王玉芬. 民族地区和谐社会建设与边境贸易发展研究[M]. 北京：

中国经济出版社,2008.

[19]陈才.蒙东地区与东北三省产业对接与跨区域合作研究[M].长春:东北师范大学出版社,2008.

[20]罗贞礼.边缘区域经济发展研究[M].长沙:湖南人民出版社,2007.

[21]任民.中国铁路重点口岸与对外贸易[M].北京:中央民族大学出版社,2007.

[22]陆南泉.中俄经贸关系现状与前景[M].北京:中国社会科学出版社,2011.

[23]于国政.中国边境贸易地理[M].北京:中国对外经济贸易大学出版社,2004.

[24]宝力格.中国蒙古学国际学术讨论会论文集[M].呼和浩特:内蒙古教育出版社,2008.

[25]杨文兰.中蒙经贸关系的互动研究[J].经济论坛,2010(3).

[26]杨文兰.中俄能源合作现状及发展问题研究[J].内蒙古财经学院学报,2010(4).

[27]杨文兰.新外交框架下蒙古国外交发展战略分析[J].内蒙古财经学院学报,2011(4).

[28]杨文兰.边境贸易与口岸对接:重构内蒙古发展新模式[J].开放导报,2012(3).

[29]杨文兰.内蒙古口岸通关能力及发展问题研究[J].对外经贸实务,2012(6).

[30]杨文兰.内蒙古对外贸易发展不平衡问题分析[J].对外经贸实务,2012(11).

[31]王之光.构建中国满洲里市对外经贸的新格局[J].俄罗斯中亚东欧市场,2007(3).

[32]梁振民.内蒙古满洲里口岸经济发展态势分析[J].边疆经济与文化,2009(2).

[33]杜学军,朝克.中俄贸易关系调整期满洲里口岸贸易策略研究[J].中央民族大学学报(哲学社会科学版),2012(1).

[34]朱晓俊,赵秀清.深化呼伦贝尔市与俄罗斯,蒙古国经贸合作的SWOT分析[J].北方经济,2012(17).

[35]王永新,齐杰.呼伦贝尔市边境贸易发展现状及对策研究[J].内蒙古金融研究,2012(6).

[36]方华.中蒙经贸关系的现状及前景[J].现代国际关系,2010(6).

[37]包崇明.口岸城市路桥经济发展问题研究——以内蒙古自治区二连浩特为例[J].内蒙古社会科学(汉文版),2013,34(2).

[38]高潮.二连浩特:中国正北方的投资热土[J].中国对外贸易,2007(12).

[39]罗寿博.二连浩特打造北疆口岸贸易桥头堡[J].中国乡镇企业,2007(6).

参考文献

[40]吴志臣. 二连浩特中蒙边境口岸物流体系建设研究[J]. 经济论坛,2012,502(5).

[41]二连浩特市发展和改革委员会. 立足资源市场优势推动口岸经济协调发展——二连浩特市改革开放发展成就[J]. 北方经济,2008(13).

[42]李罗力. 构建北亚经济圈:中国新世纪的重大战略抉择[J]. 开放导报,2010(3).

[43]梁鸽,于靖. 国内对中蒙矿产资源合作研究述评[J]. 北方经济,2010(21).

[44]李艳. 中俄贸易互补性及发展对策研究[J]. 对外经贸,2013(4).

[45]黄定天,彭传勇. 论蒙俄贸易合作的演进过程及其发展特点[J]. 东北亚论坛,2009(4).

[46]刘波. 把脉我区口岸经济发展[J]. 北方经济,2013(11).

[47]李晓伦. 巴彦淖尔市甘其毛都口岸经济发展现状与策略探析[J]. 北方经济,2012(9).

[48]杨亮. 推动中蒙俄陆桥沿线地区贸易投资再上新台阶——访二连浩特市委书记孟宪东[J]. 北方经济,2011(21).

[49]盛志君,梁振民,谷雨. 内蒙古满洲里口岸经济发展战略探讨[J]. 中国商贸,2012(12).

[50]许海清. 基于利益共享的中蒙经贸合作关系研究[J]. 东北亚论坛,2011(5).

[51]Ulziikhtutag Enkhmend,恩和,李武武. 浅谈中蒙两国旅游业的合作与发展[J]. 经济研究导刊,2013(13).

[52]张广瑞. 中、蒙、俄三国旅游合作的意义、条件与方案[J]. 俄罗斯中亚东欧市场,2006(10).

[53]内蒙古自治区发展和改革委员会. 蒙古向北开放的基本情况与对策探讨[J]. 北方经济,2008(13).

[54]魏浩. 中俄经贸关系现状、问题与对策[J]. 经济与管理研究,2008(12).

[55]关秀丽. 俄罗斯入世后中俄经贸结构的调整探析[J]. 宏观经济管理,2011(12).

[56]崔玉斌. 我国边境贸易研究热点述评[J]. 国际贸易问题,2007(5).

[57]杜春发. 边境贸易与边疆民族地区的经济发展[J]. 民族研究,2000(1).

[58]王志远. 关于中俄边境贸易发展的几点思考——基于满洲里、绥芬河、黑河三市边境贸易的调查分析[J]. 俄罗斯中亚东欧市场,2009(5).

[59]高晓慧. 中俄区域经济合作的理论解析[J]. 俄罗斯中亚东欧研究,2006(6).

[60]王乾润. 出口贸易对新疆经济增长的贡献分析[J]. 区域经济,2011(9).

[61]卢平. 论发展中国边境贸易[J]. 边疆经济与文化,2006(6).

[62]韩玉玫,牛德林. 论陆路口岸在我国东北部经济发展中的作用[J]. 大连大学学报,2003(2).

[63]周英杰,丁玉莲. 内蒙古自治区中蒙边境贸易发展研究[J]. 内蒙古师范大学学报(哲学社会科学版),2008(11).

[64]刘清木,张海霞. 中俄两国经贸关系发展现状及其广阔前景[J]. 东北亚论坛,2012(3).

[65]刘军梅. 中俄金融合作:历史、现状与后危机时代的前景[J]. 国际经济合作,2010(1).

[66]张长虹. 内蒙古对外贸易发展现状及对策[J]. 广播电视大学学报(哲学社会科学版),2010(4).

[67]许海清,刘龙. 新形势下内蒙古对外贸易发展对策探讨[J]. 内蒙古财经学院学报(综合版),2010(5).

[68]濮素. 进口与经济增长相关性市政分析[J]. 商业时代,2010(8).

[69]梁达. 新形势下要把扩大进口提升到战略高度[J]. 中国金融,2009(18).

[70]李辉. 入世后我国进口商品贸易特征与战略调整[J]. 当代经济管理,2009(4).

[71]肖琼琪. 我国对外贸易与经济增长的协整分析:1978~2007[J]. 湖南社会科学,2009(4).

[72]韩凤永. 内蒙古能源产业发展现状及路径选择分析[J]. 工业技术经济,2009(7).

[73]张迅. 内蒙古自治区对外贸易与经济增长的实证研究[J]. 内蒙古科技与经济,2009(7).

[74]苏利德,乌兰托娅,茶茹,张欣. 对内蒙古对外贸易发展的调查思考[J]. 内蒙古统计,2009(1).

[75]张旭宏. 我国扩大进口战略和政策研究[J]. 中国经贸导刊,2008(17).

[76]庞英. 内蒙古自治区对外贸易与经济增长的实证分析[J]. 国际贸易问题,2004(3).

[77]王小平. 内蒙古对外贸易机构及优化问题分析[J]. 对外经贸实务,2013(6).

[78]张丽君,陶田田,郑颖超. 中国演变开放政策实施效果评价及思考[J]. 民族研究,2011(2).

[79]张欣,马林. 沿边开放与边疆少数民族地区和谐可持续性发展研究[J]. 改革与战略,2011(12).

参考文献

[80]张利俊. 关于内蒙古边民互市贸易区运营发展的思考——以满洲里和二连浩特为例[J]. 商业经济, 2012(4).

[81]陆南泉. 东北亚区域合作中的中俄经贸关系[J]. 西伯利亚研究, 2012(5).

[82]李纳新, 陈彤, 王贵荣. 边疆地区陆路口岸经济发展调查分析——以新疆阿拉山口口岸为例[J]. 调研世界, 2012(1).

[83]陈砺. 霍尔果斯经济特区口岸建设与发展[J]. 对外经贸实务, 2012(2).

[84]盛志君, 梁振民. 内蒙古满洲里口岸经济发展战略探讨[J]. 区域经济, 2012(4).

[85]王受文. 转变外贸发展方式, 推动对外贸易稳定平衡发展[J]. 国际贸易, 2012(1).

[86]张莉. 构建转变外贸发展方式理论体系探讨[J]. 国际贸易, 2012(5).

[87]李慧, 李红. 外贸物流成本与海关通关效率的关系研究——以新疆霍尔果斯口岸为例[J]. 中国物流与采购, 2012(12).

[88]喆儒. 我国内蒙古自治区对蒙古国口岸经济发展探析——以珠恩嘎达布其口岸为例[J]. 对外经贸实务, 2012(1).

[89]邬冰, 王亚丰, 佟玉凯. 中国沿边口岸与城市腹地互动机理研究[J]. 城市发展研究, 2012(9).

[90]梁振民, 陈才. 中俄边境城市满洲里口岸经济发展战略研究[J]. 世界地理研究, 2012(6).

[91]杜学军, 朝克. 满洲里重点开发开放试验区建设对策[J]. 研究科学管理研究, 2012(4).

[92]李怀清, 王静, 王立群. 边境贸易政策在满洲里口岸实施过程中存在的问题和建议[J]. 内蒙古金融研究, 2011(1).

[93]刘建利. 我国沿边口岸经济研究述评[J]. 内蒙古财经学院, 2011(1).

[94]刘建利. 我国沿边口岸经济发展对策[J]. 宏观经济管理, 2011(9).

[95]刘建利. 我国沿边口岸经济特殊性分析及发展建议[J]. 中国流通经济, 2011(12).

[96]苏丽娜, 苏利德. 内蒙古边境贸易发展现状及对策研究[J]. 内蒙古经济社会发展, 2011(3).

[97]刘奕. 新疆边境贸易与国际运输通道发展的思路与对策[J]. 对外经贸实务, 2011(6).

[98]方冬莉, 李红. 开放条件下的边境口岸经济: 一个文献综述[J]. 经济问题

探索,2011(12).

[99]李健.实现平衡、协调和可持续增长[J].国际贸易,2011(2).

[100]陈建奇.中国进口战略与贸易平衡分析[J].国际贸易,2011(6).

[101]赖永添,陶家祥,扎西旺姆.云南、广西口岸发展经验及对西藏的启发[J].国际商务财会,2011(4).

[102]杨虹.云南"桥头堡"建设战略探析——以怒江傈僳族自治州泸水县片马口岸建设为例[J].云南民族大学学报(哲学社会科学版),2011(7).

[103]金昭,金夷.加强中、俄、蒙三国区域经济合作构建连接欧亚的陆海联运大通道[J].俄罗斯中亚东欧市场,2011(12).

[104]张丽君.中国沿边开放政策实施效果评价及思考[J].民族研究,2011(2).

[105]赵多平,孙根年等.中国对俄口岸城市出入境旅游与进出口贸易互动关系的研究——1993~2009年满洲里市的实证分析[J].经济地理,2011(10).

[106]邵新荣.民族地区口岸经济可持续性发展面临的机遇[J].中国金融,2010(13).

[107]胡颖.新疆边境口岸及口岸经济发展研究.以霍尔果斯口岸为例[J].新疆财经,2010(1).

[108]李纳新.阿拉山口岸进出口贸易与经济增长关系的研究[J].农业技术经济,2010(6).

[109]李刚.东北沿海沿边与腹地经济互动发展的问题思考[J].经济纵横,2010(8).

[110]蒲开夫.关于霍尔果斯口岸发展国际大物流的若干设想[J].大陆桥视野,2010(10).

[111]张振强,韦兰英,阮陆宁.边境贸易与经济增长关系的计量分析——以广西凭祥市为例[J].商业时代,2010(21).

[112]张永明,王宏丽.新疆口岸经济与区域经济发展的实证研究[J].中国经贸导刊,2010(1).

[113]丛志颖,于天福.东北东部边境口岸经济发展探析[J].经济地理,2010(12).

[114]张永明,王宏丽.新疆陆路口岸经济发展及对策研究[J].发展研究,2010(5).

[115]胡颖,段鸿斌.新疆边境口岸及口岸经济发展研究[J].新疆财经,2010

(1).

[116]吴昊,闫涛. 长吉图先导区:探索沿边地区开发开放的新模式[J]. 东北亚论坛,2010(2).

[117]王楠. 中俄蒙跨边界次区域矿产资源合作开发机制与模式[J]. 世界地理研究,2009(3).

[118]梁振民. 内蒙古满洲里口岸经济发展态势分析[J]. 边疆经济与文化,2009(2).

[119]梁双陆. 中国边境地区的一体化效应与边缘经济增长中心的形成——基于空间经济理论的解释[J]. 经济问题探索,2008(1).

[120]王楠,张本明. 东北边境口岸型县域产业结构发展研究[J]. 开发研究,2008(3).

[121]金昭. 加快推进向北开放 做大做强口岸经济[J]. 俄罗斯中亚东欧市场,2008(7).

[122]谭丕创. 科学谋划凭祥口岸经济发展蓝图[J]. 广西经济,2008(9).

[123]张海山. 赤峰市在蒙东和东北地区中经济发展战略地位的探讨[J]. 赤峰学院学报(汉文哲学社会科学版),2008(3).

[124]包利臣,刘淑美,王国梁. 蒙东经济圈战略构想[J]. 中共云南省委党校学报,2008(6).

[125]郭连成. 普京时代俄罗斯转轨经济论析[J]. 俄罗斯中亚东欧研究,2008(5).

[126]李传勋. 中国东北经济区与俄罗斯远东地区经贸合作战略升级问题研究[J]. 俄罗斯中亚东欧市场,2008(9).

[127]邢军. 对新时期我国沿边口岸发展模式的思考[J]. 经济纵横,2007(10).

[128]苏利德. 对内蒙古口岸经济发展的调查思考[J]. 内蒙古统计,2007(1).

[129]王彦庆,江建能. 中俄边境口岸物流体系建设发展的对策与措施[J]. 物流技术,2007(8).

[130]李世泽. 边境口岸应对区域经济合作策略探讨——以凭祥口岸为例[J]. 桂林师范高等专科学校学报,2007(2).

[131]张长虹. 论内蒙古口岸经济发展存在的问题及对策[J]. 内蒙古大学学报(人文社会科学版),2006(2).

[132]宋要武,潘鑫,杨红. 透析中俄边贸障碍加速合作战略升级[J]. 黑龙江对外经贸,2006(1).

[133]赵洪君. 对俄贸易情况调查分析[J]. 吉林金融研究,2006(2).

[134]叶菁菁. 中俄双边贸易的国际贸易理论实证分析[J]. 国际贸易问题,2006(8).

[135]赵伟,应艳,赵婷. 满洲里对俄边贸:现状与问题[J]. 浙江经济,2005(20).

[136]王燕祥,张丽君. 中外边境毗邻城市的功能互动与少数民族地区经济发展[J]. 黑龙江民族丛刊,2005(1).

[137]张国坤,赵玲,张洪波. 中国边境口岸体系研究[J]. 世界地理研究,2005(6).

[138]蔡玉秋,才伟. 口岸经济型城市可持续发展问题探讨[J]. 学术交流,2005(10).

[139]陈世斌. 对外开放口岸经济地域合理布局的几个理论问题[J]. 佳木斯大学社会科学学报,2002(10).

[140]周一星,张莉. 中国大陆口岸城市外向型腹地研究[J]. 地理科学,2001(6).

[141]陈世斌. 略论内陆沿边省份对外开放口岸的合理布局[J]. 世界地理研究,1998(2).

[142]叶剑. 关于我国口岸开放的思考[J]. 管理世界,1998(1).

[143]高培英,潘耀忠,赵济. 边境贸易与口岸持续发展战略研究——以呼伦贝尔盟为例[J]. 北京师范大学学报(自然科学版),1996(3).

[144]郭来喜. 中国对外开放口岸布局研究[J]. 地理学报,1994(5).

[145]胡兆亮. 边境优势论与边境口岸建设[J]. 城市问题,1993(3).

[146]郭承民. 满洲里国际化发展战略研究[D]. 大连理工大学硕士学位论文,2006.

[147]贾慧云. 包头市优化进出口商品结构的对策研究[D]. 中央民族大学硕士学位论文,2011.

[148]吴世韶. 中国与东南亚国家间次区域经济合作研究[D]. 华中师范大学博士学位论文,2011.

[149]夏紫晶. 中国西南边境口岸经济发展研究[D]. 广西大学硕士学位论文,2011.

[150]李慧娟. 中国边境口岸城市发展模式研究[D]. 中央民族大学硕士学位论文,2010.

参考文献

[151]韦建福. 广西边境口岸城镇化研究[D]. 广西师范大学硕士学位论文,2008.

[152]刘锐芳. 中国边境贸易与地区经济增长[D]. 湖南大学硕士学位论文,2006.

[153]呼军. "十一五"期间满洲里口岸飞速发展[EB/OL]. 内蒙古自治区商务厅网站,2010-11-24.

[154]张英杰. 满洲里市 2007 年国民经济和社会发展统计公报[R]. 满洲里统计信息网,2011-11-21.

[155]张英杰. 满洲里市 2010 年国民经济和社会发展统计公报[R]. 满洲里统计信息网,2011-11-21.

[156]张英杰. 满洲里市 2011 年国民经济和社会发展统计公报[R]. 满洲里统计信息网,2012-03-28.

[157]张英杰. 满洲里市 2012 年国民经济和社会发展统计公报[R]. 满洲里统计信息网,2013-03-21.

[158]满洲里市政府. 满洲里市国民经济和社会发展十二五规划纲要[R]. 2010.

[159]呼伦贝尔市 2009 年国民经济和社会发展统计公报[R]. 呼伦贝尔市统计信息网,2011-10-15.

[160]呼伦贝尔市 2010 年国民经济和社会发展统计公报[R]. 呼伦贝尔市统计信息网,2012-02-13.

[161]呼伦贝尔市 2011 年国民经济和社会发展统计公报[R]. 呼伦贝尔市统计信息网,2012-03-28.

[162]包满达. 赤峰市 2013 年政府工作报告[R]. 内蒙古经济信息网,2013-03-07.

[163]魏巴依尔. 阿拉善盟 2013 年政府工作报告[R]. 内蒙古经济信息网,2013-03-07.

[164]张锦明. 锡林浩特市 2013 年政府工作报告[R]. 内蒙古经济信息网,2013-03-04.

[165]段志强. 巴彦淖尔市 2013 年政府工作报告[R]. 内蒙古经济信息网,2013-02-27.

[166]陶淑菊. 乌兰察布市 2013 年政府工作报告[R]. 内蒙古经济信息网,2013-02-27.

[167]胡达古拉. 通辽市 2013 年政府工作报告[R]. 内蒙古经济信息网,2013-02-26.

[168]包崇明. 二连浩特市 2013 年政府工作报告[R]. 内蒙古经济信息网,2013－02－26.

[169]朱成帮. 乌兰浩特市 2013 年政府工作报告[R]. 内蒙古经济信息网,2013－01－05.

[170]李贺. 阿尔山市 2013 年政府工作报告[R]. 内蒙古经济信息网,2013－01－17.

[171]边城口岸展新姿——二连浩特口岸经济社会跨越发展纪实[N]. 内蒙古日报,2011－02－15.

[172]国际商报驻内蒙古记者站. 2011·中国二连浩特中蒙俄经贸合作洽谈会隆重开幕[N]. 国际商报,2011－08－27(C04).

[173]宋馥李,胡丹. 二连浩特向北.[N]. 经济观察报,2013－05－13(012).

[174]孟宪东,包崇明. 努力把二连特建设成为国家向北开放的排头兵[N]. 内蒙古日报(汉),2012－11－10(007).

[175]徐克勤. 变口岸优势为经济优势[N]. 中国经济导报,2006(1).

[176]Sander Dekker, Robert Verhaeghe, Bart Wiegmans. Economically－Efficient Port Expansion Strategies; An Optimal Control Approach[N]. Transportation Research Part E. ,2011(47);204－215.

[177]Theo E. Notteboom. Concentration and the Formation of Multi－Port Gateway Regions in the European Container Port System; An Update. Journal of Transport Geography[N]. 2010(18);567－583.

[178]Jean－Paul Rodrigue, Theo Notteboom. Fore－Land－Based Regionalization; Integrating Intermediate Hubs with Port Hinterlands[N]. Research in Transportation Economics,2010(27);19－29.

[179]Jeffrey Cohen, Kristen Monaco. Port and Highways Infrastructure; An Analysis of Intra－and Interstate Spillover[N]. International Regional Science Review,2008(31)3;257－274.

[180]Josiah Mcc. Heyman. Ports of Entry as Nodes in the World System. Global Studies in Culture and Power[N]. 2004(11);303－327.

[181]Gordon H. Hanson. U. S. －Mexico Integration and Regional Economies; Evidence from Border－City Pairs[N]. Journal of Urban Economics, 2001(50);259－287.

后 记

《内蒙古自治区对外经济贸易发展报告(2013)》一书是内蒙古财经大学重点课题"内蒙古对外经济贸易发展研究"的最终成果。

我国加入世界贸易组织,不仅促进了对外经贸的发展,也带来了观念的转变和更新,特别是在数据公开、信息透明度方面有了一个质的飞跃。商务部每年编制出版的《中国对外经济贸易报告》,不仅让我们了解了国家年度总体对外经贸发展的真实情况,而且其基于翔实资料基础上的问题分析及对未来发展的展望,更是为从事外经贸工作的企业和个人提供了政策指导和参考。同时,国内许多省(市、自治区)也都编制了本省(市、自治区)的对外经贸发展年度报告,其中既有上海、北京、山东、浙江等发达省(市),也有云南、新疆这样的落后边远地区,这些对外经贸发展年度报告都已取得了良好的社会效果。但至今尚未有完整、系统的内蒙古对外经济贸易发展年度报告,因此编制本报告显得非常紧迫和重要。

基于此,本书从内蒙古对外贸易、吸引外资、对外经济合作、口岸经济、各盟(市)对外经贸的角度出发,对内蒙古对外经济贸易做出全景描述。一方面通过数据资料的汇总和分析,展现全区外经贸发展的真实情况,可以让关心内蒙古外经贸发展、致力于内蒙古外经贸研究以及从事对外经贸事业的国内外有关人士和企业对内蒙古对外经贸发展的情况有一个全面和真实的了解;另一方面,通过全区对外经贸发展中存在的问题进行深刻剖析,找到症结所在,对未来全区对外经贸发展对策、政策以及走向进行分析判断,为有关部门制定政策和决策提供参考。

本书从课题的设计立项、分章撰写到最终成稿经过了反复讨论和修改,在成果出版之际,甚感欣慰。本书具体分工如下:许海清教授主持了课题的整体设计;第一章,杨文兰、许海清;第二章,张欣欣;第三章,张启智;第四章,彭秀芬;第五章,许海清;第六章,杨文兰;第七章,卢迪颖、于海波、范新雅、曾晓燕、宋世琳;第八章,杨文兰、申秀清。最后由许海清对全文进行了统稿。

本书在研究中得到了许多领导和相关部门的支持和帮助。内蒙古商务厅口岸办李春生主任、口岸一处杜成福处长,商务厅外经处图博处长,呼和浩特海关办公室才志民主任、崔建高副主任科员,综合统计处焦志军处长,内蒙古发展研究中心

内蒙古自治区对外经济贸易发展报告(2013)

副主任杨臣华研究员为本书的编写提供了资料和相关建议。内蒙古财经大学侯淑霞副校长，科研处柴国君处长对本书的编写和出版给予了大力支持，在此表示感谢。此外，本书在研究过程中也参阅了许多学者的研究成果，在文中和参考文献中一一列出，在此表示谢意。

在本书出版之际，虽甚感欣慰，但也忐忑不安。受作者学术水平和研究条件的限制，本书尚存在许多不完善之处。但我们衷心希望本书能够瑕不掩瑜，为相关部门、企业和其他学者研究提供一定参考。同时，希望在今后的进一步研究中，得到广大读者和同人宝贵的建议和意见，使今后的研究更趋完善。

许海清

2014年4月于呼和浩特